Die rechtliche Bewertung von Investorendialogen

Forum Unternehmens-, Steuer- und Bilanzrecht

Deutsche, europäische und internationale Rechtsfragen

Herausgegeben von Oliver Fehrenbacher / Michael Stöber

Band 19

PETER LANG

Matthias Wurm

Die rechtliche Bewertung von Investorendialogen

Eine rechtsvergleichende Analyse

PETER LANG

Bibliografische Information der Deutschen Nationalbibliothek
Die Deutsche Nationalbibliothek verzeichnet diese Publikation in der Deutschen Nationalbibliografie; detaillierte bibliografische Daten sind im Internet über http://dnb.d-nb.de abrufbar.

Zugl.: Kiel, Univ., Diss., 2020

D 8
ISSN 2366-293X
ISBN 978-3-631-84902-6 (Print)
E-ISBN 978-3-631-85230-9 (E-PDF)
E-ISBN 978-3-631-85231-6 (EPUB)
E-ISBN 978-3-631-85232-3 (MOBI)
DOI 10.3726/b18293

Peter Lang – Berlin · Bern · Bruxelles · New York · Oxford · Warszawa · Wien

Diese Publikation wurde begutachtet.

www.peterlang.com

Ich danke meinem akademischen Lehrer
Prof. Dr. Michael Stöber

Zusammenfassung

Internationale Investoren sind es gewohnt, Gespräche mit dem Leitungsorgan der Zielgesellschaft zu führen. Diese Art der Kommunikation erwarten sie nun auch in Deutschland, und zwar nicht nur in Bezug auf den Vorstand, sondern auch in Bezug auf den Aufsichtsrat. In börsennotierten Unternehmen sind Investorendialoge mit dem Aufsichtsrat zwar de facto gelebte Praxis – ob sie rechtlich zulässig sind, ist aber weiterhin umstritten. Diese Frage ist zu beantworten: Ansonsten lassen sich keine entsprechenden Passagen in den DCGK aufnehmen. Denn dieser soll rechtssichere Standards setzen, an denen sich die Teilnehmer des Kapitalmarkts ausrichten können.

Der Blick nach Großbritannien offenbart, dass Investorendialoge durchaus zu einer besseren Corporate Governance führen können. Investorendialoge sind auf wenige Gesprächsthemen beschränkt und eignen sich dazu, Richtlinien für Auswahl- und Vergütungsprozesse festzusetzen. Sie behandeln die Zusammensetzung und Vergütung der Mitglieder des Leitungsorgans, die Vorstandsbestellung, -abberufung und -vergütung sowie die Binnenorganisation des Leitungsorgans. Investoren möchten ebenfalls die Strategieentwicklung und -umsetzung sowie die Anforderungskriterien für die Wahl von Abschlussprüfern beeinflussen.

Die Dissertation untersucht, ob Dialoge zwischen Investoren und dem Aufsichtsrat mit dem deutschen Recht vereinbar sind. Sie bewertet, inwieweit Investorendialoge mit den Besonderheiten des deutschen Aktienrechts kollidieren. Der angelsächsische UKCGC offenbart, inwieweit die dortigen Regelungen als Vorbild bzw. für einen Rechtstransfer dienen können. Die angelsächsische Entstehungsgeschichte des UKCGC bringt auch rechtsgeschichtliche Erkenntnisse. Der UKCGC entstand im Rahmen von Finanzkrisen und ist die Antwort auf eine schlechte Corporate Governance, die zum Nachteil von Unternehmen und dessen Aktionären gereichte.

Die Dissertation schlägt Beispielformulierungen vor, die die Anregung A.3 DCGK ergänzen könnten. Die Beispielformulierungen in der Dissertation führen aus, inwieweit Aufsichtsratsvorsitzender, Ausschussvorsitzende und Vorstand beim Führen von Investorendialogen einzubeziehen sind. Wichtig ist nämlich nicht nur, ob Investorendialoge rechtlich erlaubt und praktisch sinnvoll sind, sondern auch, wie sie real durchzuführen sind. Dabei ist insbesondere die Frage relevant, wie die Arbeitnehmerseite einzubeziehen ist.

Abkürzungsverzeichnis

BaFin	Bundesanstalt für Finanzdienstleistungsaufsicht
BDI	Bundesverband der Deutschen Industrie
CEO	Chief Executive Director
DAI	Deutsches Aktieninstitut
DCGK	Deutscher Corporate Governance Kodex
DIRK	Deutscher Investor Relations Verband
FRC	Financial Reporting Council
MAD	Market Abuse Directive
MAR	Market Abuse Regulation
MMVO	Marktmissbrauchsverordnung
SE	Societas Europaea
TCI	The Children's Investment Fund
UK	United Kingdom (Vereinigtes Königreich)
UKCGC	United Kingdom Corporate Governance Code
UKSSC	United Kingdom Stewardship Code

Inhaltsverzeichnis

Kapitel 1 Einführung

Die Regierungskommission Deutscher Corporate Governance Kodex führte am 07.02.2017 in Ziff. 5.2 DCGK eine neue Anregung ein: „*Der Aufsichtsratsvorsitzende sollte in angemessenem Rahmen bereit sein, mit Investoren über aufsichtsratsspezifische Themen Gespräche zu führen*". Diese Ziffer findet sich als Anregung A.3 wortgleich auch in der neuen Version des DCGK aus dem Jahr 2019 wieder.[1]

A. Internationale Ausrichtung von Investorendialogen

Hintergrund dieser Regelung ist die Tatsache, dass Gespräche des Aufsichtsratsvorsitzenden mit Investoren in vielen größeren deutschen Unternehmen mittlerweile gelebte Praxis sind.[2] Anlass für die rechtliche Diskussion ist, dass Investoren eine solche Kommunikation zunehmend erwarten.[3] Insbesondere internationale institutionelle Investoren sind Gespräche mit dem Leitungsorgan aus Staaten wie Großbritannien gewohnt.[4] In Deutschland befindet sich die Kommunikation zwischen Investoren und dem Aufsichtsrat noch in der Entwicklung. Dies liegt insbesondere daran, dass die Idee für einen solchen Austausch aus der angelsächsischen Welt stammt, in der das monistische Verwaltungssystem vorherrscht.[5]

---

1 Vgl. Deutscher Corporate Governance Kodex in der Fassung vom 16. Dezember 2019 mit Beschlüssen aus der Plenarsitzung vom 16. Dezember.

2 Vgl. Erläuterungen zu den Änderungsvorschlägen der Regierungskommission DCGK aus der Plenarsitzung vom 13.10.2016, S. 6; *Bachmann/Kremer/Werder*, in: Kremer u.a., Deutscher Corporate Governance Kodex, Rn. 1269; *Koch*, AG 2017, 129; *Landsittel*, Investorenkommunikation, S. 180; *Leyendecker-Langner*, NZG 2015, 44.

3 *Degenhardt*, AR 2017, 100; *Graßl/Nikoleyczik*, AG 2017, 49, 54; *Koch*, AG 2017, 129 f.; *Landsittel*, Investorenkommunikation, S. 24 f.

4 *Hambloch-Gesinn/Gesinn*, in: Hölters, AktG, § 107 Rn. 54a; *Hirt/Hopt/Mattheus*, AG 2016, 725, 735; *Strenger, NGZ 2010, 1401* f.

5 *Becker/v. Werder*, AG 2016, 761 f.; *Hirt/Hopt/Mattheus*, AG 2016, 725; *Vetter*, AG 2016, 873 f.

I. Rechtslage in Deutschland

In Deutschland ist die rechtliche Vereinbarkeit von Investorendialogen mit dem Aufsichtsrat problematisch. Grund dafür ist das dualistische Verwaltungssystem, das Investorengesprächen andere Grenzen setzt als das monistische System. Weiterhin: Die aktienrechtlichen Gesetze in Deutschland weichen stark von denen im Ausland ab. Es stellt sich die Frage, ob Investorendialoge in Deutschland im Allgemeinen überhaupt rechtlich zulässig sind. Sollte dies der Fall sein, ist die Schaffung einer passenden Rahmenstruktur notwendig, um Investorendialoge mit dem deutschen Recht in Einklang zu bringen. Außerdem sollte in- und ausländischen Investoren ein Leitfaden an die Hand gegeben werden. Sie müssen wissen, worüber ein deutscher Aufsichtsrat reden darf und worüber eben nicht. Während die deutschen Aufsichtsräte die aktienrechtlichen Regelungen zumeist gut verinnerlicht haben, ist dies bei ausländischen Investoren nicht unbedingt zu erwarten. Diese würden Gespräche vorwiegend so führen, wie sie es von Investorendialogen im Ausland gewöhnt sind.

II. Aufnahme als Empfehlung

Die Regierungskommission DCGK erwägt die Aufnahme von Investorendialogen als Empfehlung in den DCGK. Der DCGK enthält zwei grundsätzliche Typen von *best practice*-Regelungen: die sogenannten „Empfehlungen" und die „Anregungen". Bloße Anregungen sind durch die Wörter „sollte" oder „kann" gekennzeichnet. Empfehlungen kennzeichnet die Regierungskommission DCGK durch das Wort „soll".[6] Obwohl der DCGK als *soft law* einzustufen ist, müssen Unternehmen hinsichtlich der Empfehlungen über § 161 AktG ihrer Erklärungspflicht nachkommen.[7] Zudem enthält der DCGK noch Grundsätze, die wesentliche rechtliche Vorgaben verantwortungsvoller Unternehmensführung wiedergeben und der Information der Anleger und weiterer Stakeholder dienen.[8] Der Gesetzgeber erwartet de facto, dass Unternehmen zumindest den Empfehlungen im DCGK nachkommen. Deshalb gewinnt die Frage, ob Investorendialoge

---

6 *Koch*, in: Hüffer/Koch, AktG, § 161 Rn. 8; vgl. www.dcgk.de/de/kodex.html (zuletzt aufgerufen am 15.08.2020).

7 *Bayer/Scholz*, in: Spindler/Stilz, AktG, § 161 Rn. 47 ff.; BT-Drs. 17/11270, S. 12; *Mense/Klie*, BB 2017, 771 f.; *Goette*, in: MüKo-AktG, § 161 Rn. 57.

8 Vgl. Präambel, Deutscher Corporate Governance Kodex (in der Fassung vom 16.12.2019 mit Beschlüssen aus der Plenarsitzung vom 16.12.2019).

grundsätzlich zulässig sind, an Bedeutung.[9] Das *comply or explain*-Prinzip setzt Unternehmen einem Rechtfertigungsdruck aus.[10] Der § 161 AktG verlangt, dass Vorstand und Aufsichtsrat börsennotierter Gesellschaften jährlich erklären, welchen Empfehlungen der Regierungskommission DCGK nicht entsprochen wurde und wird oder welche Empfehlungen nicht angewendet wurden oder werden und warum nicht. Ein solcher Rechtfertigungsdruck ist nur dann zulässig, wenn die Aufnahme von Investorendialogen in Form einer Empfehlung nicht mit dem Gesetz in Konflikt steht.

B. Problemstellung

Investorendialoge zwischen Investoren und dem Aufsichtsrat beinhalten Risiken und Chancen.

I. Anpassung an internationalen Usus

Investorendialoge sind für Unternehmen nicht per se nachteilig. Sie sind im Ausland bereits gang und gäbe. Auch die Europäische Union zielt auf eine stärkere Einbeziehung von Investoren ab.

1. Britische Ausrichtung

Erste Empfehlungen für die Durchführung von Investorendialogen sprach bereits der erste UKCGC aus – der Cadbury Report von 1992[11]. Mittlerweile ist der Dialog zwischen wesentlichen Investoren und dem Führungsgremium britischer Unternehmen, dem *board of directors*, im UKCGC[12] und dem

9 Vgl. DCGK (in der Fassung vom 05.05.2015 mit Vorschlägen aus der Plenarsitzung vom 13.10.2016), S. 10.

10 *Bayer/Scholz*, in: Spindler/Stilz, AktG, § 161 Rn. 7; *BDI*, Stellungnahme – Zu den Änderungsvorschlägen der Regierungskommission zum DCGK vom 15.12.2016, S. 1; *Goette*, in: MüKo-AktG, § 161 Rn. 38; *Grigoleit/Zellner*, in: Grigoleit, AktG, § 161 Rn. 5; *Hölters*, in: Hölters, AktG, § 161 Rn. 1; *Koch*, in: Hüffer/Koch, AktG, § 161 Rn. 1, 3; *Landsittel*, Investorenkommunikation, S. 174; *Seidel*, ZIP 2004, 285, 290.

11 Report of the Committee on The Financial Aspects of Corporate Governance (Cadbury Report), https://www.icaew.com/-/media/corporate/files/library/subjects/corporate-governance/financial-aspects-of-corporate-governance.ashx?la=en (zuletzt aufgerufen am 25.11.2020).

12 The UK Corporate Governance Code (UKCGC), https://www.frc.org.uk/getattachment/88bd8c45-50ea-4841-95b0-d2f4f48069a2/2018-UK-Corporate-Governance-Code-FINAL.PDF (zuletzt aufgerufen am 25.11.2020).

UKSSC[13] verankert.[14] Dialoge zwischen dem Aufsichtsrat und Investoren sind in Deutschland noch relativ neu, haben sich bei den DAX 30-Gesellschaften aber bereits fest etabliert.[15] Die Notwendigkeit zur Einführung von Investorendialogen sieht auch die Europäische Union als gegeben an. Die Einführung der EU-Aktionärsrichtlinie, der *UN Principles for Responsible Investment* und die international geltenden *Stewardship Codes* behandeln Investorendialoge in relevanten Passagen.[16] Deshalb ist davon auszugehen, dass Investorendialoge mit dem Aufsichtsrat auch in anderen deutschen Unternehmen Einzug halten werden.

2. EU-Aktionärsrechterichtlinie

Neue wissenschaftliche Studien zeigen den Wert aktiver Eigentümerschaft auf.[17] Auch dies hat dazu geführt, dass Art. 3g I Buchst. a) (Mitwirkungspolitik) der EU-Aktionärsrechterichtlinie EU 2017/828[18] die Aktionäre stärker einbeziehen möchte:

> *Institutionelle Anleger und Vermögensverwalter arbeiten eine Mitwirkungspolitik aus und machen sie öffentlich bekannt, in der beschrieben wird, wie sie die Mitwirkung der Aktionäre in ihre Anlagestrategie integrieren. In der Politik wird beschrieben, wie sie die Gesellschaften, in die sie investiert haben, hinsichtlich wichtiger Angelegenheiten überwachen, auch in Bezug auf Strategie, finanzielle und nicht finanzielle Leistung und Risiko, Kapitalstruktur, soziale und ökologische Auswirkungen und Corporate Governance, wie sie Dialoge mit Gesellschaften führen, in die sie investiert haben, wie sie Stimmrechte und andere mit Aktien verbundene Rechte ausüben, wie sie mit anderen Aktionären zusammenarbeiten, wie sie mit einschlägigen Interessenträgern der Gesellschaften, in die sie*

---

13 UK Stewardship Code (UKSSC), https://www.frc.org.uk/getattachment/5aae591d-d9d3-4cf4-814a-d14e156a1d87/Stewardship-Code_Dec-19-Final-Corrected.pdf (zuletzt aufgerufen am 25.11.2020).

14 *Bachmann/Kremer/v. Werder,* in: Kremer u.a., Deutscher Corporate Governance Kodex, Rn. 1269; *Hirt/Hopt/Mattheus*, AG 2016, 725 f.

15 *Kremer*, in: Kremer u.a., Deutscher Corporate Governance Kodex, Rn. 1269.

16 *Hirt/Hopt/Mattheus*, AG 2016, 725, 727; *Werder*, in: Kremer u.a., Deutscher Corporate Governance Kodex, Rn. 113d.

17 *Clark/Feiner/Viehs,* From the Stockholder to the Stakeholder: How Sustainability Can Drive Financial Outperformance, https://arabesque.com/research/From_the_stockholder_to_the_stakeholder_web.pdf (zuletzt aufgerufen am 15.08.2020).

18 Richtlinie (EU) 2017/828 des Europäischen Parlaments und des Rates vom 17.05.2017 zur Änderung der Richtlinie 2007/36/EG im Hinblick auf die Förderung der langfristigen Mitwirkung der Aktionäre, ABl. L 132, 1, 16.

investiert haben, kommunizieren und wie sie mit tatsächlichen und potenziellen Interessenkonflikten im Zusammenhang mit ihrem Engagement umgehen.

In Deutschland wird die Richtlinie EU 2017/828[19] zur Änderung der EU-Aktionärsrechterichtlinie durch das ARUG II[20] umgesetzt. Mit Inkrafttreten des ARUG II werden die Anforderungen zur Mitwirkungspolitik insbesondere durch den neuen § 134b AktG (Mitwirkungspolitik, Mitwirkungsbericht, Abstimmungsverhalten) umgesetzt.[21]

Zudem kritisiert die Richtlinie in Erwägungsgrund (2) das Verhalten von Managern und Aktionären in der Finanzkrise und ist auf eine Verbesserung der Langzeit-Performance ausgerichtet:

Die Finanzkrise hat gezeigt, dass Aktionäre die übermäßige kurzfristige Risikobereitschaft von Managern in vielen Fällen unterstützt haben. Zudem liegen konkrete Anhaltspunkte dafür vor, dass die derzeitige „Überwachung" von Gesellschaften, in die investiert wurde, sowie das Engagement von institutionellen Anlegern und Vermögensverwaltern oft unzureichend und zu stark auf kurzfristige Gewinne ausgerichtet sind, was zu einer unzureichenden Corporate Governance und Wertentwicklung führen kann.

Die Aktionärsrechterichtlinie zeigt klar auf, dass Investoren eine Rolle als aktive Eigentümer einnehmen sollen.

II. Der Wert aktiver Eigentümerschaft

Die EU-Aktionärsrechterichtlinie tendiert in die Richtung, dass sie eine aktive Eigentümerschaft empfiehlt. Allerdings lehnt die herkömmliche Meinung der deutschen Rechtswissenschaft Investorendialoge mit dem Aufsichtsrat überwiegend ab.[22] Die neuere Gegenmeinung hält Gespräche – im Rahmen der aktienrechtlichen Kompetenzen – für zulässig.[23] Darüber hinaus gibt es vermittelnde

---

19 Richtlinie (EU) 2017/828 des Europäischen Parlaments und des Rates vom 17.05.2017 zur Änderung der Richtlinie 2007/36/EG im Hinblick auf die Förderung der langfristigen Mitwirkung der Aktionäre, ABl. L 132, 1.

20 Gesetz zur Umsetzung der zweiten Aktionärsrechterichtlinie (ARUG II) vom 12.12.2019, BGBl. I 2019, 2637, 2643 f.

21 Näher dazu Kapitel 6 A. I. 2. b) aa) Aufsichtsratsvorsitzender.

22 *Koch*, in: Hüffer/Koch, AktG, § 111 Rn. 34 ff.; *Lutter*, Information und Vertraulichkeit im Aufsichtsrat, Rn. 401 ff., 562; *Vetter*, AG 2014, 387.

23 *Drinhausen/Marsch-Barner*, AG 2014, 337, 349; *Drygala*, in: Schmidt/Lutter, AktG, § 107 Rn. 25; *Hopt/Roth*, in: Großkomm/AktG, § 107 Rn. 155 ff., § 111 Rn. 567 ff.; *Leyendecker-Langner*, NZG 2012, 721; *Leyens*, Information des Aufsichtsrats, Rn. 382 ff.; *Peus*, Der Aufsichtsratsvorsitzende, 1983, 165, 176; *Roth*, ZGR 2012, 343,

Stellungnahmen.[24] Aktivistische Aktionäre traten in jüngster Vergangenheit zunehmend fordernd auf. Aufsehen erregten die aktivistischen Beteiligungen von Cevian an Thyssen Krupp und Bilfinger, ebenso wie die aktive Rolle von Elliott bei der Übernahme von Kabel Deutschland. Im Frühjahr 2005 verhinderte eine Gruppe von Hedgefonds unter Führung von TCI die Übernahme der London Stock Exchange durch die Deutsche Börse.[25] Der Aktivismus von Aktionären wird in den nächsten Jahren voraussichtlich zunehmen.[26]

Beim *Shareholder Activism* versuchen Investoren die Performance des Unternehmens zu erhöhen – und damit letztendlich die eigene Anlagerendite. Eine Maßnahme des *Shareholder Activism* ist eine intensive Kommunikation mit dem Vorstand und dem Aufsichtsrat. Obwohl die Interessen aktivistischer Aktionäre grundsätzlich eigennütziger Natur sind, wirken sie sich mehrheitlich tatsächlich positiv auf das Unternehmen und andere Aktionäre aus.[27] Breit diversifizierte institutionelle Investoren haben kein Interesse daran, in das Tagesgeschäft von Unternehmen einzugreifen. Sie möchten aber sicherstellen, dass Vorstand und Aufsichtsrat ihre Interessen berücksichtigen. Deshalb ist die Besetzung von Aufsichtsräten bzw. der damit verbundene Auswahlprozess für Investoren von übergeordneter Bedeutung.[28] Der Aufsichtsrat profitiert von Gesprächen mit Investoren: Hier kann er sich vorab über das Stimmungsbild innerhalb des Aktionariats informieren.[29] Außerdem: Der Aufsichtsrat kann für Gestaltungsmöglichkeiten und Entscheidungen werben, die gegebenenfalls von den Corporate Governance-Prinzipien der institutionellen Investoren abweichen.[30] Empirische Studien zeigten, dass ein erhöhter Druck von Seiten institutioneller Investoren zu einer Professionalisierung führt – insbesondere zu mehr Fleiß

368; *Stöhr,* in: Grundei/Zaumseil, Der Aufsichtsrat im System der Corporate Governance, S. 311, 325.

24 *Börsig/Löbbe*, in: FS Hoffmann-Becking, S. 124, 145; *Weber-Rey*, NZG 2013, 766, 768.

25 beck-aktuell-Redaktion, Meldung vom 08.07.2005, Bankenverband sieht Regulierungsbedarf für Hedge-Fonds; *Graßl/Nikoleyczik*, AG 2017, 49; *Landsittel*, Investorenkommunikation, S. 34 f.

26 *Bunz*, NZG 2014, 1049; *Plagemann/Rahlmeyer*, NZG 2015, 895; *Schockenhoff/Culmann*, ZIP 2015, 297 f.; *Schockenhoff/Culmann*, AG 2016, 517; *Weingarten/Klein*, „The activism surge continues", Activist Insight, S. 5.

27 *Kleinmanns*, IRZ 2016, 341, 345; *von Rosen*, Controlling 2010, 250 f.

28 *Kremer*, in: Kremer u.a., Deutscher Corporate Governance Kodex, Rn. 1314; *Schaefer*, NZG 2007, 900, 902.

29 *Füchsel*, NZG 2018, 416; *Hirt/Hopt/Mattheus*, AG 2016, 725 f.

30 *Hirt/Hopt/Mattheus*, AG 2016, 725, 728.

und einer höheren Unabhängigkeit.[31] Investorendialoge sind vor diesem Hintergrund daher per se zunächst einmal wünschenswert.

III. Kollision mit dem deutschen Recht

Am 05.07.2016 hat eine prominent besetzte Initiative[32] namens *Developing Shareholder Communication* acht „Leitsätze für den Dialog zwischen Investor und Aufsichtsrat" veröffentlicht. Die Leitsätze zielen darauf ab, Investoren künftig stärker in die Überwachung börsennotierter Unternehmen einzubeziehen.[33] Die gelebte Praxis in deutschen DAX-Unternehmen sagt jedoch nichts über die rechtliche Zulässigkeit solcher Gespräche aus.[34] Die derzeit unbefriedigende Rechtslage ist dem Umstand geschuldet, dass das dualistische Verwaltungssystem in Deutschland gewisse Besonderheiten aufweist. Ein Rechtstransfer aus dem angelsächsischen Raum nach Deutschland ist problematisch, bestehen doch gravierende Unterschiede in den Verwaltungssystemen.

Der Dialog von Investoren mit dem Aufsichtsrat berührt aktienrechtliche Grundsätze. Ein möglicher Konfliktpunkt ist die gebotene Gleichbehandlung der Aktionäre.[35] Problematisch ist auch die Ausgestaltung des Aufsichtsrats als Binnenorgan, das einem Geschäftsführungsverbot unterliegt. Die Geschäftsführung obliegt nach § 77 I AktG dem Vorstand. Gemäß § 111 IV S. 1 AktG dürfen Maßnahmen der Geschäftsführung dem Aufsichtsrat nicht übertragen werden. Weitere Streitpunkte betreffen die Geheimhaltungs- und Verschwiegenheitspflicht von Aufsichtsratsmitgliedern[36] sowie das Gebot der einheitlichen

---

31 *Hopt*, Comparative Corporate Governance: The State of the Art and International Regulation, S. 30.

32 *Brandt, Feldmann, Fitschen, Hambrecht, Lehner, Wenning, Huber, Kulmann, Schmidt, Speich, Strenger, Wolf, Franzmann, Schmidt, Semrau, Siepmann, Viehs, Hirt* und *Kramarsch*, Leitlinien für eine nachhaltige Vorstandsvergütung, Fassung vom 05.07.2016, S. 5; https://www.dai.de/files/dai_usercontent/ dokumente/pressemitteilungen/ 2016-07-05%20Leitsaetze%20fuer%20den%20Dialog%20zwischen %20Investor%20 und%20Aufsichtsrat.pdf (zuletzt aufgerufen am 15.08.2020).

33 Vorbemerkung, Leitsätze für den Dialog zwischen Investor und Aufsichtsrat, Fassung vom 05.07.2016, https://www.dai.de/files/dai_usercontent/dokumente/pressemitteilungen/2016-07-05%20Leitsaetze%20fuer %20den%20Dialog%20zwischen%20Investor%20und%20Aufsichtsrat.pdf (zuletzt aufgerufen am 15.08.2020).

34 *Koch*, AG 2017, 129, 137; *Vetter*, AG 2016, 873 f.

35 *Fleischer*, ZGR 2009, 505; *Hirt/Hopt/Mattheus*, AG 2016, 725, 737; *Koch*, AG 2017, 129, 134; *Kremer*, in: Kremer u.a., Deutscher Corporate Governance Kodex, Rn. 1270 f.; *Mense/Klie*, BB 2017, 771, 773; *Mense/Klie*, GWR 2017, 1 f.; *Vetter*, AG 2016, 873, 875.

36 *Hirt/Hopt/Mattheus*, AG 2016, 725, 736; *Koch*, AG 2017, 129 f.

Kapitalmarktkommunikation, die sogenannte *one-voice-policy*[37]. Investorendialoge sind auch in anderer Hinsicht problematisch. Sie schaffen eine Struktur, die den Fluss von Insiderinformationen fördert. Dies läuft dem Verbot des Insiderhandels entgegen.[38] Die institutionelle Trennung von Geschäftsführung und Überwachung im deutschen dualistischen Verwaltungssystem wirft die Frage auf, ob Investorendialoge in Deutschland überhaupt rechtlich erlaubt sein können – dies ist die erste Fragestellung der Dissertation. Kommt die rechtliche Untersuchung zu dem Ergebnis, dass Investorendialoge grundsätzlich möglich sind, stellt sich die zweite Frage: Wie sind Investorendialoge auszugestalten? Investorendialoge sind nur dann rechtskonform, wenn sie auch in der Praxis mit dem deutschen Recht in Einklang stehen. Hier ist die Schaffung einer geeigneten Struktur notwendig: Investoren und Aufsichtsratsmitglieder benötigen Verhaltensrichtlinien, die Rechtssicherheit schaffen und ihnen das Führen gewinnbringender Gespräche ermöglichen.

C. Vorgehensweise

Die Dissertation ist zweigliedrig aufgebaut: Zunächst ist die Frage zu klären, ob Investorendialoge per se mit dem deutschen Recht vereinbar sind. Sollte dies der Fall sein, ist daraufhin eine mögliche Ausgestaltung von Investorendialogen in der Praxis zu behandeln. Um ein Verständnis für die aktuelle Diskussion zu entwickeln, ist ein Blick nach Großbritannien notwendig. Schließlich entstand der DCGK auf dem Fundament des UKCGC.[39] Ein Rechtsvergleich ermöglicht einen Erkenntnisgewinn: Das angelsächsische Recht war in Corporate Governance-Fragen schon immer ein Wegbereiter – es lässt Rückschlüsse auf eine mögliche Ausgestaltung von Investorendialogen in Deutschland zu.

I. Rechtliche Situation in Deutschland

Zunächst ist zu untersuchen, ob Investorendialoge überhaupt mit dem deutschen Recht vereinbar sind. Dabei sind mögliche Konfliktpunkte zu erläutern.

---

37 *Koch*, AG 2017, 129, 132; *Rudolf*, in: Habersack/Mülbert/Schlitt/Albrecht, Handbuch der Kapitalmarktinformation, § 1 Rn. 48; *Strenger*, in: Hommelhoff/Hopt/Werder, Handbuch Corporate Governance, 697, 705; *Vetter*, AG 2014, 387, 392.

38 *Hirt/Hopt/Mattheus*, AG 2016, 725, 735 f.; *Kleinmanns*, IRZ 2016, 341, 343; *Koch*, AG 2017, 129, 134; *Mense/Klie*, BB 2017, 771, 773; *Mense/Klie*, GWR 2017, 1 f.

39 *Leyens*, ZEuP 2016, 388, 392; *Marsch-Barner/Schäfer*, Handbuch börsennotierte AG, Rn. 2.27; *Wernsmann/Gatza*, NZG 2011, 1001 f.

Auf der Grundlage der damit verbundenen Erkenntnisse besteht die Möglichkeit, geeignete Richtlinien für Investorendialoge zu entwickeln. Bei der Darstellung der rechtlichen Situation in Deutschland ist das Trennungsprinzip der dualistischen Unternehmensverfassung von übergeordneter Bedeutung. Ausschlaggebend sind mögliche Verstöße gegen das Verbot des Insiderhandels, die Geheimhaltungs- und Verschwiegenheitspflicht sowie die Pflicht zur Gleichbehandlung aller Aktionäre. Das Gebot der einheitlichen Kapitalmarktkommunikation, die sogenannte *one-voice-policy*, ist gleichfalls mit einzubeziehen.

II. Investorendialoge im UK

Die derzeitige Diskussion über die Einführung von Investorendialogen ist nur nach einem historischen Rückblick nachzuvollziehen. Die Praxis in der UK hat dazu geführt, dass Investoren an Dialoge mit dem Leitungsorgan gewöhnt sind. Investoren erwarten, dass sie diese Dialoge jetzt auch in Deutschland führen können, und zwar auch mit dem Aufsichtsrat. Die Untersuchung der angelsächsischen Regelungen über Investorendialoge könnte zu einem Erkenntnisgewinn führen: Sie gibt Aufschluss über eine mögliche Ausgestaltung von Investorendialogen in Deutschland. Die rechtliche Situation im UK ist aber noch aus einem anderen Grund von übergeordneter Bedeutung: Der DCGK basiert auf dem UKCGC und ähnelt dessen Bestimmungen sehr. Dies bedeutet, dass die Erfahrungen und Forschungsergebnisse aus dem UK vergleichsweise einfach auf das deutsche System übertragbar sind. Nach der Erläuterung der historischen Entwicklung des UKCGK ist auf die Besonderheiten der monistischen Unternehmensverfassung im UK einzugehen. Daran anknüpfend sind die dortigen Regelungen und Richtlinien für Investorendialoge zu erläutern. Schließlich sind es die britischen Gesetze und Richtlinien, die die Diskussion über Investorendialoge in Deutschland erst haben entstehen lassen. Deshalb ist das Wissen über ihre Ausgestaltung zwingende Grundlage für eine Untersuchung.

III. Ausgestaltung von Investorendialogen in der Praxis

Wie Investorendialoge in der deutschen Unternehmenspraxis auszugestalten sind, bemisst sich an den Besonderheiten des deutschen Rechts. Erste Anhaltspunkte für eine mögliche Ausgestaltung der Richtlinien finden sich im UK-Recht. Denn der UKCGC fungierte als Vorbild für den DCGK. Ob die britischen Regeln auf das deutsche Recht übertragbar sind, hängt von den Unterschieden im dualistischen und monistischen Verwaltungssystem ab. Weiterhin: Die Ausgestaltung deutscher Richtlinien für Investorendialoge muss den rechtlichen Besonderheiten in Deutschland Rechnung tragen. Die dualistische

Unternehmensverfassung wirft Konflikte mit dem deutschen Aktienrecht auf – dies gilt es zu vermeiden.

Eine wörtliche Übernahme der UK-Regelungen ohne Adaptierung an das deutsche Rechtssystem beinhaltet unterschiedliche Gefahren. Zum einen: Ein bedenkenloser Rechtstransfer angelsächsischer Strukturen ins deutsche Recht führt zu einer „Verboardisierung" des dualistischen Verwaltungssystems. Es besteht die Gefahr, dass die Sicherheits- und Kontrollmechanismen im dualistischen Verwaltungssystem zunehmend verwässern und ihre Funktion verlieren. Zum anderen: Aufgrund der Besonderheiten der beiden Verwaltungssysteme ist ein einfacher Rechtstransfer schlichtweg nicht möglich. Es ist vielmehr eine individuelle Ausgestaltung notwendig, die die Besonderheiten des deutschen Rechts beachtet. Bei der Ausgestaltung von Investorendialogen in der Praxis zeigt die Dissertation zunächst den derzeitigen Diskussionsstand auf und erweitert diesen im Folgenden um eigene Ansätze. Zunächst sind jedoch die grundlegenden Vorteile einer aktiven Eigentümerschaft darzulegen.

Kapitel 2 Vorteile einer aktiven Eigentümerschaft

Internationale Investoren, insbesondere institutionelle Investoren, fordern zunehmend, Investorendialoge einzuführen. Die Europäische Union verfolgt denselben Gedanken: Sie implementierte in ihre EU-Aktionärsrechterichtlinie EU 2017/828[40] Empfehlungen zur aktiven Eigentümerschaft, vgl. Art. 3g I Buchst. a) (Mitwirkungspolitik), Art. 9a und 9b.[41] Dies ist nicht verwunderlich, da der sogenannte *Shareholder Activism* deutliche Vorteile mit sich bringt.

Die folgenden Ausführungen beziehen sich auf die Geschichte der Gesetzgebung zu *Shareholder Activism* und auf Studien, die den Wert aktiver Eigentümerschaft offenlegen. Nur wer die historische Entwicklung und die statistischen Fakten kennt, kann nachvollziehen, ob und warum Investorendialoge einzuführen sind.

A. Geschichtliche Erkenntnisse

Viele bezeichnen *Benjamin Graham* als den ersten *Shareholder Activist* der Geschichte. Der Investor, der den Spitznamen „Vater der Wertanlage" trägt, war *Warren Buffetts* Mentor. Er zwang die *Northern Pipeline Company* im Jahr 1927 dazu, überschüssiges Kapital an ihre Anteilseigner auszuschütten.[42] Investoren möchten auch heutzutage sicherstellen, dass das Unternehmen, in das sie investieren, gut geleitet wird. Dies sichert ihnen eine angemessene Rendite. Historisch gibt es hier genug Grund zum Misstrauen: In der Vergangenheit bedrohten Unternehmensskandale immer wieder die Rendite. Deshalb nehmen Aktionäre

---

40 Richtlinie (EU) 2017/828 des Europäischen Parlaments und des Rates vom 17.05.2017 zur Änderung der Richtlinie 2007/36/EG im Hinblick auf die Förderung der langfristigen Mitwirkung der Aktionäre, ABl. L 132, 1, 16.

41 Näher zur Vergütungspolitik: Kapitel 6 A. II. 3. b) bb) (3) (c) Vergütung nach der EU-Aktionärsrechterichtlinie; näher zur Mitwirkungspolitik: Kapitel 6 A. I. 2. b) aa) Aufsichtsratsvorsitzender.

42 Vgl. *Gramm*, The Activist Playbook, https://www.businessinsider.de/benjamin-graham-was-the-first-shareholder-activist-2016-6?r=US&IR=T (zuletzt aufgerufen am 15.08.2020); vgl. The Long History of Shareholder Activism, http://www.rational-walk.com/?p=14760 (zuletzt aufgerufen am 15.08.2020); vgl. *Gramm*, Dear Chairman, https://bi.hcpdts.com/reflowable/scrollableiframe/9780062369840 (zuletzt aufgerufen am 15.08.2020).

ihre Eigentümerschaft heutzutage vermehrt aktiv wahr. Die folgenden beiden Passagen beinhalten Ausführungen zu den wichtigsten Bedrohungen, denen Aktionäre gegenüberstehen.

I. Unternehmensskandale

In den vergangenen Jahrzehnten gab es immer wieder Unternehmensskandale. Diese waren ursächlich für die fortschreitende Verbreitung von *Shareholder Activism*. Prominente Beispiele sind die amerikanischen Unternehmen Enron und WorldCom sowie die französischen Unternehmen Vivendi Universal und France Telekom.[43] Auch deutsche Großkonzerne erschütterten die Wirtschaft mehrfach durch ein verantwortungsloses Handeln. Der Heidelberger Zementhersteller *HeidelbergCement* sprach über viele Jahre Zementpreise und Lieferquoten ab.[44] Der Manager *Thomas Middelhoff* zahlte sich im Jahr 2009 trotz drohender Insolvenz des Arcandor-Konzerns einen Bonus in Höhe von 2,3 Millionen Euro aus.[45] Der deutsche Automobilhersteller Volkswagen spendierte seinen Betriebsräten Luxusreisen und Bordellbesuche für über 2,7 Millionen Euro.[46] Und im Jahr 2015 folgte der sogenannte Dieselskandal: Der Volkswagen-Konzern installierte in vielen seiner Automobile Abschalteinrichtungen, um ihre Abgas-Messwerte

---

43 *Hopt*, Comparative Corporate Governance: The State of the Art and International Regulation, S. 16 f.

44 Vgl. Geldstrafe wegen Preisabsprachen, https://www.rnz.de/wirtschaft/wirtschaft-regional_artikel,-wirtschaft-regional-geldstrafe-wegen-preisabsprachen-heidelberg-cement-tochter-italcementi-will-sich-_arid,294505.html (zuletzt aufgerufen am 15.08.2020); vgl. Heidelberg-Cement findet sich mit Strafe ab, https://www.handelsblatt.com/unternehmen/energie/kartellverfahren-heidelberg-cement-findet-sich-mit-strafe-ab/8038980.html?ticket=ST-4317185-nQdFU9JaNbMhJ6mFJW5d-ap1 (zuletzt aufgerufen am 15.08.2020).

45 Vgl. *Reimann*, Middelhoff muss Millionen zahlen, https://www.xn--schsische-v2a.de/middelhoffmuss-millionen-zahlen-2659433.html (zuletzt aufgerufen am 15.08.2020); vgl. Middelhoff-Prozess steht vor der Einstellung, https://www.n-tv.de/wirtschaft/Middelhoff-Prozess-steht-vor-der-Einstellung-article19898697.html (zuletzt aufgerufen am 15.08.2020).

46 Vgl. *Friedrichsen*, Prozess der Peinlichkeiten, http://www.spiegel.de/wirtschaft/vw-verfahren-prozess-der-peinlichkeiten-a-524741.html (zuletzt aufgerufen am 15.08.2020); vgl. *Jahn*, Die Generalabrechnung beginnt, http://www.faz.net/aktuell/wirtschaft/unternehmen/volkswagen-bordell-affaere-die-generalabrechnung-beginnt-1490740.html (zuletzt aufgerufen am 15.08.2020).

auf dem Prüfstand zu manipulieren.[47] Die Deutsche Bank erschütterte den Fiskus in den Jahren 2005 bis 2011 mit ihren Cum-Ex- und Cum-Cum-Wertpapiertransaktionen.[48] Die sich wiederholenden Unternehmensskandale – die auch in jüngster Vergangenheit nicht abrissen – verdeutlichen, wie bedeutend eine gute Corporate Governance und eine aktive Eigentümerschaft auch heute noch sind.

II. Der Einfluss der Finanzkrise

Die Finanzkrise 2008 beeinflusste die Gesetzgebung in Deutschland. Viele Staaten reformierten die Gesetzgebung bezüglich der Managervergütung übereilt – die krisenbedingte Gesetzgebung war teils vorschnell und zu weitreichend. Auch Deutschland veröffentlichte verpflichtende Gesetzesreformen, die viele neue rechtliche Probleme hervorriefen. Stimmen in der Literatur meinen, es wäre besser gewesen, der Kommission DCGK etwas mehr Zeit einzuräumen, um neue Empfehlungen einzuführen und diese mit der notwendigen Flexibilität auszustatten.[49]

III. Stellungnahme

Wie die Stimmen in der Literatur zutreffend ausführen, ist eine übereilte Gesetzgebung – wie sie im Zuge der Finanzkrise stattfand – eher kontraproduktiv. Der Gesetzgeber kann Bonus-Exzessen in der Finanzwirtschaft nicht durch spontane Gesetze entgegenwirken. Übereilte Gesetze sind eher kontraproduktiv, da sie starr und oftmals auch überzogen sind. Der DCGK ist ein optimales Instrument, um einerseits die Corporate Governance in Unternehmen zu stärken, der

---

47 Vgl. *Esch*, diese Hersteller sind in den Skandal verwickelt, https://www.t-online.de/auto/technik/id_83921738/dieselskandal-diese-hersteller-sind-beteiligt.html (zuletzt aufgerufen am 15.08.2020); vgl. Schmutzige Werte, https://www.zeit.de/thema/abgasskandal (zuletzt aufgerufen am 15.08.2020).

48 Vgl. *Votsmeier*, Cum-Ex-Geschäfte der Deutschen Bank, https://www.handelsblatt.com/finanzen/banken-versicherungen/cum-ex/cum-ex-geschaefte-der-deutschen-bank-gutachten-als-freibrief-verwendet/11907226-2.html (zuletzt aufgerufen am 15.08.2020); vgl. Deutsche Bank zieht Steuerbescheinigungen zurück, http://www.faz.net/aktuell/finanzen/finanzmarkt/deutsche-bank-zieht-konsequenzen-aus-cum-ex-geschaeften-15182599.html (zuletzt aufgerufen am 15.08.2020).

49 *Hopt*, Comparative Corporate Governance: The State of the Art and International Regulation, S. 17.

Wirtschaft aber andererseits die notwendige Flexibilität zu gewähren, um den Bedürfnissen des Alltags gerecht zu werden. Die sich wiederholenden Unternehmensskandale der vergangenen Jahre verdeutlichen, dass es weiterer Veränderungen bedarf. Der DCGK und die Entsprechenspflicht, die § 161 I S. 1 AktG begründet, sind optimale Instrumente, um nachhaltig Druck auf Unternehmen auszuüben. Auch Investorendialoge eignen sich, um notwendige Änderungen im Unternehmen anzuregen. Sie entfalten eine Wirkung: unabhängig davon, ob sie als Empfehlung oder Anregung ausgestaltet sind. Die Entsprechenserklärung, die § 161 I S. 1 AktG aufstellt, ist zwar im weitesten Sinne *soft law*: Sie übt aber dennoch einen Rechtfertigungsdruck aus.[50] Dieser Druck führt in der Praxis zu messbaren Ergebnissen. Deutsche Unternehmen entsprechen den Kodex-Empfehlungen zu 83,6 Prozent, die Anregungen setzen immerhin noch 65,1 Prozent um.[51]

B. Familienunternehmen – The Credit Suisse Family 1000

Um verstehen zu können, welche Faktoren zu einem Wertwachstum in Unternehmen beitragen, ist ein Blick auf eine Schweizer Studie über Familienunternehmen sinnvoll. Diese offenbart, warum Familienunternehmen wirtschaftlich besser abschneiden als Unternehmen mit einem nicht-familiären Management. *Shareholder Activism* und Investorendialoge könnten eine Möglichkeit sein, um das Management von nicht- und familiengeführten Unternehmen anzugleichen. So könnten nicht-familiengeführte Unternehmen an Wert gewinnen.

I. Die Wertentwicklung von Familienunternehmen

Die *Credit Suisse Group AG* veröffentlichte im September 2017 eine Studie über Familienunternehmen.[52] Die Studie *The Credit Suisse Family 1000* führte zu der

---

50 *Bayer/Scholz,* in: Spindler/Stilz, AktG, § 161 Rn. 7; *BDI*, Stellungnahme – Zu den Änderungsvorschlägen der Regierungskommission zum DCGK vom 15.12.2016, S. 1; *Goette*, in: MüKo-AktG, § 161 Rn. 38; *Grigoleit/Zellner*, in: Grigoleit, AktG, § 161 Rn. 5; *Hölters*, in: Hölters, AktG, § 161 Rn. 1; *Koch,* in: Hüffer/Koch, AktG, § 161 Rn. 1, 3; *Seidel*, ZIP 2004, 285, 290.

51 Vgl. *Koch,* in: Hüffer/Koch, AktG, § 161 Rn. 1, 3; *Werder/Turkali*, DB 2015, 1357, 1359.

52 Vgl. The Credit Suisse Family 1000, https://www.kreditwesen.de/system/files/content/inserts/2017/the-cs-family-1000.pdf (zuletzt aufgerufen am 15.08.2020).

Erkenntnis, dass Familienunternehmen die weltweiten Aktienmärkte in beeindruckender Weise übertreffen. Die untersuchten 1.000 Familienunternehmen erzielten zwischen den Jahren 2006 und 2015 eine durchschnittliche Wertsteigerung von 126 Prozent. Diese Steigerung übertrifft die Wertsteigerung auf dem *MSCI AC World Index*[53] um ganze 55 Prozent. Familienunternehmen schneiden nach der Studie in sämtlichen Regionen und Wirtschaftszweigen wesentlich besser ab als herkömmliche Unternehmen. Die Gründe dafür sind verschiedener Natur. Familienunternehmen neigen dazu, nachhaltige Renditen zu erwirtschaften und Kapitalflüsse organisch aufzubauen. Sie investieren, vor allem in den USA und in Asien, wesentlich mehr in Forschung und Entwicklung.[54]

II. Gründe für die Wertentwicklung in Familienunternehmen

Die Studie *The Credit Suisse Family 1000* untersuchte, warum Familienunternehmen besser abschneiden als nicht-familiengeführte Unternehmen. Die Autoren kamen zu dem Schluss, dass dazu insbesondere die Vergütungspolitik beiträgt. Die Familienunternehmen gaben an, eine langfristige Vergütungspolitik entwickelt zu haben, die sie zusammen mit ihren Anteilseignern ausarbeiteten.[55] Das Ergebnis: Die durchschnittliche Rendite ist wesentlich niedriger als bei nicht-familiengeführten Unternehmen. Familienunternehmen legen mehr Wert auf den Kapitalerhalt – das trägt zu ihrem Erfolg bei.[56] Es gibt noch mehr Gründe, warum Familienunternehmen besser abschneiden. Diese sind jedoch für die vorliegende Dissertation nicht relevant. Wichtig ist nur, dass eine langfristige Vergütungspolitik von Unternehmen für deren wirtschaftlichen Erfolg von übergeordneter Bedeutung ist.

III. Stellungnahme

Die Studie *The Credit Suisse Family 1000* offenbart, dass Familienunternehmen viel Wert auf den Kapitalerhalt und eine langfristige Vergütungspolitik legen.

---

53 Der MSCI AC World Index ist ein internationaler Aktienindex. Dieser bildet die Wertentwicklung von Unternehmen aus 23 Industrieländern und 24 Schwellenländern ab.

54 Vgl. The Credit Suisse Family 1000, Einleitung, https://www.kreditwesen.de/system/files/content/inserts/2017/the-cs-family-1000.pdf (zuletzt aufgerufen am 15.08.2020).

55 Vgl. The Credit Suisse Family 1000, S. 22, https://www.kreditwesen.de/system/files/content/inserts/2017/the-cs-family-1000.pdf (zuletzt aufgerufen am 15.08.2020).

56 Vgl. The Credit Suisse Family 1000, S. 16, https://www.kreditwesen.de/system/files/content/inserts/2017/the-cs-family-1000.pdf (zuletzt aufgerufen am 15.08.2020).

Familienunternehmen zeigen, wie eine gesunde und langfristige Unternehmenspolitik ausgerichtet sein sollte. Ihr Vorbild offenbart, wie nicht-familiengeführte Unternehmen agieren sollten. Investorendialoge sind eine Möglichkeit, um entsprechende Änderungen zu diskutieren und anzuregen. Üben Investoren einen unterschwelligen Druck aus, könnten sich nicht-familiengeführte Unternehmen der Ausrichtung familiengeführter Unternehmen annähern. Ein mögliches Ergebnis wäre: Das wirtschaftliche Wachstum nähert sich dem von familiengeführten Unternehmen an.

C. Investorendialoge: Wert für Unternehmen

Bevor auf Investorendialoge und ihre Vereinbarkeit mit dem deutschen Recht eingegangen werden kann, sollte untersucht werden, inwieweit Investorendialoge überhaupt von Unternehmen erwünscht sind.

I. Sicht der Unternehmen

Es gibt verschiedene Studien, die untersuchen, wie Unternehmen Investorendialogen prinzipiell gegenüberstehen. Eine Studie namens *Active Ownership* kam zu dem Ergebnis, dass Investorendialoge in Staaten außerhalb Deutschlands den jeweiligen Unternehmen zu einer durchschnittlichen Wertsteigerung von 7,1 Prozent verhalfen.[57] Von Unternehmensseite ist der Dialog mit Aktionären erwünscht. Unternehmen nehmen Investoren nicht nur als Kapitalgeber, sondern ebenso als wertvolle Wissensträger wahr. Eine Studie von McKinsey und dem Deutschen Aktieninstitut namens „Investorendialog im Umbruch“ kam zu dem Schluss, dass Unternehmen aktiven Aktionären ein gutes Verständnis über ihre Anliegen bescheinigen – noch vor Wirtschaftsprüfern und Investmentbanken. Ein besseres Verständnis haben lediglich der eigene Aufsichtsrat und SellSide-Analysten.[58] Die Autoren befragten Unternehmen, ob sich aus dem Dialog mit aktiven Aktionären wertvolle Anregungen ergaben. Dieser Aussage standen die Unternehmen folgendermaßen gegenüber:[59]

---

57 *Dimson/Karakas/Li*, Active Ownership, S. 6.
58 *DAI/McKinsey*, Investorendialog im Umbruch, S. 19.
59 *DAI/McKinsey*, Investorendialog im Umbruch, S. 20.

Frage: Ergeben sich aus dem Dialog mit aktiven Aktionären wertvolle Anregungen?

Stimme in vollem Umfang zu	6 %
Stimme weitgehend zu	38 %
Stimme nur zum Teil zu	41 %
Stimme nicht zu	15 %

Auf die Frage, wo aktive Aktionäre am meisten Einfluss ausüben möchten, antworteten die befragten Unternehmen:[60]

M & A	48 %
Kapitalstruktur	69 %
Strategisch / operativ	62 %
Corporate Governance	51 %

Diese Umfragewerte verdeutlichen, wo aktive Aktionäre Einfluss nehmen möchten. Sie zeigen, dass Unternehmen die Anregungen und Empfehlungen aktiver Aktionäre diskutieren und sie teilweise tatsächlich in die Tat umsetzen. Wichtig ist die folgende Erkenntnis: Unternehmen setzen 11 Prozent der Anregungen von Seiten aktiver Aktionäre um.[61]

II. Stellungnahme

Die Themen aus der Studie *The Credit Suisse Family 1000* – Personalbesetzung, Vergütungspolitik und Strategieentwicklung – werden regelmäßig als Inhalt von Investorendialogen vorgeschlagen.[62] *The Credit Suisse Family 1000* offenbarte, dass gerade diese Themeninhalte zu einem nachhaltigen und gesunden Unternehmenswachstum führen. Ob und inwieweit diese Themen bei Investorendialogen besprochen werden sollten, ist an späterer Stelle auszuführen. Aktuell ist nur die Erkenntnis wichtig, dass genau diese Themen als Schlüssel für einen nachhaltigen Unternehmenserfolg und eine gute Corporate Governance relevant sind. Die Ergebnisse der Studie vom Deutschen Aktieninstitut und McKinsey ist ebenfalls bemerkenswert: Unternehmen setzen 11 Prozent der Anregungen

60 *DAI/McKinsey*, Investorendialog im Umbruch, S. 23.

61 *DAI/McKinsey*, Investorendialog im Umbruch, S. 21.

62 So auch die Leitsätze für den Dialog zwischen Investor und Aufsichtsrat, Fassung vom 05.07.2016.

durch aktive Aktionäre tatsächlich um. Aktionäre sind nach Ansicht deutscher Unternehmen wertvolle Wissensträger, die zum Unternehmenserfolg beitragen. Sollten Investorendialoge mit dem deutschen Recht vereinbar sein, steht die Schlussfolgerung fest: In wirtschaftlicher Hinsicht sind Investorendialoge sinnvoll und wünschenswert.

D. Zwischenfazit

Die Ausführungen auf den vorangegangenen Seiten offenbarten die grundsätzlichen Probleme größerer Unternehmen. Familiengeführte Unternehmen weisen – egal wie groß sie auch sind – ein gesundes Wachstum auf. Bei nichtfamiliengeführten Unternehmen fallen Eigentümerschaft und Management auseinander. Hier entstehen zwischen den Parteien Konflikte, die zu größeren Problemen führen. Diese Probleme sind anhand der Skandale in der jüngeren deutschen Wirtschaftsgeschichte deutlich zu erkennen. Die Trennung von Eigentümerschaft und Management führt – deutlich gesagt – zu einem sinkenden Unternehmenswert. Unternehmen stehen Investorendialogen deshalb positiv gegenüber: Gespräche zwischen Aufsichtsrat und Aktionären steigern den Unternehmenswert statistisch betrachtet um 7,1 Prozent.[63] Die Unternehmensskandale der jüngeren Vergangenheit offenbaren, dass die aktuellen Corporate Governance-Vorgaben noch nicht ausreichen. Sie eignen sich nicht dazu, sämtliche Risiken einzugrenzen. Deshalb sind neue Instrumente wie Investorendialoge zu suchen, um Missstände aufzudecken und Verbesserungen zu implementieren.

E. Stimmen aus der Praxis

Die Dissertation nimmt eine rechtliche Bewertung von Investorendialogen vor. Ob und welche Formulierungen im DCGK sinnvoll sind, richtet sich auch nach den Bedürfnissen der Praxis. Eine rechtliche Bewertung ist nur umfassend, wenn sie die Sicht der Praxis einbezieht. Hier lässt sich ein wertvoller Erkenntnisgewinn erzielen: Was möchten die Marktteilnehmer durch Investorendialoge erreichen und welche Auswirkungen haben diese auf die Praxis? Mangels Literatur ist hier auf die Stellungnahmen der Marktteilnehmer zurückzugreifen.

---

63 *Dimson/Karakas/Li*, Active Ownership, S. 6.

I. Methode

Die Kommission DCGK veröffentlicht regelmäßig Änderungsvorschläge zum aktuellen Kodex.[64] Hier gibt sie der Wirtschaft die Gelegenheit, zu den Änderungsvorschlägen Stellung zu nehmen.[65]Diese Stellungnahmen sind direkte Stimmen aus der Wirtschaft und stammen von Aktionären, Gesellschaften, Gewerkschaften und Verbänden. Die Auswertung dieser Stellungnahmen gewährt einen unmittelbaren Eindruck in die Denkweise der Wirtschaft. Im Folgenden werden ausgewählte Stellungnahmen untersucht, die sich auf Investorendialoge beziehen. Ein großer Teil der Stellungnahmen enthält keine Aussagen zu Anregung A.3 DCGK weshalb diese hier nicht verwertet werden. Bei der Untersuchung ist zwischen den Stellungnahmen deutscher und internationaler Marktteilnehmer zu differenzieren. Deutsche Marktteilnehmer sind das dualistische System mit seinen Besonderheiten gewöhnt. Ausländische Investoren kennen überwiegend nur das monistische System. Deshalb sind bei den Ausführungen unterschiedliche Herangehensweisen zu erwarten.

II. Untersuchung

Die folgenden Ausführungen beleuchten ausgewählte Stellungnahmen. Dadurch soll ein Erkenntnisgewinn erzielt werden: Was möchten Investoren? Begrüßen die Marktteilnehmer die Möglichkeit, Investorendialoge durchzuführen?

1. Stellungnahmen deutscher Marktteilnehmer

Die folgenden Stellungnahmen stammen von Marktteilnehmern, die überwiegend in Deutschland tätig und im dualistischen System organisiert sind.

a) Deutsche Börse AG

Die Deutsche Börse AG stimmt der Regierungskommission DCGK insofern zu, als dass Investorendialoge mit dem Aufsichtsratsvorsitzenden in Deutschland mittlerweile gelebte Praxis sind. Sie sieht eine solche Kommunikation als vorteilhaft an, weil Investoren zentrale Punkte der den Aufsichtsrat betreffenden

---

64 Vgl. *Kommission DCGK*, „Aktuelle Kodexkonsultationen", https://www.dcgk.de/de/konsultationen/aktuelle-konsultationen.html (zuletzt aufgerufen am 15.08.2020).

65 Vgl. *Kommission DCGK*, „Eingereichte Stellungnahmen", https://www.dcgk.de/de/konsultationen/archiv/konsultation-2016.html (zuletzt aufgerufen am 15.08.2020).

Corporate Governance direkt ansprechen können. Das Gespräch als solches sei selbst Bestandteil einer guten Corporate Governance.[66]

b) Commerzbank AG

Die Commerzbank AG betrachtet Investorengespräche als *best practice* und begrüßt diese im Allgemeinen. Sie moniert jedoch, dass eine Ausgestaltung als Empfehlung im DCGK zu weit gehen würde. Hier sei insbesondere die Gefahr gegeben, dass der Aufsichtsratsvorsitzende sich genötigt fühlen könne, seine Gesprächsbereitschaft zu dokumentieren oder offenlegen zu müssen.[67]

c) Verdi

Die Vereinte Dienstleistungsgewerkschaft Verdi steht Investorendialogen sehr kritisch gegenüber. Sie lehnt eine Ausgestaltung als Empfehlung ab, wendet sich aber auch insgesamt gegen Investorendialoge. Sie begründet ihre Haltung damit, dass Investorendialoge die Kompetenzverteilung zwischen Vorstand und Aufsichtsrat stören würden. Eine Rechtfertigung durch eine gelebte Praxis oder eine Befugnis über eine Annexkompetenz lehnt sie ab. Verdi sieht eine Ausgestaltung in Form einer Empfehlung als kritisch an, weil Investoren so die Möglichkeit bekämen, Gespräche einzufordern und Druck auszuüben. Dies führe zu einer Machtverschiebung. Moniert wird insbesondere, dass Investoren den Dialog außerhalb der Hauptversammlung einfordern könnten und damit die Machtbalance der Organe beeinträchtigen würden.

Verdi sieht bei Investorendialogen insbesondere die Rolle von Arbeitnehmervertretern in mitbestimmten Gesellschaften tangiert. Der Aufsichtsratsvorsitzende sei zwar an das pluralistische Unternehmensinteresse gebunden, allerdings lege er seinen Fokus in der Praxis insbesondere auf die Interessen der Anteilseigner. Verdi schlägt deshalb vor, dass der Aufsichtsratsvorsitzende Investorengespräche nur zusammen mit seinem Stellvertreter wahrnimmt, den in der Praxis üblicherweise die Arbeitnehmerseite entsendet. Verdi begründet seine Vorstöße insbesondere damit, dass Investorendialoge per se rechtlich und politisch gegen die Kompetenzordnung der Aktiengesellschaft verstoßen. Die

---

66 *Deutsche Börse AG*, Stellungnahme zu den Vorschlägen der Regierungskommission Deutscher Corporate Governance Kodex zu Kodexanpassungen und -änderungen für 2017, 13.12.2016.

67 *Commerzbank AG*, Stellungnahme zu den in der Plenarsitzung vom 13.10.2016 von der Regierungskommission DCGK vorgeschlagenen Kodexänderungen und -anpassungen, 15.12.2016.

Gewerkschaft zeichnet auch ihr zukünftiges Vorgehen ab: Sie weist darauf hin, dass die Arbeitnehmervertreter in den Aufsichtsräten zukünftig wohl auf eine Ergänzung der Geschäftsordnungen drängen werden. Sie würden darin eine Berichtspflicht verankern und exzessiv von ihrem Fragerecht gegenüber dem Aufsichtsratsvorsitzenden Gebrauch machen. So könnten die Arbeitnehmervertreter gewährleisten, dass die Arbeitnehmerseite in die Gestaltung von Investorendialoge einbezogen wird.[68]

d) DIRK

Der Deutsche Investor Relations Verband (DIRK) begrüßt die Möglichkeit, Investorendialoge zu führen. Der Verband empfiehlt seinen Mitgliedsunternehmen bereits seit längerem, sich einem Dialog zwischen Investor und Aufsichtsrat auch außerhalb der Hauptversammlung nicht zu verschließen. Der Verband DIRK ist der Ansicht, dass Investorendialoge ein fester Bestandteil einer guten Corporate Governance und einer transparenten Kapitalmarktkommunikation sind. Der Verband geht hier so weit, dass er eine Ausgestaltung als Empfehlung begrüßt. Dies würde der Institutionalisierung einer guten Corporate Governance entgegenkommen. Der Verband empfiehlt jedoch, von einer Entsprechenserklärung nach § 161 AktG bei Investorendialogen abzusehen, da diese den Bedürfnissen der Praxis nicht gerecht werde. In manchen Situationen sei eine Entsprechenserklärung unnötig, beispielsweise wenn von Seiten der Investoren kein Interesse an einem Dialog besteht. Deshalb soll die Entsprechenserklärung nur verpflichtend sein, wenn sich der Aufsichtsratsvorsitzende einem geforderten Dialog verweigert.[69]

2. Stellungnahmen internationaler Marktteilnehmer

Internationale Marktteilnehmer folgen anderen Praktiken als deutsche Unternehmen. Insbesondere fehlen im ausländischen Recht oft gesetzliche Regelungen zur Mitbestimmung der Arbeitnehmer. Dies ist nur in manchen Rechtsordnungen verankert, beispielsweise im deutschen Recht. Auch das monistische System mit seinen Besonderheiten führt dazu, dass ausländische Marktteilnehmer über Investorendialoge anders denken als deutsche Marktteilnehmer. Deshalb beziehen sich die folgenden Untersuchungen auf internationale Marktteilnehmer.

---

68 *Verdi*, Stellungnahme zu den Vorschlägen der Regierungskommission DCGK zu Kodexanpassungen und -änderungen 2017, 05.12.2016.

69 *DIRK*, Stellungnahme zu den Vorschlägen der Regierungskommission DCGK zu den Kodexveränderungen 2017, 15.12.2016.

a) Blackrock

Auch Blackrock, eine der weltweit führenden Fondsgesellschaften, bezog zu den Änderungsvorschlägen der Regierungskommission DCGK Stellung. Blackrock führt aus, dass der Aufsichtsrat für den Schutz von Aktionärsinteressen und die Langzeit-Performance von Unternehmen ausschlaggebend ist. Blackrock begrüßt deshalb Gespräche zwischen dem Aufsichtsrat und Großaktionären. Diese seien wichtig, um ein gegenseitiges Verständnis zu erzeugen. Außerdem könnten Aktionäre so jegliche Bedenken erläutern, die sie hinsichtlich der Tätigkeit des Vorstands haben.[70]

b) GES

Auch das international tätige Anlageberatungsunternehmen GES bezog Stellung. Der Aufsichtsratsvorsitzende habe in der Praxis eine tragende Rolle. Er sei der Schlüssel für die Entwicklung einer guten Corporate Governance im Unternehmen. Deshalb sei es wichtig, dass er sich mit Aktionären treffe. Ein gegenseitiger Dialog helfe dem Aufsichtsrat dabei, die Bedenken der Aktionäre zu verstehen. Außerdem erhielten die Aktionäre einen Einblick in die Arbeitsweise des Aufsichtsrats. Als Gesprächspartner eigne sich der Aufsichtsratsvorsitzende: Ein Dialog zeige den Aktionären, dass sich Aufsichtsrat und Vorstand ernsthaft mit den angesprochenen Themen beschäftigen.[71]

c) EUMEDION

Der niederländische Verband EUMEDION vertritt die Interessen internationaler Investoren und beschäftigt sich überwiegend mit Corporate Governance-Belangen. EUMEDION begrüßt die Möglichkeit, aufsichtsratsspezifische Gespräche zu führen. Der Verband führt an, dass eine direkte Kommunikation zwischen dem Aufsichtsrat und Investoren unerlässlich sei. Ansonsten hätte der Aufsichtsrat keine Möglichkeit, Eindrücke von der Denkweise von Stakeholdern und Investoren zu gewinnen, die auf langfristige Investments setzen. EUMEDION führt an, dass Gespräche in der Praxis zwingend notwendig seien. Ohne klärende Gespräche würden sich bestehende Probleme verschärfen. Der Aufsichtsrat unterstütze bei Problemen mit den Aktionären schon wegen seiner Treuepflicht den Vorstand. Er könnte aber auch kaum anders, da er die Anliegen

---

70 *Blackrock*, Stellungnahme zu den Vorschlägen der Regierungskommission DCGK zu den Kodexveränderungen 2017.

71 *GES*, Stellungnahme zu den Vorschlägen der Regierungskommission DCGK zu den Kodexveränderungen 2017, 14.12.2016.

der Investoren ohne Gespräche nicht verstehe. Bestehende Konflikte würden sich nun verschärfen und möglicherweise unlösbar werden, da sich die Fronten verhärten. Die Regierungskommission solle auf keinen Fall allzu genaue Vorgaben machen, wer, wann mit wem Gespräche führen soll. Die Entscheidung, ob ein Dialog stattfindet oder nicht, obliege allein dem Aufsichtsratsvorsitzenden. Die Entscheidung hänge von zahlreichen Faktoren ab, beispielsweise dem Umfang der Investition, der Fragestellung, dem Verlauf vorheriger Gespräche und der Investitionsstrategie des Investors, also ob er langfristig oder nur kurzfristig investiert.[72]

d) Glass Lewis

Glass Lewis ist eines der weltweit bekanntesten Corporate Governance-Beratungsunternehmen. Glass Lewis begrüßt Investorendialoge in Abwesenheit des Vorstands. Durch diese Zusammensetzung seien die Gespräche wesentlich effektiver, insbesondere bei aufsichtsratsspezifischen Themen.[73]

e) Allianz

Die Allianz SE empfiehlt der Kommission DCGK, nicht als „Schatten-Gesetzgeber" aufzutreten. Die Anregung A.3 DCGK dürfe nicht als Empfehlung ausgestaltet werden, da es in Bezug auf Investorendialoge zu viele Unsicherheiten gebe. Niemand wisse derzeit, wie die Auswahl potentieller Investoren erfolgen und die Gleichbehandlung der anderen Aktionäre sichergestellt werden soll.[74]

f) Aberdeen

Die britische Vermögensverwaltung Aberdeen betont, dass Investoren ihre Eigentümerrechte nur dann aktiv ausüben können, wenn sie mit den Verantwortlichen der Gesellschaft einen Dialog führen. Für viele Themen sei im dualistischen Verwaltungssystem der Vorstand zuständig. Für einige Themen, beispielsweise eine effektive Corporate Governance und die Schaffung von Vergütungsstrukturen, sei jedoch allein der Aufsichtsrat der richtige Ansprechpartner. Die Vermögensverwaltung betrachtet die Formulierung in Anregung A.3 DCGK als zu zurückhaltend. Es sei notwendig, bei Bedarf sämtliche Aufsichtsratsmitglieder in einen

---

72 *EUMEDION*, Response to the proposed amendments to the German Corporate Governance Code, 15.12.2016.

73 *Glass Lewis*, Consultation on the proposed amendments to the German Corporate Governance Kodex, 15.12.2016.

74 *Allianz*, Stellungnahme zu den Änderungsvorschlägen zum DCGK vom November 2016.

Dialog einzubinden. Die Vermögensverwaltung Aberdeen sieht sich zudem in ihren Eigentumsrechten beschnitten. Sie könne zwar auf der Hauptversammlung mitbestimmen, wer in den Aufsichtsrat gewählt werde. Allerdings habe sie danach keinen Einfluss darauf, nach welchen Kriterien der Aufsichtsrat den Vorstand wählt. Investorendialoge mit dem Aufsichtsrat seien internationaler Usus; Firmen betrachten diese weltweit als Selbstverständlichkeit. Bedenken, dass solche Dialoge zu unangemessenen Ergebnissen führen könnten, bestünden nicht.[75]

g) Fidelity

Das amerikanische Finanzdienstleistungsunternehmen Fidelity begrüßt die Möglichkeit, Investorendialoge mit dem Aufsichtsrat zu führen. Diese würden eine wichtige Lücke im DCGK schließen. Investorendialoge mit dem Aufsichtsrat würden die deutschen Corporate Governance-Praktiken in Einklang mit dem internationalen Usus bringen. Die Aktionäre würden den Aufsichtsrat wählen, damit er sie repräsentiert. Eine Vertretung sei schwierig, sollte der Aufsichtsrat die Meinung der Aktionäre nicht kennen, die er vertritt. Gespräche ohne die Anwesenheit des Vorstands seien bei besonders sensiblen Themen notwendig.[76]

3. Stellungnahme

Die Stellungnahmen der Marktteilnehmer führen zu einem Erkenntnisgewinn. Bei der Untersuchung wurde zwischen deutschen und internationalen Marktteilnehmern differenziert. Dies liegt darin begründet, dass die deutsche Seite im dualistischen und die internationale Seite überwiegend im monistischen System organisiert ist. Die Gewohnheiten im operativen Geschäft könnten die Denkweise der Marktteilnehmer beeinflusst haben.

a) Deutsche Marktteilnehmer

Bei den Stellungnahmen der deutschen Marktteilnehmer hat sich herauskristallisiert, dass die deutschen Gesellschaften, hier vor allem die Deutsche Börse, der Investorenverband DIRK und die Commerzbank, Investorengesprächen mit dem Aufsichtsrat sehr aufgeschlossen gegenüberstehen. Allein die vereinte Dienstleistungsgewerkschaft Verdi lehnt Investorendialoge ab. Sie befürchtet,

---

75 *Aberdeen*, Proposed changes to the Corporate Governance Kodex, 15.12.2016.

76 *Fidelity International*, Stellungnahme zu den Änderungsvorschlägen der Regierungskommission DCGK 2017.

dass sich die Machtbalance zwischen Anteilseignern und Arbeitnehmern durch Investorendialoge verschieben könnte. Diese Befürchtung liegt darin begründet, dass die Seite der Anteilseigner traditionell den Aufsichtsratsvorsitzenden wählt. Erfahrungsgemäß setzt sich der Aufsichtsratsvorsitzende deshalb eher für die Anteilseigner ein. Seinen Stellvertreter entsendet in der Praxis überwiegend die Arbeitnehmerseite.[77] Deshalb fordert Verdi, dass der Vertreter des Aufsichtsratsvorsitzenden sämtlichen Investorengesprächen beiwohnen soll. Verdi kündigt bereits jetzt an, dass die Arbeitnehmerseite, sollten die gestellten Forderungen nicht erfüllt werden, eine Berichtspflicht in den Geschäftsordnungen verankern werde. Ansonsten würden die Arbeitnehmerinteressen vernachlässigt werden.

b) Internationale Marktteilnehmer

Die internationalen Marktteilnehmer begrüßen Investorengespräche mit dem Aufsichtsrat. Sie sind Dialoge aus der internationalen Praxis gewöhnt und betrachten diese als selbstverständlichen Teil einer guten Corporate Governance. Die britische Vermögensverwaltung Aberdeen und der amerikanische Finanzdienstleister Fidelity führen an, dass der Aufsichtsrat nicht als Stellvertreter der Anteilseigner fungieren könne, wenn er die Anliegen der Aktionäre, die er eigentlich vertreten soll, überhaupt nicht kennt. Sie seien deshalb in ihren Eigentumsrechten beschnitten. Aberdeen führt zudem an, dass die Regelung nicht weit genug gehe und auch die restlichen Aufsichtsratsmitglieder eingebunden werden sollen. Die Allianz SE bemängelt die weiterhin bestehende Rechtsunsicherheit, die zunächst zu beseitigen sei. Der niederländische Verband EUMEDION hebt hervor, dass Investorendialoge mit dem Aufsichtsrat bestehende Konflikte entschärfen können. Die Fondsgesellschaft Blackrock weist vor allem auf die positiven Auswirkungen von Investorengespräche hin. Investorendialoge würden die Langzeit-Performance von Unternehmen steigern.

c) Auswertung

Die Stellungnahmen offenbaren, dass sich die deutschen und internationalen Marktteilnehmer auf eine gemeinsame Richtung festlegen: Investorengespräche sind gut und wünschenswert. Die Marktteilnehmer haben ein ausgeprägtes Bedürfnis, dass sich der DCGK dem internationalen Usus annähert. Kleinere Differenzen bestehen in dem „Wie" der Ausgestaltung. Manchen geht die Formulierung in Anregung A.3 DCGK nicht weit genug, andere lehnen eine

---

77 *Habersack*, in: MüKo-AktG, § 107 Rn. 40; *Hambloch-Gesinn/Gesinn*, in: Hölters, AktG, § 107 Rn. 23 f.; *Spindler*, in: Spindler/Stilz, AktG, § 107 Rn. 53.

Ausgestaltung als Empfehlung ab. Harsche Kritik kommt insbesondere von der vereinten Dienstleistungsgewerkschaft Verdi. Diese befürchtet, dass die Arbeitnehmerstimme durch den größeren Einfluss von Investoren an Gewicht verliert. Deshalb schlägt Verdi eine engere Einbeziehung der Arbeitnehmerseite über den Stellvertreter des Aufsichtsratsvorsitzenden vor.

Diesbezüglich äußerten sich die internationalen Marktteilnehmer nicht. Zum einen stammen sie nicht von der Arbeitnehmerseite und haben deshalb keinen Grund, sich für diese einzusetzen. Zum anderen gibt es im Ausland aber auch oft keine Mitbestimmung wie in Deutschland, weshalb ihnen ein solches Denken grundsätzlich fremd ist. Die Auswertung der Stellungnahmen zeichnet ein deutliches Bild. Damit Investorengespräche von allen Marktteilnehmern akzeptiert werden, ist in Deutschland insbesondere auf die Belange der Arbeitnehmerseite einzugehen. Außerdem ist die Frage zu klären, ob Investorendialoge als Empfehlung oder als Anregung auszugestalten sind. Eine Möglichkeit, die widerstreitenden Ansichten in Einklang zu bringen, liegt darin, die Entsprechenserklärungspflicht des § 161 AktG bei Investorendialogen etwas abzumildern.

F. Fazit

Die geschichtlichen Erkenntnisse im obigen Kapitel haben offenbart, dass eine aktive Eigentümerschaft dabei helfen kann, Unternehmensskandale und Finanzkrisen positiv zu beeinflussen.[78] Die Untersuchung der Studie *The Credit Suisse Family 1000* hat gezeigt, dass die Wertentwicklung von Familienunternehmen deutlich nachhaltiger ist als die von Aktiengesellschaften, bei denen Eigentümerschaft und Management naturgemäß separiert sind.[79] Und die Stellungnahmen von ausgewählten Marktteilnehmern offenbarten, dass die Wirtschaft eine aktive Eigentümerschaft begrüßt. In Deutschland ist jedoch ein besonderes Augenmerk auf die Einbindung der Arbeitnehmerseite zu legen.[80]

78 Kapitel 2 I. Geschichtliche Erkenntnisse.
79 Kapitel 2 II. Familienunternehmen – *The Credit Suisse Family 1000.*
80 Kapitel 2 V. Stimmen aus der Praxis.

Kapitel 3 Investorendialoge als *soft law* im DCGK

Das zweite Kapitel offenbarte, dass Investorendialoge zu immensen wirtschaftlichen Vorteilen führen können. Unternehmen profitieren von diesen Vorteilen nur, wenn sie Investorendialoge auch tatsächlich durchführen. Erst dann rückt die durchschnittliche Wertsteigerung von 7,1 Prozent[81] in unmittelbare Nähe. Deshalb stellt sich die Frage, ob eine Pflicht zum Führen von Investorendialogen besser direkt im Aktiengesetz verankert werden sollte oder ob es zunächst doch sinnvoller ist, eine entsprechende Regelung erst einmal als *soft law* in den DCGK aufzunehmen. Um diese Frage klären zu können, ist zunächst zu erörtern, was *soft law* überhaupt ist, welche Wirkung es entfaltet und wie der DCGK mit seiner besonderen Ausgestaltung als *soft law*-Konstruktion überhaupt wirkt. Schließlich flankiert das Gesetz durch die Entsprechenserklärungspflicht in § 161 I S. 1 AktG den DCGK, wodurch dessen Wesen als *soft law* eine erhebliche Aufwertung erfährt.

A. *Soft law* und seine Funktionen

Zunächst ist zu klären, was *soft law* ist. Nur dann ist nachvollziehbar, wie die Regelungen im DCGK wirken. Ob Investorendialoge tatsächlich zu spürbaren Veränderungen in der Wirtschaft führen, hängt davon ab, ob entsprechende Regelungen auch mit dem notwendigen Nachdruck eingefordert werden können.

I. Was ist *soft law*?

Der Begriff *soft law* bedeutet übersetzt „weiches Recht" und ist ein ursprünglich im Völkerrecht eingeführter Begriff.[82] Heutzutage wird *soft law* in vielen Rechtsbereichen eingesetzt. Es steht für Grundsätze, Verhaltensregeln und Empfehlungen, die bei Nichtbeachtung keine unmittelbaren rechtlichen Konsequenzen nach sich ziehen. *Soft law* hat nicht den Status eines Gesetzes und begründet keine rechtliche Verpflichtung, hat aber dennoch eine wichtige Funktion: Es gibt oft die gegenwärtige Politik, Rechtsprechung und Entscheidungspraxis wieder

81 *Dimson/Karakas/Li*, Active Ownership, S. 6.

82 *Bergmann*, Handlexikon der Europäischen Union, Soft Law; *Müller-Graff*, EuR 2012, 18; *Schwarze*, EuR 2011, 3.

und sorgt für Rechtssicherheit. Es erzeugt durch eine gewisse Selbstbindung der beteiligten Rechtssubjekte einen sanften Befolgungsdruck.[83]

1. Rechtliche Wirkung

Soft law ist in der deutschen und europäischen Rechtsprechung mittlerweile sehr präsent.[84] Die Gerichte sind bei der Anerkennung von *soft law* aber teilweise noch sehr zurückhaltend.

a) Rechtliche Wirkung in Deutschland

Ein *soft law* wie der DCGK entfaltet in Deutschland eine vergleichsweise unverbindliche Wirkung. Hier ist exemplarisch auf einen Beschluss des Oberlandesgerichtes Düsseldorf vom 18.01.2017 zu verweisen. Darin führt das Oberlandesgericht aus:

> *„Entgegen der Auffassung der Bundesnetzagentur folgt die Rechtmäßigkeit der Berechnung nicht schon daraus, dass die Beteiligte ihre Berechnung unstreitig an den Vorgaben des Leitfadens 2009 orientiert hat. Die Rechtmäßigkeit der von der Bundesnetzagentur bestätigten Ablehnung eines Angebots über ein individuelles Netzentgelt hängt nicht davon ab, ob die Vorgaben des Leitfadens zutreffend umgesetzt und rechnerisch wie inhaltlich richtig angewandt wurden. Maßgeblich ist vielmehr, wie die Anspruchsvoraussetzungen des § 19 Abs. 2 StromNEV auf der Basis der geltenden Rechtslage zu verstehen sind und ob die Berechnung der Beteiligten den verordnungsrechtlichen Vorgaben entspricht.“*[85]

Das Oberlandesgericht Düsseldorf weist den Wert von *soft law* durch seine juristischen Ausführungen damit in die Schranken.

b) Rechtliche Wirkung in der EU

Die Rechtsprechung der EU-Gerichtsbarkeit ist dem *soft law* hingegen wesentlich aufgeschlossener:

> *„Die innerstaatlichen Gerichte sind [...] verpflichtet, diese Empfehlungen bei der Entscheidung der bei ihnen anhängigen Rechtsstreitigkeiten zu berücksichtigen, insbesondere dann, wenn die Empfehlungen geeignet sind, Aufschluss über die Auslegung anderer innerstaatlicher oder gemeinschaftlicher Bestimmungen zu geben.“*[86]

---

83 *Bergmann*, in: Handlexikon der Europäischen Union, Soft Law; *Grave/Nyberg*, in: LMRKM, AEUV Art. 101 Rn. 3; *Müller-Graf*, EuR 2012, 18 ff.; *Schwarze*, EuR 2011, 3, 7.

84 *Knauff*, jM 2018, 71 f.

85 OLG Düsseldorf, Beschluss v. 18.01.2017, VI-3 Kart 148/15 (V), RdE 2017, 195, Rn. 67.

86 EuGH, Urteil v. 13.12.1989, C-322/88, NZA, 1991, 283, Rn. 19, „Grimaldi“; ähnlich u.a. EuGH, Urteil v. 24.04.2008, C-55/06, Rn. 94; *Knauff*, jM 2018, 71 f.

Der Europäische Gerichtshof spricht dem *soft law* damit einen höheren Stellenwert zu als die deutschen Gerichte.

c) Funktion

Soft law entfaltet nicht unbedingt eine rechtsverbindliche Wirkung. Es kann auch eine rein konkretisierende oder erläuternde Funktion einnehmen. Manchmal handelt es sich auch einfach um unverbindliche Verhaltensregeln, die langfristig vorbereitend auf verbindliche Regelungen abzielen.[87]

2. Stellungnahme

Soft law ist ein Sammelbegriff für Regelungen, die keine Rechtsqualität besitzen und in ihrer Intensität sehr unterschiedlich ausgeprägt sind. Deshalb ist zu untersuchen, welche Wirkungen das *soft law* im DCGK entfaltet. Regelungen zu Investorendialogen im DCGK sind nur dann sinnvoll, wenn der DCGK einen gewissen Rechtfertigungsdruck ausübt. Ansonsten würde es sich lediglich um unverbindliche Vorgaben handeln, die zu keinen spürbaren Veränderungen führen.

II. *Soft law* im DCGK

Der DCGK muss einen gewissen Druck ausüben. Ansonsten könnten deutsche Unternehmen frei entscheiden, ob sie Investorendialoge umsetzen oder nicht. Der Nutzen von Investorendialogen würde dann verblassen. Deshalb ist im Folgenden zu untersuchen, inwieweit der DCGK einen Druck ausübt und wie die Sanktionen ausgestaltet sind, die bei seiner Nichtbefolgung angedroht sind. Hier ist auch auf die gesetzliche Flankierung des DCGK durch den § 161 I S. 1 AktG einzugehen.

1. Ziele des DCGK

Der DCGK wurde von der rein privaten Regierungskommission DCGK erarbeitet und am 26.02.2002 an das Bundesministerium der Justiz übergeben. Das Regelwerk stellt Verhaltensmaßstäbe für eine gute Unternehmensleitung und -überwachung auf. Der DCGK fasst einerseits zwingendes deutsches Recht

---

87 *Knauff*, Der Regelungsverbund – Recht und Soft Law im Mehrebenensystem, S. 228; *Schwarze*, EuR 2011, 3, 7.

zusammen, setzt zum anderen aber auch auf *soft law*, also Verhaltensempfehlungen und Anregungen, die keine Gesetzeskraft entfalten.[88]

2. *Überarbeitungen*

Durch den DCGK verpflichtet sich die Wirtschaft selbst zu einer guten Corporate Governance. Die Überprüfung des DCGK findet deshalb nicht nur innerhalb der Regierungskommission DCGK statt. Die Regierungskommission DCGK sucht vielmehr den Dialog mit Unternehmen, deren Stakeholdern, der Politik und letztlich auch mit der Öffentlichkeit. Die Einbindung dieser Akteure gewährleistet die Regierungskommission DCGK durch verschiedene Foren, beispielsweise die jährliche Corporate Governance Kodex Konferenz und das öffentliche Konsultationsverfahren.[89]

3. Best practice-*Regelungen*

Der DCGK enthält zwei grundsätzliche Typen von *best practice*-Regelungen: die sogenannten „Empfehlungen" und die „Anregungen". Bloße Anregungen sind durch die Wörter „sollte" oder „kann" gekennzeichnet. Empfehlungen kennzeichnet die Regierungskommission DCGK durch das Wort „soll".[90]

4. *Adressatenkreis*

Der DCGK richtet sich an börsennotierte Aktiengesellschaften, deren Vorstände und Aufsichtsräte. Die Regierungskommission DCGK empfiehlt nicht kapitalmarktorientierten, d.h. nicht börsennotierten Gesellschaften, dass sie den DCGK gleichfalls beachten.[91]

III. Gesetzliche Flankierung durch § 161 AktG

Der DCGK ist zwar *soft law*, erfährt aber durch § 161 AktG eine gesetzliche Flankierung.

---

88 *Gelhausen/Hönsch*, AG 2003, 367 f.; *Hütten*, BB 2002, 1740 f.; *Seibt*, AG 2002, 249 f.; *Spindler*, in: Schmidt/Lutter, AktG, § 161 Rn. 4 ff.; *Strüwing*, AG 2007, 442 f.

89 Vgl. Deutscher Corporate Governance Kodex, https://www.dcgk.de/de/ (zuletzt aufgerufen am 15.08.2020).

90 *Koch*, in: Hüffer/Koch, AktG, § 161 Rn. 8; vgl. www.dcgk.de/de/kodex.html (zuletzt aufgerufen am 15.08.2020).

91 Vgl. Präambel DCGK, www.dcgk.de/de/kodex/aktuelle-fassung/praeambel.html (zuletzt aufgerufen am 15.08.2020).

1. *Entsprechenserklärungspflicht des § 161 I S. 1 AktG*

Börsennotierte Aktiengesellschaften müssen nach § 161 I S. 1 AktG erklären, ob sie den Empfehlungen des DCGK folgen oder nicht. Damit flankiert das Aktiengesetz den DCGK und rückt ihn hin zu einem *soft law* mit mehr Nachdruck:

> *„Vorstand und Aufsichtsrat der börsennotierten Gesellschaft erklären jährlich, dass den vom Bundesministerium der Justiz und für Verbraucherschutz im amtlichen Teil des Bundesanzeigers bekannt gemachten Empfehlungen der „Regierungskommission Deutscher Corporate Governance Kodex" entsprochen wurde und wird oder welche Empfehlungen nicht angewendet wurden oder werden und warum nicht."*

Das deutsche Aktiengesetz verpflichtet die Teilnehmer am Kapitalmarkt also nicht dazu, den DCGK umzusetzen. Sie müssen aber erklären, warum sie den Empfehlungen im Kodex nicht nachkommen. Der damit verbundene Rechtfertigungsdruck führt dazu, dass sich die jeweiligen Unternehmen dem DCGK unterwerfen, weil sie ansonsten ein negatives Image fürchten.[92]

2. *Erklärungsumfang*

Der § 161 I S. 1 AktG begründet eine Erklärungsverpflichtung. Diese bezieht sich aber nur auf die Empfehlungen im Kodex („soll"-Vorschriften"). Die Befolgung von Anregungen („sollte"- und „kann"-Vorschriften) ist rein fakultativ. Deshalb unterliegen Unternehmen dahingehend keiner Entsprechenserklärungspflicht.[93] Auch zu den Vorschriften im DCGK, die lediglich geltendes Recht repetieren, sind keine Erklärungen zu erstellen. Zwar ist nach dem Wortlaut des § 161 AktG jegliche Abweichung von den Kodex-Empfehlungen zu begründen. Um die Kapitalmarktteilnehmer nicht zu verwirren, ist aber eine „Wesentlichkeitsschwelle" anzunehmen.[94]

3. *Erklärungsverpflichtete*

Der § 161 I S. 1 AktG ist nach seinem Wortlaut an den Vorstand und den Aufsichtsrat börsennotierter Aktiengesellschaften adressiert.[95] Der Zweck des

---

92 *Bayer/Scholz*, in: Spindler/Stilz, AktG, § 161 Rn. 7; *Goette*, in: MüKo-AktG, § 161 Rn. 1.

93 *Ihrig/Wagner*, BB 2002, 789 f.; *Liebscher*, in: Drinhausen/Eckstein, Beck'sches Handbuch der AG, § 6 Rn. 106; *Vetter*, in: Henssler/Strohn, AktG, § 161 Rn. 10.

94 Vgl. Regierungsbegründung zu § 161 AktG, BT-Drs. 14/8769.

95 *Grigoleit/Zellner*, in: Grigoleit, AktG, § 161 Rn. 8; *Goette*, in: MüKo-AktG, § 161 Rn. 57; *Hölters*, in: Hölters, AktG, § 161 Rn. 8; *Koch*, in: Hüffer/Koch, AktG, § 161 Rn. 6; *Vetter*, in: Henssler/Strohn, AktG, § 161 Rn. 8.

§ 161 AktG liegt darin, den Kapitalmarkt über die Führungsgrundsätze in einem Unternehmen zu informieren. Deshalb sind nur börsennotierte Aktiengesellschaften sowie ihnen gleichgestellte Gesellschaften zur Erklärung verpflichtet.[96]

4. *Erklärungszeitpunkt*

Der § 161 I S. 1 AktG gibt vor, dass börsennotierte Aktiengesellschaften die Entsprechenserklärung jährlich anfertigen. Wann die erstmalige Abgabe zu erfolgen hat, ist nicht festgelegt. Die Formulierung „jährlich" kann vom Wortlaut her sowohl „kalenderjährlich" als auch „einmal in 12 Monaten" bedeuten.[97] Es ist zweckmäßig, auf das Geschäftsjahr abzustellen. Zu diesem Schluss führt auch ein Vergleich mit den Vorschriften des HGB, nach denen die Abgabe der Entsprechenserklärung an die Rechnungslegung der Gesellschaft geknüpft ist. Im Anhang von Einzel- und Konzernabschluss ist zum Beispiel anzugeben, dass die Entsprechenserklärung abgegeben worden ist, vgl. §§ 285 S. 1 Nr. 16, 314 I Nr. 8 HGB. Die Erklärung nach § 161 AktG ist im Übrigen auch mit dem Jahresabschluss zum elektronischen Bundesanzeiger einzureichen.[98] Der BGH untermauert diese Rechtsauffassung und verlangt zusätzlich, dass die Erklärung in einem jährlichen Turnus im selben Monat des nächsten Jahres abzugeben ist.[99]

5. *Berichtszeitraum*

Der § 161 I S. 1 AktG nutzt die Formulierung „entsprochen wurde und wird". Dies bedeutet, dass sich die Entsprechenserklärung sowohl auf die Vergangenheit als auch auf die Zukunft bezieht. Der Gesetzgeber hatte auch die Intention, einen Zukunftsbezug zu statuieren. Bei der vergangenheitsbezogenen Komponente der Entsprechenserklärung handelt es sich um eine Wissenserklärung; bei der zukunftsbezogenen Komponente um eine bloße Absichtserklärung, die jederzeit widerrufbar ist.[100]

---

96 *Bayer/Scholz*, in: Spindler/Stilz, AktG, § 161 Rn. 36; *Goette*, in: MüKo-AktG, § 161 Rn. 59; *Grigoleit/Zellner*, in: Grigoleit, AktG, § 161 Rn. 2.

97 *Hölters*, in: Hölters, AktG, § 161 Rn. 29; *Mutter*, in: Semler/Schenck, AktG, § 161 Rn. 30; *Vetter*, in: Henssler/Strohn, AktG, § 161 Rn. 17.

98 *Hölters*, in: Hölters, AktG, § 161 Rn. 37; *Bayer/Scholz*, in: Spindler/Stilz, AktG, § 161 Rn. 89.

99 BGH, Beschluss v. 07.12.2009, II ZR 63/08, ZIP 2010, 879, Rn. 9; zustimmend *Goette*, in: MüKo-AktG, § 161 Rn. 73.

100 *Goette*, in: MüKo-AktG, § 161 Rn. 39 ff.; *Hölters*, in: Hölters, AktG, § 161 Rn. 30; *Koch*, in: Hüffer/Koch, AktG, § 161 Rn. 14, 20; *Mutter*, in: Semler/Schenck, AktG, § 161 Rn. 30 ff.

6. *Zugänglichmachung und Dauer*

Die Entsprechenserklärung ist nach § 161 II AktG dauerhaft zugänglich zu machen. Das Zugänglichmachen gegenüber den Aktionären soll einfach und unkompliziert erfolgen. Nach § 161 II AktG erfolgt die Zugänglichmachung in elektronischer Form auf der Website der Gesellschaft. Die Dauerhaftigkeit der Zugänglichmachung wird gewährleistet, indem die Aktiengesellschaft dafür sorgt, dass ihre Website dauerhaft erreichbar ist.[101] Grundsatz 22 DCGK besagt: „Aufsichtsrat und Vorstand berichten jährlich in der Erklärung zur Unternehmensführung über die Corporate Governance der Gesellschaft". Die Empfehlung F.5 DCGK führt weiter aus: „Die Gesellschaft soll nicht mehr aktuelle Erklärungen zur Unternehmensführung und Entsprechenserklärungen zu den Empfehlungen des Kodex mindestens fünf Jahre lang auf ihrer Internetseite zugänglich halten."

7. *Rechtsfolgen der Nichtbeachtung*

Es ist wichtig zu untersuchen, welche Folgen die Nichtbeachtung der Entsprechenserklärung nach sich zieht. Sollte die Durchführung von Investorendialogen im DCGK verankert werden, führt sie nur zu der erhofften Verbesserung der Corporate Governance, wenn ihre Nichtbeachtung Konsequenzen nach sich zieht. Ist dies nicht der Fall, ist sie – allein aufgrund der immensen Vorteile, die sie bietet – besser in einem Gesetz zu verankern. Deshalb ist im Folgenden zu untersuchen, wie wirksam die drei Regelungstypen im DCGK sind.

a) *Verstoß gegen gesetzliche Vorschriften*

Der DCGK gibt teilweise geltendes deutsches Recht wieder.[102] Diese Vorschriften sind aber ohnehin zu beachten. Eine Nichtbefolgung zieht die Sanktion nach sich, die das jeweilige Gesetz vorsieht.

---

101 *Grigoleit/Zellner*, in: Grigoleit, AktG, § 161 Rn. 26; *Hölters*, in: Hölters, AktG, § 161 Rn. 34; *Koch*, in: Hüffer/Koch, AktG, § 161 Rn. 14, 20; *Mutter*, in: Semler/Schenck, AktG, § 161 Rn. 48 ff.; *Vetter*, in: Henssler/Strohn, AktG, § 161 Rn. 20.

102 Vgl. Präambel DCGK, https://www.dcgk.de/de/kodex/aktuelle-fassung/praeambel.html (zuletzt aufgerufen am 15.08.2020).

b) Verstoß gegen Anregungen

Folgen Vorstand und Aufsichtsrat einer bloßen Anregung im DCGK nicht, folgen keine Konsequenzen. Anregungen sind lediglich unverbindlich und deshalb nicht zwingend zu befolgen.[103]

c) Verstoß gegen Empfehlungen

Verstoßen Vorstand und Aufsichtsrat gegen die Erklärungspflicht bezüglich der Empfehlungen des DCGK, kommen verschiedene haftungsrechtliche Konsequenzen in Betracht.

aa) Verstoß gegen die Erklärungspflicht

Vorstand und Aufsichtsrat steht es grundsätzlich frei, in der Unternehmenspraxis von Empfehlungen abzuweichen. Begründen sie die Abweichung, dürfen keine Sanktionen folgen.[104]

bb) Voraussetzungen für eine Haftung

Eine mögliche Haftung besteht nur, wenn die Erklärungspflichten aus § 161 AktG verletzt werden, d.h. das Unternehmen keine Informationspolitik betreibt.[105] Ein Unternehmen verletzt seine Informationspflichten, wenn es eine Erklärung nicht, nicht rechtzeitig oder unvollständig abgibt. Auch inhaltliche Erklärungsmängel sind wesentlich: Darunter fallen wahrheitswidrige Erklärungen und solche, die inhaltlich falsch abgegeben wurden und nicht umgehend korrigiert werden.[106] Erklärungsmängel bestehen auch, wenn Erklärungen nicht ausreichend begründet oder nicht dauerhaft zugänglich gemacht werden.[107] Die

---

103 *Koch*, in: Hüffer/Koch, AktG, § 161 Rn. 8; vgl. Präambel DCGK, https://www.dcgk.de/de/kodex/aktuelle-fassung/praeambel.html (zuletzt aufgerufen am 15.08.2020).

104 *Grigoleit/Zellner*, in: Grigoleit, AktG, § 161 Rn. 29.

105 *Grigoleit/Zellner*, in: Grigoleit, AktG, § 161 Rn. 29; *Goette*, in: MüKo-AktG, § 161 Rn. 82 ff.

106 *Bayer/Scholz*, in: Spindler/Stilz, AktG, § 161 Rn. 90; *Grigoleit/Zellner*, in: Grigoleit, AktG, § 161 Rn. 30; *Goette*, in: MüKo-AktG, § 161 Rn. 82 ff.; *Hölters*, in: Hölters, AktG, § 161 Rn. 45 ff.

107 *Bayer/Scholz*, in: Spindler/Stilz, AktG, § 161 Rn. 90; *Grigoleit/Zellner*, in: Grigoleit, AktG, § 161 Rn. 30; *Goette*, in: MüKo-AktG, § 161 Rn. 82 ff.; *Hölters*, in: Hölters, AktG, § 161 Rn. 46.

Nichtabgabe einer Erklärung steht einer fehlerbehafteten Erklärung grundsätzlich gleich, wenn ihre Fehlerhaftigkeit zu ihrer Nichtigkeit führt.[108]

cc) Haftung im Innenverhältnis

Die Nichtbefolgung des DCGK zieht im Binnenverhältnis zwischen der Aktiengesellschaft und ihren Organmitgliedern Konsequenzen nach sich. Diese Konsequenzen können aus gesetzlichen Vorschriften, Beschlüssen der Gesellschaftsorgane, der Satzung sowie organschaftlichen Treuebindungen und Anstellungsverträgen folgen. Auch die Verletzung der allgemeinen Sorgfaltspflicht, die sich aus § 93 I S. 1 AktG ergibt, ist zu berücksichtigen. Danach hat der Vorstand bei seiner Geschäftsführung die Sorgfalt eines ordentlichen und gewissenhaften Geschäftsleiters anzuwenden.[109] Verletzt der Vorstand diese Pflicht - also auch die Pflicht, eine ordnungsgemäße Entsprechenserklärung zu erstellen – haftet er nach § 93 II AktG bzw. nach §§ 116, 93 II AktG gegenüber der Gesellschaft gesamtschuldnerisch.[110] Denkbar ist auch eine Haftung nach § 117 AktG. Gemäß § 117 I AktG haftet ein Aktionär auf Schadensersatz, wenn er vorsätzlich unter Benutzung seines Einflusses auf den Aufsichtsrat diesen dazu bestimmt, zum Schaden der Gesellschaft oder ihrer Aktionäre zu handeln. Der Schädiger ist auch den Aktionären zum Ersatz des ihnen daraus entstehenden Schadens verpflichtet. Nach § 117 II AktG haften neben dem Schädiger (dem Aktionär) die Mitglieder des Vorstands und Aufsichtsrats gesamtschuldnerisch, wenn sie unter Verletzung ihrer Pflichten gehandelt haben.

dd) Haftung im Außenverhältnis

Die Verletzung der Entsprechenserklärungspflicht in § 161 I S. 1 AktG kann auch haftungsrechtliche Konsequenzen im Außenbereich nach sich ziehen.

(1) Anspruchsgegner und Anspruchsberechtigte

Haftungsansprüche gegen Vorstand und Aufsichtsrat bestehen insbesondere dann, wenn die Verletzung der Erklärungspflicht zu konkreten Kursverlusten

---

108 *Bayer/Scholz*, in: Spindler/Stilz, AktG, § 160 Rn. 90; *Grigoleit/Zellner*, in: Grigoleit, AktG, § 161 Rn. 30; *Goette*, in: MüKo-AktG, § 161 Rn. 82 ff.; *Hölters*, in: Hölters, AktG, § 161 Rn. 45 ff.

109 *Hölters*, in: Hölters, AktG, § 93 Rn. 26; *Leuering/Keßler*, NJW-Spezial 2017, 335.

110 *Bayer/Scholz*, in: Spindler/Stilz, AktG, § 161 Rn. 101; *Goette*, in: MüKo-AktG, § 161 Rn. 98; *Koch*, in: Hüffer/Koch, AktG, § 161 Rn. 26; *Vetter*, in: Henssler/Strohn, AktG, § 161 Rn. 31.

führt und Aktionäre oder die Gesellschaft selbst dadurch einen konkreten Vermögensschaden erleiden.[111] Im Bereich der Außenhaftung können Aktionäre ihre Ansprüche gegen die Organmitglieder geltend machen, insbesondere soweit eine deliktische Schädigung nach § 826 BGB in Betracht kommt.[112] Über § 31 BGB wird das Verhalten von Vorstand und Aufsichtsrat der Gesellschaft zugerechnet, weshalb auch diese selbst Anspruchsgegner sein kann.[113] Aktionäre können jedoch nur ihren Eigenschaden geltend machen, nicht aber Schäden, die in der Minderung des Gesellschaftsvermögens bestehen, da dem die Zweckbindung des Gesellschaftsvermögens und das kapitalgesellschaftliche Prinzip der Haftungskanalisierung entgegenstehen – sie können allenfalls Leistung an die AG verlangen.[114]

(2) Vertrauenshaftung

Eine Vertrauenshaftung ist nicht möglich. Die Kollegialorgane treten bei der Abgabe einer Entsprechenserklärung weder in eine vertragliche noch in eine vertragsähnliche Beziehung zu Anlegern, da deren Vertragspartner die Gesellschaft selbst ist, weshalb eine Haftung nach §§ 280 I, 311 II, III BGB ausscheidet.[115]

(3) Deliktsrechtliche Haftung

Eine deliktsrechtliche Haftung nach § 823 I BGB wegen Verletzung eines Mitgliedschaftsrechts als sonstiges Recht scheidet ebenfalls aus. Der Schutz umfasst nur den rechtlichen Bestand der Mitgliedschaft, nicht aber ihre Entwertung durch Leitungspflichtverletzungen. Da die Kodex-Empfehlungen keine Rechtsnormqualität haben, scheidet § 161 I S. 1 AktG als Schutzgesetz nach § 823 II BGB von vornherein aus. Eine Haftung nach § 823 II BGB i.V.m. § 331 I Nr. 1, 2

---

111 *Hippeli*, Wistra 2018, 409, 413; *Grigoleit/Zellner*, in: Grigoleit, AktG, § 161 Rn. 36.

112 *Bayer/Scholz*, in: Spindler/Stilz, AktG, § 161 Rn. 102; *Goette*, in: MüKo-AktG, § 161 Rn. 101; *Grigoleit/Zellner*, in: Grigoleit, AktG, § 161 Rn. 41; *Hölters*, in: Hölters, AktG, § 161 Rn. 53.

113 *Grigoleit/Zellner*, in: Grigoleit, AktG, § 161 Rn. 39; *Bayer/Scholz*, in: Spindler/Stilz, AktG, § 161 Rn. 103.

114 Vgl. BGH, Urteil v. 10.11.1986, II ZR 140/85, NJW 1987, 1077, 1079, Rn. 26; *Grigoleit/Zellner*, in: Grigoleit, AktG, § 161 Rn. 39; *Lutter*, in: Kremer u.a., Deutscher Corporate Governance Kodex, Rn. 1922.

115 *Grigoleit/Zellner*, in: Grigoleit, AktG, § 161 Rn. 40; *Hölters*, in: Hölters, AktG, § 161 Rn. 55.

HGB ist bei vorsätzlichem Handeln jedoch möglich, wenn die Verhältnisse der Gesellschaft verschleiert oder unrichtig dargestellt werden.[116]

Bei vorsätzlicher Verletzung der Erklärungspflicht und einem damit zusammenhängenden Schädigungsvorsatz könnte jedoch eine Haftung nach § 826 BGB einschlägig sein. Dem steht der Kapitalerhaltungsgrundsatz nicht entgegen.[117] Ein Anspruch gemäß § 826 BGB kommt in Betracht, soweit die Abgabe einer unrichtigen Entsprechenserklärung eine vorsätzliche sittenwidrige Schädigung ist. Dazu ist erforderlich, dass die Organmitglieder den Eintritt eines Schadens vorausgesehen oder zumindest billigend in Kauf genommen haben.[118] Die Voraussetzungen für eine unrichtige Entsprechenserklärung liegen jedoch nur in seltenen Ausnahmefällen vor.[119]

Im Folgenden werden zwei Sachverhalte skizziert, bei denen die Beklagten durch ausbleibende bzw. fehlende Ad-hoc-Mitteilungen nach § 826 BGB haften mussten. Die rechtliche Bewertung dieser Sachverhalte kann auf eine Haftung nach § 826 BGB durch unrichtige Entsprechenserklärungen übertragen werden.

Erstes Beispiel: Der BGH hat konkretisiert, dass die erforderliche objektive Sittenwidrigkeit i.S.d. § 826 BGB durch das Fehlen von Kapitalmarktinformationen mangels Ad-hoc-Mitteilungen vorliegen kann.[120] Bei dem Sachverhalt gab eine AG mittels einer Ad-hoc-Mitteilung bekannt, ein Mobilfunkanbieter habe sie mit Leistungen mit einem Volumen von über 55 Millionen D-Mark beauftragt. Tatsächlich hatte der Mobilfunkanbieter nur Leistungen mit einem Gesamtvolumen von ca. 9,8 Millionen DM-Mark geordert und stellte ein weiteres Auftragsvolumen über 45,2 Millionen D-Mark in Aussicht – der Folgeauftrag blieb jedoch aus. Die AG hat die ursprüngliche Ad-hoc-Mitteilung nach einer Nachfrage eines Aktionärs auf ihrer Hauptversammlung richtiggestellt. Die ursprüngliche Ad-hoc-Mitteilung wurde jedoch erst nach über einem

---

116 *Bayer/Scholz*, in: Spindler/Stilz, AktG, § 161 Rn. 104; *Grigoleit/Zellner*, in: Grigoleit, AktG, § 161 Rn. 41; *Hölters*, in: Hölters, AktG, § 161 Rn. 52; *Koch*, in: Hüffer/Koch, AktG, § 161 Rn. 30; *Lutter*, in: Kremer u.a., Deutscher Corporate Governance Kodex, Rn. 1922; *Schaal*, in: MüKo-AktG, § 161 Rn. 112; *Vetter*, in: Henssler/Strohn, AktG, § 161 Rn. 28 f.

117 BGH, Urteil v. 09.05.2005, II ZR 287/02, DStR 2005, 1326, Rn. 17.

118 *Hölters*, in: Hölters, AktG, § 161 Rn. 53; *Lutter*, in: KK-AktG, § 161 Rn. 185; *Spindler*, in: Schmidt/Lutter, AktG, § 161 Rn. 75.

119 *Hölters*, in: Hölters, AktG, § 161 Rn. 53.

120 BGH, Urteil v. 19.07.2004, II ZR 402/02, ZIP 2004, 1593, Rn. 34; *Hölters*, in: Hölters, AktG, § 161 Rn. 53.

Jahr – durch eine korrigierende Ad-hoc-Mitteilung – teilweise widerrufen.[121] Die beklagten Vorstandsmitglieder verfolgten mit der falschen und der zunächst unterbliebenen (richtigstellenden) Ad-hoc-Mitteilung den Zweck, ihre Aktien, die sie als Gründungsgesellschafter innehielten, zu „pushen", um von dem Kurs zu profitieren.[122]

Zweites Beispiel: In den vergangenen Jahren war auch der Volkswagen-Abgasskandal ein besonders brisantes Beispiel dafür, dass die Voraussetzungen für eine Haftung nach § 826 BGB durch eine ausgebliebene oder unrichtige Ad-hoc-Mitteilung vorliegen können.

Bei dem in Rede stehenden Fall hatte das LG Braunschweig im Rahmen eines Musterverfahrens verschiedene Rechtsfragen zu klären. Diese Rechtsfragen hat das LG Braunschweig dem OLG Braunschweig zum Zwecke eines Musterentscheids nach § 6 I S. 1 KapMuG vorgelegt.[123] Die Kläger waren vorwiegend Aktionäre der VW AG. Sie machten einen Anspruch nach § 826 BGB gegen die VW AG geltend, da die Vorstände Insiderinformationen nicht unverzüglich veröffentlicht hätten.[124] Konkret ging es um den Einbau von Abschalteinrichtungen in den VW-Skandalmotor EA 189. Die VW AG hatte spätestens im Jahr 2007 entschieden, in ihren Diesel-Fahrzeugen vom Motorentyp EA 189 Abschalteinrichtungen zu verbauen.[125] Hintergrund war, dass dem Vorstand der VW AG seit 2007 bewusst war, dass ihre Ingenieure die US-Stickoxid-Normen beim Motorentyp EA 189 mit dem vorgegebenen Zeit- und Kostenrahmen nicht erfüllen konnten.[126] Die VW AG hatte es bis zum 22.09.2015 unterlassen, die damit verbundenen Insiderinformationen unverzüglich zu veröffentlichen.[127]

Zwar behandeln die beiden obigen Sachverhalte unrichtige bzw. unterlassene Ad-hoc-Mitteilungen und einen darauf aufbauenden Anspruch aus § 826 BGB – und gerade keine falsche Entsprechenserklärung. Allerdings ist eine Haftung nach § 826 BGB im Rahmen einer falschen Entsprechenserklärung – in

---

121 BGH, Urteil v. 19.07.2004, II ZR 402/02, ZIP 2004, 1593, Rn. 3.

122 BGH, Urteil v. 19.07.2004, II ZR 402/02, ZIP 2004, 1593, 1599, Rn. 49 f.

123 LG Braunschweig, Beschluss v. 05.08.2016, 5 OH 62/16, juris, Tenor.

124 LG Braunschweig, Beschluss v. 05.08.2016, 5 OH 62/16, juris, A. Feststellungsziele klägerseits I. 2. a)

125 LG Braunschweig, Beschluss v. 05.08.2016, 5 OH 62/16, juris, A. Feststellungsziele klägerseits I. 1. a)

126 LG Braunschweig, Beschluss v. 05.08.2016, 5 OH 62/16, juris, A. Feststellungsziele klägerseits II. 1.

127 LG Braunschweig, Beschluss v. 05.08.2016, 5 OH 62/16, juris, A. Feststellungsziele klägerseits V. 4.

Analogie zu einer Haftung nach § 826 BGB bei falschen Ad-hoc-Mitteilungen bei den obigen Sachverhalten – ebenso möglich.

Im obigen ersten Beispiel haben die Beklagten den falschen Inhalt der Ad-hoc-Mitteilung bezüglich des Auftragsvolumens des Mobilfunkanbieters zwar den Aktionären auf der Hauptversammlung mitgeteilt, jedoch die Korrektur der unrichtigen Ad-hoc-Mitteilung damit nicht sämtlichen Aktionären zugänglich gemacht.[128] Die Empfehlung F.1 DCGK sieht vor, dass die „Gesellschaft [...] den Aktionären unverzüglich sämtliche wesentlichen neuen Tatsachen, die Finanzanalysten und vergleichbaren Adressaten mitgeteilt worden sind, zur Verfügung (stellen soll)". Die sittenwidrige vorsätzliche Schädigung i.S.d. § 826 BGB lag schlussfolgernd nicht nur in der unterbliebenen Ad-hoc-Mitteilung. Soweit der Vorstand im Rahmen einer Entsprechenserklärung nach § 161 I AktG bekannt gegeben hat, dass er der Empfehlung F.1 DCGK gefolgt ist, hat er auch in diesem Rahmen vorsätzlich und sittenwidrig geschädigt. Denn er hat die wesentliche neue Tatsache nur den Aktionären auf der Hauptversammlung mitgeteilt, jedoch nicht sämtlichen Aktionären im Rahmen einer korrigierenden Ad-hoc-Mitteilung.

Im zweiten Beispiel hat der Vorstand der VW AG durch die Entsprechenserklärung nach § 161 AktG gegen Grundsatz 5 DCGK verstoßen: „Der Vorstand hat für die Einhaltung der gesetzlichen Bestimmungen und der internen Richtlinien zu sorgen und wirkt auf deren Beachtung im Unternehmen hin (Compliance)." Soweit der Vorstand der VW AG im Rahmen der Entsprechenserklärung nach § 161 I AktG bekannt gegeben hat, dass er für die Einhaltung der gesetzlichen Bestimmungen gesorgt hat, so hat er auch in diesem Rahmen eine vorsätzliche sittenwidrige Schädigung i.S.d. § 826 BGB begangen.

ee) Strafrechtliche Haftung

Verstößt der Aufsichtsrat gegen seine Erklärungspflicht aus § 161 I AktG bzw. gegen seine Publikationspflicht auf der Homepage, die aus § 161 II AktG resultiert, folgt daraus keine unmittelbare strafrechtliche Haftung. Eine Strafbarkeit kann aber mittelbar folgen, insbesondere aufgrund der Straftatbestände Betrug nach § 263 StGB, Kapitalanlagebetrug nach § 264a StGB, Untreue nach § 266 StGB, Unrichtige Darstellung der Verhältnisse der Kapitalgesellschaft nach § 331 Nr. 1 HGB und Unrichtige Darstellung der Verhältnisse der Gesellschaft nach § 400 I Nr. 1 AktG. [129]

---

128 BGH, Urteil v. 19.07.2004, II ZR 402/02, ZIP 2004, 1593, Rn. 3.

129 *Hippeli*, Wistra 2018, 409, 412; *Schaal*, MüKo-AktG, § 161 Rn. 103 ff.

(1) Betrug

Verletzt der Aufsichtsrat seine Erklärungspflichten aus § 161 I AktG, kommt eine Strafbarkeit wegen Betrugs gemäß § 263 StGB in Betracht. Hier sind prinzipiell drei Konstellationen möglich. Die erste Konstellation bezieht sich auf die Aktionäre. Der Aufsichtsrat begeht einen Betrug, indem er die Aktionäre in ihren Investitions- und Desinvestitionsentscheidungen beeinflusst. Bei der zweiten Konstellation betrügt der Aufsichtsrat Stakeholder, beispielsweise Bieter, die eine Übernahme vorbereiten. Bei der dritten Konstellation betrügt der Aufsichtsrat die Gesellschaft selbst. In der Praxis wird der Aufsichtsrat jedoch zumeist nicht die Tatbestandsmerkmale eines Betrugs erfüllen. Gibt der Aufsichtsrat keine Erklärung ab, täuscht er nicht und erregt somit auch keinen Irrtum. Gibt der Aufsichtsrat eine Falscherklärung ab, fehlt es zumeist an der Absicht, sich selbst oder einem Dritten einen rechtswidrigen Vermögensvorteil zu verschaffen.[130]

(2) Kapitalanlagebetrug

Einen Kapitalanlagebetrug nach § 264a StGB begeht eine Person, die „im Zusammenhang mit bestimmten Wertpapiergeschäften in Prospekten oder Darstellungen oder Übersichten über den Vermögensstand hinsichtlich der für die Entscheidung über das Geschäft wesentlichen Umstände gegenüber einem größeren Kreis von Personen unrichtige vorteilhafte Angaben macht oder nachteilige Tatsachen verschweigt". Die Vorschrift des § 264a StGB ist Schutzgesetz i.S.d. § 823 II BGB, wird jedoch nur selten einschlägig sein. Gibt der Aufsichtsrat eine Entsprechenserklärung i.S.d. § 161 AktG nicht ab, verschweigt er keine nachteiligen Tatsachen über den Vermögensstand. Eine Entsprechenserklärung ist auch weder ein Prospekt noch eine Darstellung oder Übersicht.[131]

(3) Unrichtige Darstellung der Verhältnisse der Kapitalgesellschaft

Eine Strafbarkeit des Aufsichtsrats nach § 331 Nr. 1 HGB wegen unrichtiger Darstellung der Verhältnisse der Kapitalgesellschaft ist prinzipiell möglich. § 331 Nr. 1 HGB erfordert, dass ein Organmitglied die Verhältnisse der Kapitalgesellschaft unrichtig wiedergibt oder verschleiert, wobei sich die Wiedergabe oder Verschleierung auf die im Gesetz aufgezählten Abschlüsse und Lageberichte beziehen muss. Der neu eingeführte § 289a HGB besagt, dass die

---

130 *Hippeli*, Wistra 2018, 409, 412; *Keßler*, strafrechtliche Aspekte von Corporate Governance, 335 f.; *Schaal*, MüKo-AktG, § 161 Rn. 104.

131 *Grigoleit/Zellner*, in: Grigoleit, AktG, § 161 Rn. 44; *Schaal*, MüKo-AktG, § 161 Rn. 105.

Entsprechenserklärung auf zwei Arten veröffentlicht werden kann. Entweder wird sie in den Lagebericht als Teil des Jahresabschlusses aufgenommen oder auf der Internetseite der Gesellschaft veröffentlicht. Stellt eine Entsprechenserklärung die Gesellschaftsverhältnisse unrichtig dar, so ist dies strafbar. Der Aufsichtsrat wird der Strafbarkeit hier wohl oft mit zwei Argumenten entgehen. Zum einen muss die Erklärung einen direkten wirtschaftlichen Bezug zur wirtschaftlichen Lage der AG aufweisen, was bei der Entsprechenserklärung schwierig sein kann, insbesondere im Rahmen von Investorendialogen. Zum anderen muss der Aufsichtsrat vorsätzlich handeln. Hier kann er sich damit verteidigen, dass er die fehlerhaften Angaben nicht für erheblich hielt.[132]

(4) Unrichtige Darstellung der Verhältnisse der Gesellschaft

Eine Strafbarkeit des Aufsichtsrats wegen einer unrichtigen Entsprechenserklärung nach § 161 AktG kommt auch nach § 400 I Nr. 1 AktG in Betracht. Nach diesem Schutzgesetz macht sich ein Organmitglied strafbar, wenn es die Verhältnisse der Gesellschaft in Darstellungen oder Übersichten über den Vermögensstand unrichtig wiedergibt oder verschleiert. Durch ein Unterlassen der Entsprechenserklärung wird regelmäßig keine unrichtige Wiedergabe oder Verschleierung der Verhältnisse bewirkt. Bei einer Falscherklärung der Entsprechenserklärung sieht es hingegen anders aus. Der Begriff „Verhältnisse der Gesellschaft" umfasst sämtliche Umstände, die für die Beurteilung einer Gesellschaft erheblich sein können. Dazu gehört auch die Frage, ob und wie der Aufsichtsrat den DCGK einhielt. Eine Entsprechenserklärung ist jedoch keine Darstellung über den Vermögensstand, weshalb die praktische Bedeutung dieser Vorschrift – zumindest hinsichtlich der Entsprechenserklärung bei Investorendialogen – nicht sonderlich groß sein wird.[133]

(5) Untreue

Der Aufsichtsrat könnte sich bei einem Verstoß gegen die Entsprechenserklärung des § 161 AktG auch wegen Untreue nach § 266 StGB strafbar machen. Der Gesetzeswortlaut setzt voraus, dass der Aufsichtsrat die ihm durch

> *„Gesetz oder Rechtsgeschäft eingeräumte Befugnis, über fremdes Vermögen zu verfügen […] oder die ihm kraft Gesetzes […] Rechtsgeschäfts oder eines Treueverhältnisses*

132 *Keßler*, Strafrechtliche Aspekte von Corporate Governance, 360; *Schlitt*, DB 2007, 326, 330.

133 *Hippeli*, Wistra 2018, 409, 413; vgl. *Schaal*, MüKo-AktG, § 161 Rn. 108 ff.

obliegende Pflicht, fremde Vermögensinteressen wahrzunehmen, verletzt und dadurch dem, dessen Vermögensinteressen er zu betreuen hat, Nachteil zufügt".

Der Aufsichtsrat muss jedenfalls nach den §§ 116 S. 1, 91 I S. 1 AktG bei seinem Handeln Sorgfalt walten lassen, also Schaden von der Gesellschaft abwenden und Vorteile für diese sichern. Verstöße gegen die Verhaltensregeln des DCGK und die Entsprechenserklärungspflicht sind jedenfalls eine Verletzung der Sorgfalt.[134] Der Vermögensnachteil auf der Seite der Gesellschaft liegt in der Inanspruchnahme durch Dritte, beispielsweise durch Aktionäre, die Schadensersatz geltend machen. Schließlich kann ein fehlerhafter Investorendialog den Kurs beeinflussen. Dies gilt insbesondere dann, wenn der Aufsichtsrat in einem Dialog unzulässigerweise Informationen offenlegt. Ein vorsätzliches Handeln muss angenommen werden, wenn der Aufsichtsrat entgegen einer eventuell bestehenden Kommunikationsordnung handelt oder sich rechtlich nicht informierte.[135]

B. Stellungnahme

Derzeit ist noch nicht sicher, ob Investorendialoge in Deutschland zu messbaren positiven Veränderungen führen. Die Erkenntnisse aus anderen Staaten zeigen jedoch, dass es durchaus positive Veränderungen geben könnte. Ob sich diese positiven Veränderungen auch im dualistischen Verwaltungssystem des deutschen Aktiengesetzes einstellen, bleibt abzuwarten. Die Einführung einer entsprechenden gesetzlichen Regelung im Aktiengesetz wäre deshalb verfrüht. Die Implementierung im DCGK ist hingegen von Vorteil.

Die obigen Ausführungen offenbarten, dass *soft law* durchaus eine vorbereitende Stellung einnehmen kann.[136] Deshalb sollten Investorendialoge in Form von Empfehlungen in den DCGK eingebracht werden. Eher unverbindliche Vorgaben können auch als Anregung ausgestaltet sein. Möchte man über Investorendialoge einen messbaren Nutzen erzielen, müssen wichtige Veränderungen allerdings zwingend als Empfehlung eingebracht werden – das Kapitel verdeutlichte, dass der DCGK nur dann einen entsprechenden Veränderungsdruck erzeugt. Dies gilt insbesondere vor dem Hintergrund der verschiedenen Haftungsmöglichkeiten, die bei Anregungen nicht greifen. Werden Vorgaben zu Investorendialogen als Empfehlungen in den DCGK eingefügt, passen sie sich

---

134 *Kiete*, NZG 2003, 559, 562; *Vetter*, in: Henssler/Strohn, AktG, § 161 Rn. 31.

135 *Hippeli*, Wistra 2018, 409, 413; *Schaal*, MüKo-AktG, § 161 Rn. 107.

136 *Knauff*, Der Regelungsverbund – Recht und Soft Law im Mehrebenensystem, S. 228; *Schwarze*, EuR 2011, 3, 7.

dank ihrer flexiblen Handhabung auch eher der Praxis an. Sie bringen Investorendialoge sanft in die Wirtschaft ein und ermöglichen es, die Entwicklung abzuwarten und erste Studien über ihre Wirkungen zu erstellen. Die Einbringung von Investorendialogen als Empfehlung in den DCGK hat das notwendige Maß an Flexibilität, um dem wirtschaftlichen Alltag gerecht zu werden.

Kapitel 4 Rechtliche Situation in Deutschland

Die Regelungen im DCGK ähneln denen des UKCGC. Deshalb ist zu überlegen, ob die UK-Richtlinien für Investorendialoge auf das deutsche Recht übertragbar sind. Das dualistische System und das deutsche Recht weisen Besonderheiten auf, die einem Rechtstransfer aus dem angelsächsischen Rechtssystem Grenzen setzen. Zunächst sind die Charakteristika der dualistischen Unternehmensverfassung zu erläutern. Dem schließt sich die Untersuchung an, ob Investorendialoge prinzipiell mit dem deutschen Recht vereinbar sind. Eine Erörterung der rechtlichen Konflikte ist zwingend notwendig. Denn eine Adaptierung der britischen Vorschriften ist nur unter Beachtung dieser Konflikte möglich. Die Richtlinien für Investorendialoge müssen so gestaltet sein, dass sie den Besonderheiten des deutschen Rechtssystems entsprechen.

A. Die dualistische Unternehmensverfassung

Deutsche Aktiengesellschaften folgen der dualistischen Unternehmensverfassung. Diese weist die charakteristische Besonderheit auf, dass sie einen fest vorgegebenen Organisationsrahmen hat. Dieser Rahmen soll ein Kräftegleichgewicht zwischen den drei Organen der Gesellschaft herstellen: Vorstand, Aufsichtsrat und Hauptversammlung.[137] Den Gesellschaftern stehen nur wenige Möglichkeiten zur Verfügung, den Aufbau und die Organisation der Aktiengesellschaft nach ihren eigenen Vorstellungen zu gestalten. Die Verantwortung für einen reibungslosen Ablauf innerhalb der Aktiengesellschaft übernimmt deshalb der Gesetzgeber – dieser stellt entsprechende Vorgaben auf.[138] Gemäß § 23 V S. 1 AktG darf die Satzung der Gesellschaft nur vom Aktienrecht abweichen, wenn dies ausdrücklich gestattet ist. Die Vorgaben für den Aufbau und die Organisation der Aktiengesellschaft sind zwingend.[139] Es ist notwendig, den

137 Vgl. *Fleischer*, in: Bayer/Habersack, Aktienrecht im Wandel, § 9 Rn. 23; *Fleischer*, in: MüKo-GmbHG, Einleitung, Rn. 302.

138 *Eberspächer*, in: Spindler/Stilz, SE-VO, Art. 38, Rn. 3; *Fleischer*, in: MüKo-GmbHG, Einleitung, Rn. 302; *Müller*, in: Müller/Rödder, Beck'sches Handbuch der AG, Rn. 53; *Wiesner*, in: Münch. Hdb. GesR IV, § 19 Rn. 1.

139 *Vedder*, in: Grigoleit, AktG, § 23 Rn. 41; *Marsch-Barner*, in: Marsch-Barner/Schäfer, Handbuch börsennotierte AG, Rn. 4.26; *Pentz*, in: MüKo-AktG, § 23 Rn. 162; *Spindler*, in: MüKo-AktG, § 76 Rn. 7; *Weber*, in: Hölters, AktG, § 76 Rn. 2.

Aufbau und die Funktionsweise der dualistischen Unternehmensverfassung zu erläutern. Ansonsten ist die Gestaltung der Rahmenbedingungen für Investorendialoge nicht nachvollziehbar. Die Darstellung der dualistischen Unternehmensverfassung beschränkt sich auf die ausschlaggebenden Punkte – eine allzu vertiefte Erörterung ist nicht notwendig.

I. Der Vorstand

Nach § 76 I AktG leitet der Vorstand die Aktiengesellschaft[140] und nach § 77 I AktG obliegt ihm die Geschäftsführung. Die Geschäftsführung umfasst die tatsächlichen und rechtsgeschäftlichen Tätigkeiten des Vorstands. Der Begriff „Leitung“ bezieht sich hingegen auf einen herausgehobenen Teil der Geschäftsführung, beispielsweise die Führungsfunktion des Vorstandes und die Bestimmung der Unternehmenspolitik.[141] Gemäß § 76 III S. 1 AktG können Vorstandsmitglieder nur natürliche und unbeschränkt geschäftsfähige Personen sein. Diese Regelung schließt im Umkehrschluss juristische Personen und andere Gesellschaften als Vorstandsmitglieder aus.[142] Maßnahmen der Geschäftsführung nach § 77 I AktG sind delegationsfähig, nicht aber solche der Leitung nach § 76 I AktG.[143] Da der Gesetzgeber dem Vorstand die Leitungsaufgabe zugewiesen hat, hat dieser sie selbst wahrzunehmen. Ihm ist es nicht möglich, Aufgaben aus dem Kernbereich seiner Führungsverantwortung auf Dritte zu übertragen.[144]

1. Rechtsnatur der Leitungsaufgabe

Der Begriff der „Leitung“ ist genau zu definieren. Wenn Investorengespräche als Leitungsaufgaben einzustufen sind, wäre ihre Delegation an den Aufsichtsrat nicht möglich. Eine Übertragung an den Aufsichtsrat ist nur zulässig, wenn

---

140 *Fleischer*, in: Spindler/Stilz, AktG, § 76 Rn. 4; *Spindler*, in: MüKo-AktG, § 76 Rn. 4.

141 *Dauner-Lieb*, in: Henssler/Strohn, AktG, § 76 Rn. 5 ff.; *Koch*, in: Hüffer/Koch, AktG, § 76 Rn. 2; *Spindler*, in: MüKo-AktG, § 76 Rn. 17; *Weber*, in: Hölters, AktG, § 76 Rn. 8 ff.

142 *Dauner-Lieb*, in: Henssler/Strohn, AktG, § 76 Rn. 16; *Kort*, in: Großkomm/AktG, § 76 Rn. 250; *Koch*, in: Hüffer/Koch, AktG, § 76 Rn. 58; *Seibt*, in: Schmidt/Lutter, AktG, § 76 Rn. 60.

143 *Fleischer*, in: Spindler/Stilz, AktG, § 76 Rn. 14; *Weber*, in: Hölters, AktG, § 76 Rn. 35 f.; *Koch*, in: Hüffer/Koch, AktG, § 76 Rn. 8.

144 *Grigoleit*, in: Grigoleit, AktG, § 76 Rn. 10; *Hölters*, in: Hölters, AktG, § 76 Rn. 12; *Koch*, in: Hüffer/Koch, AktG, § 76 Rn. 8.

es sich um Aufgaben der Geschäftsführung handelt. Zunächst ist anzumerken, dass eine abschließende Definition des Begriffes „Leitung“ nicht möglich ist. Es bestehen lediglich verschwommene Vorstellungen über die Konturen des Leitungsbegriffs. Diese knüpfen oftmals an betriebswirtschaftliche Erkenntnisse an. Die meisten Rechtswissenschaftler stellen auf die Unternehmensplanung sowie die Kontrolle und Koordination von Unternehmen sowie die Besetzung von Führungsstellen ab.[145] Grundsatz 2 DCGK bezieht sich insoweit auf die „strategische Ausrichtung des Unternehmens“. Die unklare Eingrenzung des Leitungsbegriffes bringt den Grundsatz der „Unveräußerlichkeit der Leitungsmacht“ ins Wanken. Mittlerweile gibt es die Tendenz, diesen Grundsatz durch den Maßstab des § 93 I, II AktG zu ersetzen.[146] Die Abgrenzung zwischen Leitung und Geschäftsführung erfolgt im Einzelfall. Wichtige Abgrenzungsfaktoren sind die Entscheidungserheblichkeit für das Unternehmen sowie die Bedeutung für die Beschäftigungs-, Finanz- und Ertragslage.[147]

2. *Stellungnahme zu den Leitungsaufgaben*

Die Regierungskommission DCGK äußerte sich in der Plenarsitzung vom 13.10.2016 dahingehend, dass das Gesetz Investorendialoge nicht verbiete.[148] Dies ist prinzipiell richtig. Allerdings verbietet das Gesetz Investorendialoge mit dem Aufsichtsrat, die Leitungsaufgaben zum Inhalt haben. Delegationsfähig sind höchstens Maßnahmen der Geschäftsführung nach § 77 I AktG, nicht aber solche der Leitung nach § 76 I AktG.[149] Und wenn Leitungsaufgaben nicht delegationsfähig sind, darf der Aufsichtsrat *a maiore ad minus* mit Aktionären auch nicht darüber sprechen.

Diesen Gedanken greift auch Anregung A.3 DCGK inzident auf. Die Vorschrift bezieht sich auf Gespräche über „aufsichtsratsspezifische Themen“, die im Umkehrschluss keine Vorstandsaufgaben umfassen. Die Unübertragbarkeit von Leitungsaufgaben setzt Investorendialogen eine Grenze. Investorendialoge

145 *Dauner-Lieb*, in: Henssler/Strohn, AktG, § 76 Rn. 6 f.; *Koch*, in: Hüffer/Koch, AktG, § 76 Rn. 8 f.; *Weber*, in: Hölters, AktG, § 76 Rn. 10.

146 *Koch*, in: Hüffer/Koch, AktG, § 76 Rn. 8; *Koch*, in: Fleischer/Koch/Kropff et al. (Hrsg.), 50 Jahre AktG, ZGR 2016, 65, 94 ff.

147 *Weber*, in: Hölters, AktG, § 76 Rn. 8 ff.; *Hüffer*, in: Hüffer/Koch, AktG, § 76 Rn. 9.

148 Erläuterungen der Änderungsvorschläge der Regierungskommission Deutscher Corporate Governance Kodex aus der Plenarsitzung vom 13.10.2016, S. 6.

149 *Fleischer*, in: Spindler/Stilz, AktG, § 76 Rn. 14; *Weber*, in: Hölters, AktG, § 76 Rn. 35 f.; *Koch*, in: Hüffer/Koch, AktG, § 76 Rn. 8.

sind deshalb entsprechend Anregung A.3 DCGK nur zulässig, wenn sich der damit verbundene Gesprächsinhalt im Rahmen der Aufgaben des Aufsichtsrats bewegt. Dies zeigt, dass Investorendialoge einer fest definierten Rahmenstruktur bedürfen.

Wenn jedoch Maßnahmen der Geschäftsführung delegierbar sind, könnte es sein, dass diese nicht von Investorendialogen ausgenommen sind. Schließlich kann der Vorstand einzelnen Aufsichtsratsmitgliedern eine Maßnahme aus dem Bereich der Geschäftsführung übertragen.[150] Als Annex zu der Übertragung der Geschäftsführungsaufgabe könnte der Aufsichtsrat dann dazu befugt sein, mit Investoren über diesen Geschäftsführungsbereich zu sprechen, in den seine Mitglieder eingebunden wurden. Allerdings stellt § 111 IV S. 1 AktG spiegelbildlich zu § 111 I AktG klar, dass dem Aufsichtsrat das Führen von Geschäften untersagt ist: Der Vorstand darf ihm auch nicht durch Delegation oder Satzung einzelne Geschäfte übertragen.[151] Das Verbot richtet sich an den Aufsichtsrat als Organ: Ausgenommen sind einzelne Aufsichtsratsmitglieder, die nach einer Zuweisung durch den Vorstand oder für die Wahrnehmung ihrer Aufsichtsratstätigkeit auf nachgeordneter Ebene in die Nähe der Geschäftsführung geraten dürfen. Hierfür müssen jedoch besondere Gründe vorliegen, beispielsweise besondere Beziehungen zu einzelnen Geschäftspartnern.[152] Diese im Grunde kompetenzwidrige Zuweisung von Geschäftsführungsaufgaben an einzelne Aufsichtsratsmitglieder führt nicht dazu, dass diese oder der Aufsichtsrat insgesamt vom Verbot der Geschäftsführung ausgenommen werden. Die Geschäftsführung obliegt ausschließlich dem Vorstand. *A maiore ad minus* erhält der Aufsichtsrat deshalb auch kein Recht, über die ihm zugewiesenen „Hilfsgeschäfte" mit Investoren zu sprechen.

Eine Möglichkeit zur Gewährleistung von Rechtssicherheit ist die Schaffung standardisierter Strukturen wie einer Kommunikationsordnung. Diese tragen dafür Sorge, dass im Einzelfall keine Abweichungen von den gesetzlichen Bestimmungen auftreten. Es muss unbedingt vermieden werden, dass der

---

150 *Hambloch-Gesinn/Gesinn*, in: Hölters, AktG, § 111 Rn. 70; *Spindler*, in: Spindler/Stilz, AktG, § 111 Rn. 61.

151 *Grigoleit/Tomasic*, in: Grigoleit, AktG, § 111 Rn. 39; *Habersack*, in: MüKo-AktG, § 111 Rn. 110; *Hambloch-Gesinn/Gesinn*, in: Hölters, AktG, § 111 Rn. 70; *Henssler*, in: Henssler/Strohn, AktG, § 111 Rn. 18; *Koch*, in: Hüffer/Koch, AktG, § 111 Rn. 33; *Spindler*, in: Spindler/Stilz, AktG, § 111 Rn. 61.

152 *Habersack*, in: MüKo-AktG, § 111 Rn. 113; *Hambloch-Gesinn/Gesinn*, in: Hölters, AktG, § 111 Rn. 70; *Spindler*, in: Spindler/Stilz, AktG, § 111 Rn. 61.

Aufsichtsrat kompetenzwidrig mit Aktionären über die ihm zugewiesenen Aufgaben im Geschäftsführungsbereich redet.

In der Praxis sollten Aufsichtsratsvorsitzende und Investoren die Möglichkeit haben, sich an einem Fragenkatalog zu orientieren, der die zulässigen Gesprächsthemen eingrenzt. Ein solcher Fragenkatalog schafft Rechtssicherheit und setzt klare Rahmenstrukturen, die Rechtsverstöße vermeiden.[153] Dieser Vorgehensweise folgte auch eine hochkarätig besetzte Initiative[154] namens *Developing Shareholder Communication*, die die sogenannten „Leitsätze für den Dialog zwischen Investor und Aufsichtsrat" veröffentlichte.[155] Zusammenfassend lässt sich sagen, dass Investorendialoge vor dem Hintergrund der Unveräußerlichkeit der Leitungsaufgabe per se verboten sind. Sie sind nur insoweit erlaubt als dass sie sich auf aufsichtsratsspezifische Themen beziehen.

II. Der Aufsichtsrat

Die zentrale Aufgabe des Aufsichtsrats ist in § 111 I AktG geregelt. Danach hat der „Aufsichtsrat [...] die Geschäftsführung zu überwachen". Diese Vorschrift ist die rechtliche Grundlage, die dem Aufsichtsrat die Überwachung des Vorstandes ermöglicht. Sie hebt die Überwachungsfunktion des Aufsichtsrats und die strikte Trennung zwischen Geschäftsführung- und Überwachungsaufgabe deutlich hervor. [156]

1. Umfang und Zielrichtung der Überwachungspflicht

Der Aufsichtsrat hat die Geschäftsführung, d.h. den Vorstand, zu überwachen. Die Überwachungspflicht bezieht sich vorrangig auf die Rechtmäßigkeit der Geschäftsführung, zusätzlich aber auch auf ihre Wirtschaftlichkeit, Zweckmäßigkeit und Ordnungsmäßigkeit.[157] Der Aufsichtsrat hat laufend zu kontrollieren,

---

153 Zustimmend: *Wansleben/Fleischer/Bauer*, LSK 2015, 360.

154 *Brandt, Feldmann, Fitschen, Hambrecht, Lehner, Wenning, Huber, Kulmann, Schmidt, Speich, Strenger, Wolf, Franzmann, Schmidt, Semrau, Siepmann, Viehs, Hirt* und *Kramarsch*, Leitsätze für den Dialog zwischen Investor und Aufsichtsrat, Fassung vom 05.07.2016, S. 5.

155 Leitsätze für den Dialog zwischen Investor und Aufsichtsrat, Fassung vom 05.07.2016.

156 *Schaal*, in: Erbs/Kohlhaas, AktG § 111 Rn. 1; *Hambloch-Gesinn/Gesinn*, in: Hölters, AktG, § 111 Rn. 1; *Koch*, in: Hüffer/Koch, AktG, § 111 Rn. 1.

157 *Habersack*, in: MüKo-AktG, § 111 Rn. 29; *Koch*, in: Hüffer/Koch, AktG, § 111 Rn. 14; *Grigoleit/Tomasic*, in: Grigoleit, AktG, § 111 Rn. 4; *Lutter*, AG 2008, 1.

ob der Vorstand seinen Pflichten aus § 93 AktG nachkommt.[158] Nach § 93 I S. 1 AktG haben Vorstandsmitglieder „bei ihrer Geschäftsführung die Sorgfalt eines ordentlichen und gewissenhaften Geschäftsleiters anzuwenden". Die Überwachung soll unterbinden, dass der Vorstand beanstandungswürdige Geschäftsführungsmaßnahmen vornimmt. Es handelt sich um eine Kontrolle, die auf das zukünftige Verhalten gerichtet ist. Außerdem bestehen Sanktionsmöglichkeiten für eine schuldhaft fehlerhafte Geschäftsführung in der Vergangenheit.[159]

2. *Überwachungsinstrumente*

Dem Aufsichtsrat stehen verschiedene Instrumente zur Überwachung des Vorstands zur Verfügung. Sollte dieser seinen Leitungs- und Geschäftsführungsaufgaben nicht nachkommen, hat der Aufsichtsrat einzuschreiten. Der Vollständigkeit halber sind im Folgenden die wichtigsten Instrumente aufgeführt:

- formelle mündliche oder schriftliche Beanstandung;
- formelle Rücksprache mit dem Vorstand;
- Änderung der Geschäftsverteilung oder der Geschäftsordnung des Vorstands nach § 77 II AktG;
- Einberufung einer außerordentlichen Hauptversammlung nach § 111 III S. 1 AktG;
- Geltendmachung von Schadensersatzansprüchen gegen den Vorstand;
- Verweigerung der Billigung des Jahresabschlusses;
- Änderung der personellen Zusammensetzung des Vorstands, § 84 AktG.[160]

3. *Personalkompetenz nach § 84 AktG*

Der Gesetzgeber hat in § 111 AktG nur die bedeutsamsten Aufgaben des Aufsichtsrats geregelt, weshalb die Vorschrift keinen abschließenden Charakter hat. Außerhalb dieser Vorschrift ist die Personalkompetenz des Aufsichtsrats hervorzuheben. Sie ist in § 84 AktG geregelt und verpflichtet den Aufsichtsrat dazu, Vorstandsmitglieder zu bestellen und abzuberufen. Dies führt de facto zu einem

158 *Hambloch-Gesinn/Gesinn*, in: Hölters, AktG, § 111 Rn. 9 f.; *Koch*, in: Hüffer/Koch, AktG, § 111 Rn. 5 f.

159 *Henssler*, in: Henssler/Strohn, AktG, § 111 Rn. 8 f.; *Hambloch-Gesinn/Gesinn*, in: Hölters, AktG, § 111 Rn. 9 f.; *Koch*, in: Hüffer/Koch, AktG, § 111 Rn. 7 ff.; *Hüffer*, NZG 2007, 47 f.; *Spindler*, in: Spindler/Stilz, AktG, § 111 Rn. 13 ff., 27.

160 *Hambloch-Gesinn/Gesinn*, in: Hölters, AktG, § 111 Rn. 30; *Koch*, in: Hüffer/Koch, AktG, § 111 Rn. 16; *Habersack*, in: MüKo-AktG, § 111 Rn. 27 f.

erheblichen (mittelbaren) Einfluss des Aufsichtsrats auf die Unternehmenspolitik.[161] Der § 84 I S. 1 AktG sichert Vorstandsmitgliedern eine Bestellung für bis zu fünf Jahre und schränkt die Abberufungsmöglichkeiten in § 84 III AktG erheblich ein. Dies sichert die persönliche Unabhängigkeit der Vorstandsmitglieder. Andererseits erhält die zeitliche Beschränkung die Personalkompetenz des Aufsichtsrates und das Eigentümerrecht der Anteilseigner aufrecht. Die Begrenzung der Amtsdauer soll dem Aufsichtsrat ermöglichen, spätestens alle fünf Jahre zu prüfen, ob die Eignung der Vorstandsmitglieder zur Leitung der Gesellschaft noch gegeben ist.[162]

4. Stellungnahme zur Personalkompetenz

Die Personalkompetenz des Aufsichtsrats ist ein potentielles Gesprächsfeld für Investorendialoge. Dies hat verschiedene Gründe. Die ordnungsgemäße Besetzung des Vorstandes ist eines der Hauptanliegen von Investoren. Wie *Hopt* zutreffend ausführt, haben insbesondere institutionelle Investoren mit breiter Diversifikation kein Interesse, in das Tagesgeschäft einzugreifen. Sie möchten ihre Interessen jedoch durch Repräsentanten effektiv vertreten wissen.[163] Die mittelbare Einflussnahme über die Bestellung entsprechender Vorstandsmitglieder ist daher ein berechtigtes Anliegen von Investoren. Der Auswahl- und Besetzungsprozess ist gerade keine Leitungsaufgabe, da er dem Aufsichtsrat ausdrücklich per Gesetz zugewiesen ist. Wie bereits ausgeführt, dient die zeitliche Begrenzung der Bestellung von Vorstandsmitgliedern auch und insbesondere dem Schutz aktiver Eigentümerrechte. Dieser Argumentation folgend erscheint es zwingend notwendig, Anteilseignern über Investorendialoge mit dem Aufsichtsrat Zugang zur Besetzung des Vorstandes zu gewähren. Es wäre sinnwidrig, wenn Anteilseigner durch die Vorschrift des § 84 AktG geschützt werden sollen, aber keine Möglichkeit hätten, die Wahl des Vorstandes zu beeinflussen. Wenngleich eine direkte Einflussnahme aus verschiedenen Gründen abzulehnen ist, müssen Gespräche mit dem Aufsichtsrat zumindest erlaubt sein, um allgemeine Auswahlkriterien für die Besetzung zu diskutieren. Die Diskussion über die Qualifikationen und Eignungen einzelner Personen führt letztlich zu

161 *Koch*, in: Hüffer/Koch, AktG, § 111 Rn. 16; *Hambloch-Gesinn/Gesinn*, in: Hölters, AktG, § 111 Rn. 36; *Habersack*, in: MüKo-AktG, § 111 Rn. 1 f.

162 *Dauner-Lieb*, in: Henssler/Strohn, AktG, § 84 Rn. 9 ff.; *Koch*, in: Hüffer/Koch, AktG, § 84 Rn. 1; *Spindler*, in: MüKo-AktG, § 84 Rn. 3; *Vedder*, in: Grigoleit, AktG, § 84 Rn. 1 ff.

163 *Hirt/Hopt/Mattheus*, AG 2016, 725 f.

einer besseren Besetzung des Vorstandes. Diese beeinflusst die Entwicklung des Unternehmens nachhaltig in positiver Weise.

III. Die Hauptversammlung

Das Wesen der Hauptversammlung offenbart sich in § 118 I S. 1 AktG. Danach üben die Aktionäre „ihre Rechte in den Angelegenheiten der Gesellschaft in der Hauptversammlung aus, soweit das Gesetz nichts anderes bestimmt". Die Hauptversammlung besteht demnach aus den Aktionären selbst. Diese soll die Ausübung ihrer Stimmrechte sichern. Denn Aktionäre haben im Gegensatz zur Konzeption des Sacheigentums keine unmittelbare Verfügungsbefugnis über das Unternehmenseigentum. Sie haben lediglich die Möglichkeit, über die Organe der Gesellschaft, insbesondere die Hauptversammlung, Einfluss auszuüben.[164] Die Hauptversammlung ist kein Handlungsorgan mit Außenwirkung, sondern dient der internen Willensbildung. Diese erfolgt über Beschlüsse.[165] Hervorzuheben ist, dass die Hauptversammlung nur punktuell zusammentritt, wofür die Beachtung bestimmter Formalia notwendig ist, vgl. § 121 I AktG.[166] Nach § 118 III S. 1 AktG sollen die „Mitglieder des Vorstands und des Aufsichtsrats […] an der Hauptversammlung teilnehmen". Da es sich um eine reine Soll-Vorschrift handelt, ist die Anwesenheit aller Mitglieder jedoch nicht zwingend notwendig.

1. Beschlusskompetenzen der Hauptversammlung

Die Rechte der Hauptversammlung sind in § 119 I AktG zusammengefasst. Die Vorschrift betrifft die Beschlusskompetenzen der Hauptversammlung. Sie weist ihr in § 119 I AktG Kompetenzen zu und beschränkt sie durch § 119 II AktG bei Fragen der Geschäftsführung. Eine Entscheidungskompetenz in Geschäftsführungsfragen ist nur auf Verlangen des Vorstands gegeben. Damit bezweckt der Gesetzgeber, die Machtbalance zwischen den Organen der Gesellschaft

164 BVerfG, Urteil v. 01.03.1979, 1 BvR 532/77, 1 BvR 533/77, 1 BvR 419/78, 1 BvL 21/78, BVerfGE 50, 290, 342; *Drinhausen*, in: Hölters, AktG, § 118 Rn. 4; *Koch*, in: Hüffer/Koch, AktG, § 118 Rn. 6; *Liebscher*, in: Henssler/Strohn, AktG, § 118 Rn. 2; *Kubis*, in: MüKo-AktG, § 118 Rn. 1.

165 *Drinhausen*, in: Hölters, AktG, § 118 Rn. 5; *Koch*, in: Hüffer/Koch, AktG, § 118 Rn. 6; *Kubis*, in: MüKo-AktG, § 118 Rn. 9, § 119 Rn. 3 f.; *Wendt*, in: MüKo-AktG, § 119 Rn. 195.

166 *Drinhausen*, in: Hölters, AktG, § 118 Rn. 10; *Koch*, in: Hüffer/Koch, AktG, § 118 Rn. 6; *Kubis*, in: MüKo-AktG, § 121 Rn. 95.

aufrechtzuerhalten.[167] Es ist hervorzuheben, dass der Hauptversammlung - auch wenn sie nicht für Fragen der Geschäftsführung zuständig ist - aber zumindest ein diesbezügliches Erörterungsrecht zusteht.[168] Die Hauptversammlung darf zunächst die in § 119 I AktG genannten Kompetenzen wahrnehmen. Diese untergliedern sich in Kern-, Grundlagen-, Kontroll- und Leitungskompetenzen.[169] Die Aufzählung in § 119 I AktG ist nicht abschließend: Die Hauptversammlung hat auch die sonstigen Kompetenzzuweisungen inne, die ausdrücklich im Gesetz geregelt oder ihr sonst zugeordnet sind.[170]

2. *Einberufung der Hauptversammlung*

Das Recht zur Einberufung einer Hauptversammlung liegt beim Vorstand, dem Aufsichtsrat und den Aktionären.

a) *Einberufung durch den Vorstand*

Die Einberufung der Hauptversammlung durch den Vorstand richtet sich nach § 121 I AktG. Danach ist die Hauptversammlung „in den durch Gesetz oder Satzung bestimmten Fällen sowie dann einzuberufen, wenn das Wohl der Gesellschaft es fordert". In § 121 II S. 1 AktG führt der Gesetzgeber aus, dass die Einberufung der Hauptversammlung eines einfachen Mehrheitsbeschlusses durch den Vorstand bedarf.

b) *Einberufung durch den Aufsichtsrat*

Der Aufsichtsrat hat die Möglichkeit, die Hauptversammlung „zum Wohle der Gesellschaft" einzuberufen. Dem Aufsichtsrat ist in § 111 III S. 1 AktG eine diesbezügliche Kompetenz zugewiesen. Nach § 111 III S. 2 AktG erfordert die Einberufung der Hauptversammlung durch den Aufsichtsrat eine einfache Mehrheit. Dem Aufsichtsrat ist es untersagt, eine Hauptversammlung einzuberufen, die sich auf Geschäftsführungsmaßnahmen bezieht. Eine solche Kompetenz ist

---

167 *Herrler*, in: Grigoleit, AktG, § 119 Rn. 1; *Koch*, in: Hüffer/Koch, AktG, § 119 Rn. 1; *Liebscher*, in: Henssler/Strohn, AktG, § 119 Rn. 1; *Kubis*, in: MüKo-AktG, § 119 Rn. 1.

168 *Drinhausen*, in: Hölters, AktG, § 119 Rn. 11; *Herrler*, in: Grigoleit, AktG, § 119 Rn. 13; *Kubis*, in: MüKo-AktG, § 119 Rn. 18.

169 *Drinhausen*, in: Hölters, AktG, § 119, Rn. 5 ff.; *Hoffmann*, in: Spindler/Stilz, AktG, § 119 Rn. 4.

170 *Drinhausen*, in: Hölters, AktG, § 119 Rn. 5; *Herrler*, in: Grigoleit, AktG, § 119 Rn. 21; *Hoffmann*, in: Spindler/Stilz, AktG, § 119 Rn. 4; *Liebscher*, in: Henssler/Strohn, AktG, § 119 Rn. 3.

im Umkehrschluss aus § 119 II AktG eher abzulehnen: Dieser Absatz besagt ja gerade, dass der Aufsichtsrat bei Fragen der Geschäftsführung auf ein Verlangen des Vorstandes angewiesen ist.[171]

c) *Einberufung durch die Aktionäre*

Während Vorstand und Aufsichtsrat eine Hauptversammlung nach eigenem Ermessen einberufen können, steht Aktionären das Recht zu, die Einberufung einer Hauptversammlung zu verlangen. Der § 122 I S. 1 AktG regelt das diesbezügliche Verfahren. Sind die Voraussetzungen des § 122 I S. 1 AktG erfüllt, ist der Vorstand dazu verpflichtet, unverzüglich eine Hauptversammlung einzuberufen.[172] Voraussetzung ist, dass Aktionäre, deren Anteile zusammen den zwanzigsten Teil des Grundkapitals erreichen, schriftlich die Einberufung unter Angabe des Zwecks und der Gründe verlangen und dieses Verlangen an den Vorstand richten.[173] Soweit eine Satzung einen geringeren Anteil am Grundkapital vorschreibt, ist das Verlangen der Aktionäre auch bei Erreichen des durch Satzung festgelegten Grundkapitals rechtmäßig.[174] Die Antragsteller haben nach § 122 I S. 3 AktG nachzuweisen, dass sie seit mindestens 90 Tagen vor Zugang des Verlangens Inhaber der Aktien sind.[175]

3. *Stellungnahme*

Die dualistische Unternehmensverfassung grenzt die Aufgabenbereiche der drei ständigen Organe der Aktiengesellschaft strikt voneinander ab. Investoren ist eine unmittelbare Einflussnahme auf den Aufsichtsrat nicht möglich. Die Ausübung ihrer Rechte beschränkt sich auf die Hauptversammlung. Dort besteht die Möglichkeit einer mittelbaren Einflussnahme. Die beschränkte

---

171 *Oetker*, in: ErfK, AktG, § 111 Rn. 14; *Kubis*, in: MüKo-AktG, § 119 Rn. 20 ff.; *Wendt*, in: MüKo-AktG, § 119 Rn. 193.

172 *Drinhausen*, in: Hölters, AktG, § 122 Rn. 1; *Herrler*, in: Grigoleit, AktG, § 122 Rn. 9; *Koch*, in: Hüffer/Koch, AktG, § 122 Rn. 7; *Kubis*, in: MüKo-AktG, § 122 Rn. 36; *Liebscher*, in: Henssler/Strohn, AktG, § 122 Rn. 7; *Rieckers*, in: Spindler/Stilz, AktG, § 122 Rn. 27.

173 *Drinhausen*, in: Hölters, AktG, § 122 Rn. 9 ff.; *Koch*, in: Hüffer/Koch, AktG, § 122 Rn. 4 ff.; *Kubis*, in: MüKo-AktG, § 122 Rn. 3 ff., *Liebscher*, in: Henssler/Strohn, AktG, § 122 Rn. 5;

174 *Drinhausen*, in: Hölters, AktG, § 122 Rn. 6; *Koch*, in: Hüffer/Koch, AktG, § 122 Rn. 8.

175 *Herrler*, in: Grigoleit, AktG, § 122 Rn. 4.; *Koch*, in: Hüffer/Koch, AktG, § 122 Rn. 3a; *Kubis*, in: MüKo-AktG, § 122 Rn. 8.

Kompetenzzuweisung der Hauptversammlung unterbindet jedoch eine allzu starke Einflussnahme. Investoren haben de facto keine Möglichkeit, ihre Meinung zu wichtigen Themen zu äußern. Anliegen, die ihnen wichtig sind – etwa die personelle Besetzung des Vorstandes – sind ja gerade keine Themen für die Hauptversammlung: Sie bestellt nach § 84 I S. 1 AktG nur den Aufsichtsrat.

a) Ineffiziente Meinungskundgabe

Selbst wenn die Möglichkeit bestünde, wichtige Anliegen über die Hauptversammlung zu kommunizieren, wäre dies unzureichend. Der damit verbundene Prozess ist zu bürokratisch und aufwändig, um effektiv zu funktionieren. Investoren möchten ihre Meinung unkompliziert kundgeben, um einen Gedankenaustausch herbeizuführen. Der Dialog mit dem Aufsichtsrat soll zum Unternehmenswohl beitragen. Die Diskussion auf einer Hauptversammlung vor großem Publikum ist unflexibel und führt kaum zu den gewünschten Ergebnissen. Sensible Gespräche – beispielsweise über die Auswahlkriterien für die personelle Besetzung des Vorstandes – sind im vertraulichen Rahmen wirkungsvoller. Ein offener Meinungsaustausch auf einer Hauptversammlung erzeugt schnell den Beigeschmack von Kritik und Denunziation.

b) Eingeschränktes Gehör

Sinn und Zweck von Investorendialogen liegen in einem unkomplizierten Meinungstransfer. Der Verweis von Investoren auf die Hauptversammlung würde unterbinden, dass sie überhaupt Gehör finden, geschweige denn aktuelle Informationen übermitteln können. Zum einen sind die möglichen Themenbereiche durch das Gesetz stark eingeschränkt. Zum anderen ist das Verlangen nach Einberufung einer kurzfristigen Hauptversammlung durch eine Minderheit nach § 122 I S. 1 AktG an strenge Anforderungen geknüpft. Danach erfordert die Einberufung durch Aktionäre, dass sie mindestens 5 Prozent des Grundkapitals halten. Diese Vorschrift ist insoweit problematisch, als dass sie Investoren mit einer breit diversifizierten Ausrichtung von der Einflussnahme ausschließt. Bei Aktiengesellschaften mit einem sehr hohen Grundkapital können Anteile von ein bis zwei Prozent bereits mehrere Millionen Euro wert sein. Aufgrund des Unterschreitens der 5-Prozent-Schwelle geht die Einflussnahme von Investoren hier dennoch gegen Null. Dieses ungerechte Ergebnis stützt die Stimmen in der Literatur, die Investorendialoge außerhalb der Hauptversammlung als legitim einschätzen.

c) Gesetzliche Ausnahmeregelung

Es lässt sich darüber streiten, ob die Hauptversammlung in der schnelllebigen und digitalisierten Welt noch das richtige Instrument ist, um wichtige Entscheidungen zu treffen. Die Wirtschaft erfordert schnelle Entscheidungen, die nur schwer mit den zeitintensiven und umständlichen Rahmenbedingungen einer Hauptversammlung in Einklang zu bringen sind. Der § 118 I S. 1, 1. Hs. AktG führt zwar aus: „*Die Aktionäre üben ihre Rechte in den Angelegenheiten der Gesellschaft in der Hauptversammlung aus*“, allerdings schließt sich im zweiten Halbsatz die Aussage an „*soweit das Gesetz nichts anderes bestimmt*“. Der Wortlaut des § 118 I S. 1 AktG drückt damit klar aus, dass Aktionäre auch außerhalb der Hauptversammlung ihre Rechte ausüben dürfen, soweit dies durch Gesetz gestattet ist. Hier wäre es auch denkbar, Investorendialoge „kraft Natur der Sache“ außerhalb der Hauptversammlung zu legitimieren, kurz: Auf anderem Wege sind Investorendialoge nicht möglich, zumindest nicht, wenn sie effektiv sein sollen.

B. Gebot der Gleichbehandlung der Aktionäre

Die Einführung von Investorendialogen führt auch im Hinblick auf die Gleichbehandlung von Aktionären zu Problemen. Sollten Investoren mit dem Aufsichtsrat reden dürfen, verschaffen sie sich die Möglichkeit zur Einflussnahme. Den damit verbundenen Informationsvorsprung haben andere Aktionäre nicht. Diese haben durch die Gespräche zwischen Investoren und Vorstand ohnehin schon ein Informationsdefizit.[176] Deshalb sehen Aufsichtsratsvorsitzende und Unternehmen aus der Wirtschaft die Gefahr, dass „einzelne Investoren bessere Informations- und Interessenvertretungskanäle erhalten als andere“.[177] Deshalb ist zunächst der aktienrechtliche Gleichbehandlungsgrundsatz des § 53a AktG zu erläutern. Anschließend ist zu prüfen, ob Investorendialoge vor diesem Hintergrund zulässig und wie sie zu rechtfertigen sind.

I. Normzweck des § 53a AktG

Die Vorschrift des § 53a AktG begründet den aktienrechtlichen Gleichbehandlungsgrundsatz. Er besagt, dass „Aktionäre […] unter gleichen Voraussetzungen

176 Vgl. auch *Koch*, AG 2017, 129, 136; Stellungnahme Prof. Dr. *Jens Koch* vom 15.12.2016 an die Regierungskommission DCGK.

177 So die wortgleichen Aussagen von *verdi* und der *Commerzbank AG*, Stellungnahme an die Regierungskommission DCGK, beide vom 15.12.2016.

gleich zu behandeln" sind. Der Gleichbehandlungsgrundsatz dient dazu, die Funktionsfähigkeit von Gesellschaften sicherzustellen, indem er Beteiligungsanreize aufrechterhält. Jeder einzelne Gesellschafter soll durch die Gleichbehandlung vor willkürlichen Benachteiligungen durch die Organe der Gesellschaft geschützt sein.[178]

II. Tatbestand der Ungleichbehandlung

Ein Verstoß gegen den aktienrechtlichen Gleichbehandlungsgrundsatz liegt vor, wenn ein Aktionär von der Gesellschaft im Verhältnis zu einem anderen Aktionär ungleich behandelt wird, ohne dass dies sachlich gerechtfertigt oder von der Zustimmung des Betroffenen gedeckt ist. Dabei ist ein rein objektiver Maßstab anzulegen.[179] Eine Ungleichbehandlung liegt nur bei „gleichen Voraussetzungen" vor. Dies bedeutet bei der AG als Kapitalgesellschaft, dass sich der Maßstab der Ungleichbehandlung am Ausmaß der Kapitalbeteiligung der Aktionäre zu orientieren hat.[180]

III. Rechtfertigung

Eine Gleichbehandlung von Aktionären ist nach der Vorschrift des § 53a AktG nur „unter gleichen Voraussetzungen" notwendig. Die Vorschrift lässt eine sachgerechte Differenzierung zu und vermeidet eine lebensfremde Starrheit des Gleichbehandlungsgebots. Eine Ungleichbehandlung erfordert eine sachliche Rechtfertigung und einen Ausschluss von Willkür.[181]

IV. Ungleichbehandlung durch Investorendialoge

Investorendialoge sind naturgemäß auf einzelne Aktionäre begrenzt. Wenn der Aufsichtsrat mit ausgesuchten Investoren Gespräche führt, erhalten diese bessere Informations- und Interessenvertretungskanäle als andere. Der

---

178 *Cahn/Spannenberg*, in: Spindler/Stilz, AktG, § 53a Rn. 1; *Grigoleit/Rachlitz*, in: Grigoleit, AktG, § 53a Rn. 1, 5; *Lange*, in: Henssler/Strohn, AktG, § 53a Rn. 1; *Laubert*, in: Hölters, AktG, § 53a Rn. 2.

179 *Grigoleit/Rachlitz*, in: Grigoleit, AktG, § 53a Rn. 7; *Lange*, in: Henssler/Strohn, § 53a Rn. 5 f.

180 *Cahn/v. Spannenberg*, in: Spindler/Stilz, AktG, § 53a Rn. 12 f.; *Götze*, in: MüKo-AktG, § 53a Rn. 12; *Laubert*, in: Hölters, AktG, § 53a Rn. 6.

181 *Götze*, in: MüKo-AktG, § 53a Rn. 14; *Cahn/v. Spannenberg*, in: Spindler/Stilz, AktG, § 53a Rn. 18 f.; *Koch*, in: Hüffer/Koch, AktG, § 53a Rn. 10; *Lange*, in: Henssler/Strohn, AktG, § 53a Rn. 2.

Gleichbehandlungsgrundsatz des § 53a AktG kennt aber keine absolute informationelle Gleichbehandlung.[182] Deshalb ist fraglich, ob durch das Führen von Investorendialogen überhaupt eine Ungleichbehandlung vorliegt. Das Aktiengesetz verbietet die gezielte Kontaktaufnahme mit einzelnen Investoren nicht, wenn sie den Interessen der Gesellschaft dient. Eine Kontaktaufnahme ist beispielsweise bei sogenannten Road Shows schon lange üblich, um dort Investoren für die Zeichnung neuer Aktien zu gewinnen.[183] Außerdem existieren entsprechende Gerichtsurteile, die eine Ungleichbehandlung aufgrund erhöhter Anteile zulassen.[184] Die bloße Existenz von Investorendialogen führt deshalb nicht per se zu einer Ungleichbehandlung der Aktionäre. Es ist aber weiterhin auf eine zeitnahe Ausgleichung des Informationsdefizits zu achten.[185]

V. Stellungnahme

Investorendialoge verstoßen grundsätzlich nicht gegen das Gebot der Gleichbehandlung der Aktionäre nach § 53a AktG.

1. Ausgleich von Informationsdefiziten

Für den Ausgleich von Informationsdefiziten ist die Transparenz von Investorengesprächen von besonderer Bedeutung. Ein etwaiger Informationsvorsprung auf Investorenseite muss deshalb so gering wie nur möglich sein.

a) Empfehlung F.1 DCGK

Ein Ausgleich des Informationsdefizits ist über die Empfehlung F.1 DCGK möglich. Danach soll die Gesellschaft allen Aktionären unverzüglich sämtliche wesentlich neue Tatsachen, die Finanzanalysten oder vergleichbaren Adressaten mitgeteilt worden sind, zur Verfügung stellen. Investoren sind als „vergleichbare Adressaten" zu werten, weshalb Informationsdefizite schon über die Empfehlung F.1 DCK auszugleichen sind.

---

182 *Kremer*, in: Kremer u.a., Deutscher Corporate Governance Kodex, Rn. 1270a; *Laubert*, in: Hölters, AktG, § 53a Rn. 6.

183 *Schäfer*, NZG 2007, 900 f.

184 Vgl. BGH, Urteil v. 09.11.1992, II ZR 230/91, ZIP 1992, 1728, 1731.

185 *Hopt*, The Dialogue between the Chairmen of the Board and Investors, S. 9; *Mense/Klie*, BB 2017, 771, 773.

b) Entgegenstehendes Urteil des LG Frankfurt a.M.

Die Pflicht zur Nachinformation, die sich aus Empfehlung F.1 DCGK ergibt, steht in keinem Widerspruch zur Rechtsprechung der jüngeren Vergangenheit.

aa) Entscheidung

Das Landgericht Frankfurt a.M. beschloss am 16.02.2016[186], dass Aktionäre auf einer Hauptversammlung nicht das erweiterte Auskunftsrecht i.S.d. § 131 IV AktG einfordern können, wenn besondere Umstände vorliegen. Der § 131 IV AktG besagt insoweit:

> *„Ist einem Aktionär wegen seiner Eigenschaft als Aktionär eine Auskunft außerhalb der Hauptversammlung gegeben worden, so ist sie jedem anderen Aktionär auf dessen Verlangen in der Hauptversammlung zu geben, auch wenn sie zur sachgemäßen Beurteilung des Gegenstands der Tagesordnung nicht erforderlich ist".*

Das Landgericht Frankfurt a.M. hat sich mit der Frage befasst, ob dieser Auskunftsanspruch in einer speziellen Situation eingefordert werden kann. Der Kläger war ein Aktionär, der nicht dem Aufsichtsrat angehörte, aber dennoch an einer Aufsichtsratssitzung teilnahm. Dort erlangte er Informationen, die ein anderer Aktionär auf der Grundlage von § 131 IV AktG nun gleichfalls einforderte. Die Richter haben einen Auskunftsanspruch in der vorliegenden Situation abgelehnt.

bb) Anwendung auf Investorendialoge

Die Rechtsprechung des LG Frankfurt a.M. entspricht der ganz h.M. Sie widerspricht dennoch nicht der Nachinformationspflicht bei Investorendialogen. Würde man eine Nachinformationspflicht bei Investorendialogen ablehnen, würde der Durchschnittsaktionär durch eine solche Handhabung in seinem Recht auf informationelle Gleichbehandlung beschnitten, der andere Investor hingegen privilegiert. Die Situationen sind auch überhaupt nicht vergleichbar. Das Urteil bezog sich auf eine Situation, in der der Aufsichtsrat intern Informationen besprach. Investorendialoge sind jedoch auf eine externe Kommunikation ausgelegt. Die Informationsweitergabe erfolgt bewusst und zielgerichtet an einen einzelnen oder mehrere Aktionäre. Deshalb sind die Informationen auch an sämtliche Aktionäre weiterzuleiten. Dafür spricht auch der folgende Gedanke: Erhält der Aufsichtsrat eine Annexkompetenz zum Führen vom Investorendialogen, so erweitert sich seine Kompetenz. Dies zieht aber zwingend nach

186 LG Frankfurt a. M., Beschluss v. 16.02.2016, 3/5 O 132/15, ZIP 2016, 1535, Rn. 24 ff.

sich, dass sich zugleich das Recht der Aktionäre auf Nachinformation erweitert. Es erstreckt sich deshalb auf sämtliche Informationen, die der Aufsichtsrat im Rahmen seiner Annexkompetenz weitergibt. Das LG Frankfurt a.M. stellte außerdem klar, dass der Nachinformationsanspruch nach § 131 IV AktG nur dann ausgelöst wird, wenn die ursprüngliche Informationserteilung an einen einzelnen Aktionär zielgerichtet erfolgte.[187] Dies ist bei Investorendialogen der Fall, da sich der Aufsichtsrat hier ja ganz bewusst mit dem Aktionär zu einem Gespräch trifft.

2. *Mangelnde Einbeziehung von Aktionären*

Stimmen aus der Wirtschaft sehen die Gefahr, dass sich Gesellschaften dem Vorwurf mangelnder Einbeziehung ausgesetzt sehen, wenn sie beispielsweise nur die zehn größten Aktionäre in einen Investorendialog einbeziehen, den elfgrößten Aktionär hingegen nicht.[188] Um einem Verstoß gegen den § 53a AktG vorzubeugen, stellt sich die Frage, wie der Teilnehmerkreis von Investorendialogen festzulegen ist. Oftmals wird es vermutlich so sein, dass es viele Interessierte gibt, die an einem Dialog teilnehmen möchten, das Unternehmen mit einer derart großen Teilnehmeranzahl aber überfordert ist.

a) Stimmen aus der Literatur

Es gibt Stimmen in der Literatur, die einen Dialog des Aufsichtsrats nur mit solchen Investoren zulassen möchten, die „für die Gesellschaft wichtig sind".[189] Schließlich habe der einzelne Investor kein Anrecht auf eine Teilnahme an Investorendialogen außerhalb der Hauptversammlung und die Entscheidung, ob und mit wem ein solcher Dialog geführt werden soll, liege alleine bei der Gesellschaft.[190]

Andere Stimmen entgegnen, dass zwar die Entscheidung, „ob" ein Dialog geführt werden soll, bei der Gesellschaft liege. „Wenn" sich eine Gesellschaft jedoch für einen Dialog entscheide, müsse die Auswahl vor dem Hintergrund des Gleichbehandlungsgrundsatzes sachlich begründet sein. Ansonsten könnten Aktionäre einen Anspruch auf Teilhabe am Dialog einklagen und diesen stören.[191] *Bachmann* verweist auf Lösungen in ausländischen

---

187 LG Frankfurt a. M., Beschluss v. 16.02.2016, 3/5 O 132/15, ZIP 2016, 1535, Rn. 24 ff.

188 So etwa der *BDI*, Stellungnahme zu den Änderungsvorschlägen der Regierungskommission DCGK vom 15.12.2016, S. 8.

189 *Hirt/Hopt/Mattheus,* AG 2016, 725, 738.

190 *Hirt/Hopt/Mattheus,* AG 2016, 725, 738.

191 *Bachmann*, Dialog zwischen Investor und Aufsichtsrat, S. 167 f.

Kodizes[192], die vorsehen, dass die Gesellschaft den Termin des Investorendialogs veröffentlicht und jedem Anleger die Chance eröffnet, daran teilzuhaben. Diese Lösung sei jedoch nur gangbar, soweit der Einladung lediglich eine begrenzte Zahl von Anlegern folge. *Bachmann* lehnt diese Lösung letztendlich ab, da bei einem solchen Vorgehen nicht ausgeschlossen ist, dass Berufsopponenten den Dialog absichtlich stören.[193]

Bachmann kommt zu dem Schluss, dass diejenigen ein Teilnahmerecht haben sollen, die mit ihrer Beteiligung gewisse Schwellenwerte überschreiten, die sich am Aktiengesetz orientieren. Unterhalb dieser Schwelle kann der Aufsichtsrat nach sachlichen Kriterien eine Ermessensentscheidung ausüben und verfügen, wer zum Dialog kommen darf.[194] *Bachmann* nimmt als absolute Untergrenze für einen Schwellenwert die Ein-Prozent-Marke an, die das Gesetz für den Antrag auf Sonderprüfung nach § 142 II S. 1 AktG und auf Klagezulassung nach § 148 I S. 1 AktG vorsieht. Der Gesetzgeber habe hierdurch eine Wertentscheidung zum Ausdruck gebracht, die auch im Rahmen des Gleichbehandlungsgrundsatzes nach § 53a AktG zu berücksichtigen sei.[195]

b) Stellungnahme

Das Recht auf Gleichbehandlung nach § 53a AktG ist durch sachliche Gründe einschränkbar. Eine allzu strikte Anwendung des Gleichbehandlungsgebotes würde dazu führen, dass die Umsetzung von Investorendialogen und die damit verbundenen Vorteile unmöglich gemacht werden würden. Schwellenwerte eignen sich dazu, das Recht der Aktionäre auf Gleichbehandlung in ein ausgewogenes Verhältnis mit den Gesprächsbedürfnissen der Gesellschaft zu bringen.

aa) 5-Prozent-Hürde

Der Ausschluss einzelner Aktionäre von einem Investorendialog ist legitim, soweit die Beteiligung der Aktionäre sich unterhalb eines von der Gesellschaft festgelegten Schwellenwertes bewegt. Ähnlich funktioniert auch die Sperrklausel für die Wahlen zum Deutschen Bundestag, besser als 5-Prozent-Hürde bekannt. Die Argumentation des BVerfG für Sperrklauseln ist auf Investorendialoge übertragbar. Sinn und Zweck der Begrenzung liegen darin, die Handlungs- und

192 Vgl. Belgian Code of Corporate Governance, Ziff. 8.2; Dutch Code of Corporate Governance, Ziff. 4.2.3.

193 *Bachmann*, Dialog zwischen Investor und Aufsichtsrat, S. 168.

194 *Bachmann*, Dialog zwischen Investor und Aufsichtsrat, S. 168.

195 *Bachmann*, Dialog zwischen Investor und Aufsichtsrat, S. 168.

Entscheidungsfähigkeit der Volksvertretung sicherzustellen. Diese wird umso mehr in Frage gestellt, je mehr politische Gruppen dort präsent sind.[196] Solche Sperrklauseln sind in vielen Rechtsgebieten verbreitet.[197] Bei Investorendialogen ist nicht unmittelbar eine Sperrklausel gegeben. Allerdings würden Aktionäre mit einer Beteiligung unterhalb eines von der Gesellschaft festgelegten Schwellenwertes de facto von Investorendialogen ausgeschlossen. Dies führt jedoch nicht zu einem Verstoß gegen den Gleichbehandlungsgrundsatz. Es ist naturgemäß eine Grenze zu ziehen: Investorendialoge würden ansonsten zu einem „Jedermanns-Mitspracherecht" ausarten und ihren Sinn und Zweck verlieren.

bb) Kriterien: Qualifikation und Beteiligungshöhe

Es gibt zwei Voraussetzungen, die für eine Teilnahme an einem Investorendialog ausschlaggebend sein sollten: Die Höhe der Beteiligung eines Aktionärs und dessen Qualifikation.

Gesellschaften sollten selbst eine Schwelle festlegen können, die besagt, ab welcher Beteiligungshöhe ein Aktionär an einem Investorendialog teilnehmen dürfen sollte. Viele Gesellschaften sind auf das Kapital ihrer Großaktionäre angewiesen. Sollten Großaktionäre keine Möglichkeit erhalten, ihre Meinung zu aufsichtsratsspezifischen Aufgaben zu äußern, könnten diese ihr Kapital abziehen und der Gesellschaft damit schaden. Das Anliegen von Großaktionären, Dialoge mit der Gesellschaft zu führen, ist auch legitim. Großaktionäre steuern viel Kapital bei und möchten dieses gut angelegt wissen.

Die Teilnahme an Investorendialogen sollte zudem denjenigen Aktionären erlaubt sein, die der Gesellschaft mit Fachwissen und Kompetenz helfen können. Die Gesellschaft sollte einzelnen Aktionären die Teilnahme an Investorendialogen erlauben können, sofern die Auswahl der Investoren aufgrund sachlicher Kriterien erfolgt. Die Gesellschaft könnte beispielsweise festlegen, dass nur außerordentlich qualifizierte Aktionäre an einem Investorendialog teilnehmen dürfen. Die Teilnahme des einzelnen Aktionärs müsste vor einem Dialog in einem Gutachten gerechtfertigt werden.

Bei institutionellen Investoren und Vermögensverwaltern könnte die Gesellschaft festlegen, dass diese allgemein dazu berechtigt sind, an einem Dialog

---

196 BVerfG, Urteil v. 23.01.1957, 2 BvE 2/56, NJW 1957, 377, 378; ebenso *Klein*, in: Maunz/Dürig, GG, Art. 38 Rn. 126.

197 Beispielsweise bei den Sozialversicherungswahlen, vgl. *Baier*, in: Krauskopf, SGB IV, § 45 Rn. 12.

teilzunehmen. Der durch das ARUG II neu eingeführte § 134a AktG[198] bestimmt mittlerweile, was institutionelle Anleger i.S.d. §§ 134b bis 135 AktG sind; nach § 134a I Nr. 1 AktG sind dies:

a) ein Unternehmen mit Erlaubnis zum Betrieb der Lebensversicherung i.S.d. § 8 I i.V.m. Anlage 1 Nr. 19 bis 24 VAG,
b) ein Unternehmen mit Erlaubnis zum Betrieb der Rückversicherung i.S.d. § 8 I, IV VAG, sofern sich diese Tätigkeiten auf Lebensversicherungsverpflichtungen beziehen,
c) eine Einrichtung der betrieblichen Altersversorgung gemäß den §§ 232 bis 244d VAG.[199]

Der § 134a I Nr. 2 AktG schließt auch Vermögensverwalter ein. Vermögensverwalter sind hiernach:

a) ein Finanzdienstleistungsinstitut mit Erlaubnis zur Erbringung der Finanzportfolioverwaltung i.S.d. § 1 Ia 2 Nr. 3 KWG,
b) eine Kapitalverwaltungsgesellschaft mit Erlaubnis gemäß § 20 I KAGB.[200]

Bei institutionellen Anlegern und Vermögensverwaltern sollte eine Begründung, warum diese am Investorendialog teilnehmen dürfen, nicht notwendig sein. Denn hier ist davon auszugehen, dass eine hohe Qualifikation vorliegt und diese beiden Gruppen aufgrund ihrer Stellung stets wertvolles Wissen beisteuern können. Weiterhin: Wenn diese beiden Gruppen über den neuen § 134b AktG auf der einen Seite verpflichtet werden, eine Mitwirkungspolitik zu veröffentlichen, müssen sie auf der anderen Seite – im Umkehrschluss – auch dazu berechtigt sein, diese Mitwirkungspolitik im Rahmen eines Investorendialogs mit dem Aufsichtsrat umzusetzen.

cc) Ausschluss von Aktionären

Es ist denkbar, dass viele institutionelle Investoren und qualifizierte Aktionäre in ein Unternehmen investieren. Ist die Zahl der an einem Dialog berechtigten Teilnehmer derart groß, dass dies einen effektiven Investorendialog gefährdet, muss der Aufsichtsrat die Möglichkeit haben, den Teilnehmerkreis zu verkleinern. Auch hier bietet es sich an, die Nicht-Teilnahme durch ein Gutachten

---

198 Gesetz zur Umsetzung der zweiten Aktionärsrechterichtlinie (ARUG II) vom 12.12.2019, BGBl. I 2019, 2637, 2643.

199 *Illhardt,* in: Schmidt/Lutter, AktG, § 134a Rn. 16 ff.; *Stöber*, DStR 2020, 391, 393.

200 *Illhardt,* in: Schmidt/Lutter, AktG, § 134a Rn. 20 f.; *Stöber*, DStR 2020, 391, 393.

rechtfertigen zu müssen. In diesem Gutachten sollte der Aufsichtsrat sachliche Gründe darlegen, warum einige Aktionäre von einem Dialog ausgeschlossen sind, andere wiederum teilnehmen dürfen.

dd) Umsetzung in der Praxis

Die obigen Ausführungen entsprechen den Gegebenheiten in der Praxis. Gesellschaften treffen sich erfahrungsgemäß mit den größten Aktionären (Top 30) und den wichtigsten Analysten (Top 10).[201] Gesellschaften betrachten institutionelle Investoren als besonders wertvolle Gesprächspartner, da sie einen kollektiven Einfluss haben.[202] Aus diesem Grund taucht in der Literatur öfters der Begriff der „institutionellen Investoren" auf. Wenngleich diese in der Praxis eine gewichtige Stimme haben, sollten an Investorendialogen zusätzlich Aktionäre mit Fachwissen und die größten Aktionäre der Gesellschaft beteiligt sein.

3. Kein Verstoß gegen § 53a AktG

Ein Verstoß gegen das aktienrechtliche Gleichbehandlungsgebot des § 53a AktG ist nur gegeben, wenn Teilnehmer eines Dialogs mit dem Aufsichtsratsvorsitzenden bzw. einem Aufsichtsratsmitglied einen wichtigen Informationsvorsprung erhalten und keine zeitnahe Veröffentlichung der entsprechenden Informationen erfolgt.

Die Fokussierung auf nur wenige Aktionäre tangiert den aktienrechtlichen Gleichbehandlungsgrundsatz nicht, soweit die Auswahl der Gesprächspartner durch sachliche Gründe bestimmt wird. Ausschlaggebend für die Teilnahme an einem Dialog sollte zunächst die Beteiligungshöhe eines Aktionärs sein. Das Kapital von Großaktionären ist für die Gesellschaft oftmals derart wichtig, dass diese nicht von einem Dialog ausgeschlossen werden sollten.

Die Qualifikation von Aktionären ist das zweite Kriterium, das ausschlaggebend sein sollte. Diese Qualifikation ist bei institutionellen Investoren normalerweise vorhanden, weshalb diese an einem Dialog stets teilnehmen dürfen sollten. Bei kleineren Aktionären sollte eine Teilnahme durch ein Gutachten gerechtfertigt werden müssen, das aufzeigt, warum der Antragsteller berechtigt sein soll, an dem Dialog teilzunehmen.

Ist der Kreis der an einem Dialog teilnahmeberechtigten Aktionäre derart groß, dass eine Dezimierung notwendig ist, sollte die Gesellschaft die

---

201 *Mallin*, Corporate Governance, S. 137.
202 *Mallin*, Corporate Governance, S. 137.

Möglichkeit haben, den Teilnehmerkreis durch ein Gutachten zu verringern, in welchem sachliche Gründe den Ausschluss bestimmter Aktionäre rechtfertigen.

C. Verbot des Insiderhandels

Investorendialoge unterliegen Schranken: Bei der Weitergabe von Informationen sind Insiderinformationen auszulassen. Dies ergibt sich ohne Weiteres aus dem Gesetz. Ist die Weitergabe von Insiderinformationen zwingend notwendig, ist die Ad-hoc-Publizität zu beachten: Die Gesellschaft hat die Insiderinformation vor dem Investorendialog zu veröffentlichen. Die Voraussetzungen der MMVO[203] sind bekanntlich streng und setzen Investorendialogen Grenzen.[204]

I. Vorliegen von Insiderinformationen

Investorendialoge behandeln sehr oft Personalentscheidungen. Es ist fraglich, ob die Besetzung von Vorständen überhaupt eine Insiderinformation darstellt. Dazu ist eine Definition der Begriffe „Insiderinformation" und „Insiderhandel" unerlässlich.

1. Definition Insiderinformation

Eine Insiderinformation ist eine nicht öffentlich bekannte Information, die dazu geeignet ist, den Kurs eines Wertpapieres zu beeinflussen, Art. 7 I MMVO.[205] Ausschlaggebend ist, ob sich die Information aus der Sicht eines verständigen Anlegers mit hinreichender Wahrscheinlichkeit zur Beeinflussung des Kurses eignet, vgl. Art. 7 IV MMVO. Eine Insiderinformation ist nicht öffentlich, wenn sie einem breiten Anlegerpublikum nicht zugänglich ist.[206] Art. 7 I a) – d)

---

203 Verordnung (EU) Nr. 596/2014 des Europäischen Parlaments und des Rates vom 16.04.2014 über Marktmissbrauch (Marktmissbrauchsverordnung) und zur Aufhebung der Richtlinie 2003/6/EG des Europäischen Parlaments und des Rates und der Richtlinien 2003/124/EG, 2003/125/EG und 2004/72/EG der Kommission, ABl. L 173, 1.

204 *Hirt/Hopt/Mattheus*, AG 2016, 725, 735; *Kremer*, in: Kremer u.a., DCGK, Rn. 1270.

205 *Assmann*, AG 1994, 237, 241; *Assmann*, in: Assmann/Schneider/Mülbert, WpHG, Art. 7 VO (EU) Nr. 5967014 ; *Barta*, DZWIR 2012, 177 f.; *Krause/Brellochs*, AG 2013, 309, 311; *Lutter/Krieger/Verse*, Rechte und Pflichten des Aufsichtsrats, Rn. 294; *Schäfer* in: Marsch-Barner/Schäfer, Insiderrecht, Rn. 14.14; *Schröder*, GPR 2015, 246.

206 *BaFin*, Emittentenleitfaden, III., 2.1.2, S. 34; *Erbs/Kohlhaas*, Nebengesetze, § 13 Rn. 9; *Kumpan/Misterek*, in: Schwark/Zimmer, Kapitalmarktrechts-Kommentar, Rn. 143.

MMVO enthält vier Legaldefinitionen. Insiderinformationen sind gemäß Art. 7 I a) MMVO:

> *„nicht öffentlich bekannte präzise Informationen, die direkt oder indirekt einen oder mehrere Emittenten oder ein oder mehrere Finanzinstrumente betreffen und die, wenn sie öffentlich bekannt würden, geeignet wären, den Kurs dieser Finanzinstrumente oder den Kurs damit verbundener derivativer Finanzinstrumente erheblich zu beeinflussen".*

In den anderen Absätzen des Art. 7 MMVO folgen Definitionen, die den Begriff der Insiderinformation weitergehend ausführen. Ob eine Insiderinformation vorliegt, bestimmt sich zusammenfassend insbesondere danach, ob die Information dazu geeignet ist, den Kurs eines Wertpapieres zu beeinflussen. In Bezug auf Investorendialoge hat deshalb für jede einzelne Information eine Abwägung zu erfolgen, ob sie den Kurs eines Wertpapieres potentiell beeinflussen kann.

2. Investoren als Insider

Im Bereich des Insiderhandels gibt es einen großen Kreis potentieller Täter. Umfasst sind Organinsider, Beteiligungsinsider, Berufs-, Tätigkeits- oder Aufgabeninsider sowie Kriminalinsider. Um die Frage zu klären, ob Investoren als Insider zu bewerten sind, ist eine Definition des Begriffs „Insider" unerlässlich.

a) Primärinsider

Primärinsider sind die sogenannten Organinsider, also Mitglieder des Geschäftsführungs- oder Aufsichtsorgans.[207] Die Rechtsform des Unternehmens ist unerheblich: Wichtig ist nur, dass es Insiderpapiere emittiert. Deshalb kommen sowohl Aktiengesellschaften als auch Kommanditgesellschaften, GmbHs und OHGs in Betracht. Typische Organinsider sind Vorstand und Aufsichtsrat der AG, der Geschäftsführer der GmbH, der Komplementär der KG und der Gesellschafter der OHG.[208] Keine Primärinsider sind Angehörige, Familienmitglieder, Lebenspartner oder Freunde. Dort ist die Kenntnis der Insiderinformation auf rein private Beziehungen zurückzuführen.[209]

---

207 *Hopt/Kumpan*, in: Schimansky/Bunte/Lwowski, Bankrechts-Handbuch, § 107 Rn. 122; *Kumpan/Schmidt*, in: Schwark/Zimmer, Kapitalmarktrechts-Kommentar, Rn. 13.

208 *Hilgendorf/Kusche*, in: Park, WpHG, Rn. 34.

209 *Theile*, in: Esser/Rübenstahl/Saliger/Tsambikakis, Wirtschaftsstrafrecht, § 38 a.F. WpHG, Rn. 48.

b) Beteiligungs- und Anteilsinsider

Die Insiderregelungen erfassen auch Beteiligungs- und Anteilsinsider. Diese erlangen ihre Insiderinformationen aufgrund einer Kapitalbeteiligung oder durch ein Unternehmen, das mit dem Emittenten verbunden ist.[210] Eine Strafbarkeit von Aktionären setzt keine Mindestbeteiligung am Unternehmen voraus: Im Grunde reicht der Besitz von nur einer Aktie aus.[211]

c) Berufs-, Tätigkeits- und Aufgabeninsider

Der Gesetzgeber bezieht auch die sogenannten Berufs-, Tätigkeits- und Aufgabeninsider ein. Die Abgrenzung zwischen den drei Bezeichnungen ist unklar. Sie bilden aber ohnehin nur einen Auffangtatbestand, der Fallgruppen erfasst, bei denen die Kenntnisnahme von Insiderinformationen nicht zufällig erfolgte.[212] Typische Berufsinsider sind Mitarbeiter eines Unternehmens, vom Vorstand bis hin zum Lehrling. Tätigkeitsinsider sind vor allem Angehörige bestimmter Berufsgruppen wie Unternehmensberater, Rechtsanwälte, Steuerberater und Notare.[213]

d) Kriminalinsider

Kriminalinsider sind Personen, die aufgrund der Begehung oder Vorbereitung einer Straftat über Insiderinformationen verfügen.[214]

e) Veränderungen durch die Verordnung EU 596/2014

Die Stellung als Insider ist seit Einführung der Verordnung EU 596/2014[215] im Grunde nicht mehr relevant. Zwar unterscheidet Art. 8 IV S. 1 MMVO weiterhin

---

210 *Hopt/Kumpan*, in: Schimansky/Bunte/Lwowski, Bankrechts-Handbuch, § 107 Rn. 123; *Pananis*, in: MüKo-StGB, WpHG, § 119 Rn. 160.

211 *Hilgendorf/Kusche*, in: Park, WpHG, § 119 Rn. 41; *Hopt/Kumpan*, in: Schimansky/Bunte/Lwowski Bankrechts-Handbuch, § 107 Rn. 123.

212 *Hilgendorf/Kusche*, in: Park, WpHG, § 119 Rn. 43.

213 *Hilgendorf/Kusche*, in: Park, WpHG, § 119 Rn. 44 *Hopt/Kumpan*, in: Schimansky/Bunte/Lwowski, Bankrechts-Handbuch, § 107 Rn. 126; *Pananis*, MüKo-StGB, WpHG, § 119 Rn. 160.

214 *Hopt/Kumpan*, in: Schimansky/Bunte/Lwowski, Bankrechts-Handbuch, § 107 Rn. 131; *Pananis*, MüKo-StGB, WpHG, § 119 Rn. 160.

215 Verordnung (EU) Nr. 596/2014 des Europäischen Parlaments und des Rates vom 16.04.2014 über Marktmissbrauch (Marktmissbrauchsverordnung) und zur Aufhebung der Richtlinie 2003/6/EG des Europäischen Parlaments und des Rates und der Richtlinien 2003/124/EG, 2003/125/EG und 2004/72/EG der Kommission, ABl. L 173, 1.

zwischen Primär- und Sekundärinsidern, Art. 8 IV S. 2 i.V.m. I MMVO stellt aber ansonsten nur noch auf die Verwendung einer Insiderinformation ab.[216]

f) Stellungnahme: Investoren als Insider

Aktionäre eines Unternehmens sind ohne Rücksicht auf die Höhe ihrer Beteiligung Insider.[217] Da die Teilnehmer an Investorendialogen stets Aktionäre der jeweiligen Gesellschaft sind, sind diese demzufolge Insider, gehören also der Gruppe der Beteiligungs- bzw. Anteilsinsider an.

II. Präventive Maßnahmen: Ad-hoc-Publizität

Die gesetzlichen Vorschriften für den Insiderhandel sind auch auf Investorendialoge anzuwenden. In präventiver Hinsicht ist insbesondere die Ad-hoc-Publizität zu erwähnen.

1. Bekanntgabe von Informationen

Die Ad-hoc-Publizität dient der unverzüglichen Veröffentlichung von Insiderinformationen.[218] Die maßgebliche Regelung findet sich in Art. 17 MMVO. Danach haben Emittenten der Öffentlichkeit ihre Insiderinformationen so bald wie möglich bekanntzugeben. Sinn und Zweck dieser Regelung ist die Herstellung eines Informationsgleichgewichts zwischen Insidern und anderen Marktteilnehmern.[219] Eine starre Handlungsfrist gibt es nicht: Die MMVO gibt Emittenten über die Formulierung „so bald wie möglich" bewusst Raum, um die Komplexität und den Umfang des Sachverhaltes beurteilen zu können. Erst dann ist eine Prüfung und Abwägung im Einzelfall möglich.[220]

---

216 *Kumpan*, in: Baumbach/Hopt, Handelsgesetzbuch, VO (EU) Nr. 596/2014, Art. 8 Rn. 8; *Pananis*, in: MüKo-StGB, WpHG, § 119 Rn. 197; *Kumpan/Schmidt*, in: Schwark/Zimmer, Kapitalmarktrechts-Kommentar, VO (EU) 596/2014 Art. 8, Rn. 55.

217 *Hopt/Kumpan*, in: Schimansky/Bunte/Lwowski, Bankrechts-Handbuch, § 107 Rn. 123; *Pananis*, in: MüKo-StGB, WpHG, § 119 Rn. 160.

218 *Cahn*, in: Spindler/Stilz, AktG, § 71 Rn. 162; *Hölters*, in: Hölters, AktG, § 93 Rn. 208; *Scholz*, NZG 2016, 1286, 1287; *Stöber*, DStR 2020, 391, 397 f.

219 OLG Stuttgart, Urteil v. 26.03.2015, 2 U 102/14, ZIP 2015, 781, Rn. 208; *Franke/Grenzebach*, in: Hauschka/Moosmayer/Lösler, Corporate Compliance, § 17 Rn. 68; *Klöhn*, NZG 2017, 1285, 1287.

220 *Hopt/Kumpan*, in: Schimansky/Bunte/Lwowski, Bankrechts-Handbuch, § 107 Rn. 150; *Klöhn*, AG 2016, 423, 430; *Linden*, DStR 2016, 1036, 1038.

2. *Ausnahmen von der Ad-hoc-Publizität*

Eine Ausnahme von der Ad-hoc-Publizität bildet Art. 17 IV MMVO. Hiernach dürfen Emittenten die Offenlegung von Insiderinformationen für die Öffentlichkeit aufschieben, sofern kumulativ die folgenden Voraussetzungen erfüllt sind:

> *„a) die unverzügliche Offenlegung wäre geeignet, die berechtigten Interessen des Emittenten oder Teilnehmers am Markt für Emissionszertifikate zu beeinträchtigen;*
> *b) die Aufschiebung der Offenlegung wäre nicht geeignet, die Öffentlichkeit irrzuführen;*
> *c) der Emittent oder Teilnehmer am Markt für Emissionszertifikate kann die Geheimhaltung dieser Informationen sicherstellen.“*

Das Vorliegen dieser Gründe ist schriftlich niederzulegen. Sobald einer der drei Gründe entfällt, muss der Emittent unverzüglich die Veröffentlichung der Insiderinformationen nachholen.[221]

3. *Medium der Veröffentlichung*

Zur Veröffentlichung schreibt Art. 17 I MMVO ein weitverbreitetes elektronisch betriebenes Informationssystem und ein Medienbündel zur europaweiten Verbreitung vor. Außerdem sind die Veröffentlichungen an das Unternehmensregister weiterzuleiten. Die Insiderinformation muss darüber hinaus für mindestens fünf Jahre auf einer Internetseite eingestellt sein.[222]

III. Repressive Maßnahmen: Sanktionen durch die BaFin

Die Regulierung von Insiderhandelsaktivitäten im Bereich von Investorendialogen kann nur dann effektiv sein, wenn für die Verletzung des geltenden Rechts Sanktionsmöglichkeiten bestehen. Die Bestrafung von Verstößen obliegt sowohl der BaFin als auch der zuständigen Staatsanwaltschaft. Das 2. Finanzmarktnovellierungsgesetz vom 23.07.2017 hat das deutsche Recht an die europäische Marktmissbrauchsverordnung (MMVO; englische Bezeichnung: Market Abuse Regulation – MAR) 596/2014[223] angepasst und die Marktmissbrauchsrichtlinie

---

221 *Franke/Grenzebach*, in: Hauschka/Moosmayer/Lösler, Corporate Compliance, § 17 Rn. 78; *Klöhn*, Marktmissbrauchsverordnung, Art. 17 Rn. 299 ff.

222 *Hopt/Kumpan*, in: Schimansky/Bunte/Lwowski, Bankrechts-Handbuch, § 107 Rn. 150; *Kumpan/Grütze*, in: Schwarz/Zimmer, VO (EU) 596/2014, Rn. 141.

223 Verordnung (EU) Nr. 596/2014 des Europäischen Parlaments und des Rates vom 16.04.2014 über Marktmissbrauch (Marktmissbrauchsverordnung) und zur Aufhebung der Richtlinie 2003/6/EG des Europäischen Parlaments und des Rates und der Richtlinien 2003/124/EG, 2003/125/EG und 2004/72/EG der Kommission, ABl. L 173, 1.

II (MMRL; englische Bezeichnung: Market Abuse – MAD) 2014/57[224] umgesetzt. In diesem Zuge setzten weitreichende inhaltliche und strukturelle Veränderungen ein.

1. Freiheitsstrafe und Geldstrafe

Grundsätzlich enden die Befugnisse der BaFin dort, wo sich der Verdacht auf straftatbegründende Tatsachen i.S.d. § 119 WpHG erhärtet. Dann ist die BaFin gem. § 11 S. 1 WpHG verpflichtet, die Tatsachen unverzüglich der zuständigen Staatsanwaltschaft anzuzeigen.[225] Art. 14 MMVO verbietet Insidergeschäfte. Verboten sind nach dem Gesetzeswortlaut:

> *„a) das Tätigen von Insidergeschäften und der Versuch hierzu;*
> *b) Dritten zu empfehlen, Insidergeschäfte zu tätigen, oder Dritte anzustiften, Insidergeschäfte zu tätigen, oder;*
> *c) die unrechtmäßige Offenlegung von Insiderinformationen."*

Diese drei Verbote werden als Transaktions-, Weitergabe- und Empfehlungsverbot bezeichnet.[226]§ 119 I, III WpHG bildet die Rechtsfolge für einen Verstoß gegen Art. 14 MMVO. Er bedroht einen vorsätzlichen Verstoß mit Freiheitsstrafe von bis zu fünf Jahren oder Geldstrafe. Der bisher im WpHG verwendete Begriff des „Verleitens" wurde zu Gunsten der enger zu ziehenden „Anstiftung" aufgegeben.[227] Insbesondere erfassen die strafrechtlichen Regelungen auch Sekundärinsider. Bisher waren nur Primärinsider erfasst.[228]

---

224 Richtlinie 2014/57/EU des Europäischen Parlaments und des Rates vom 16.04.2014 über strafrechtliche Sanktionen bei Marktmanipulation (Marktmissbrauchsrichtlinie), ABl. L 173, 179.

225 *Szesny,* in: Szesny/Kuthe, 6. Teil, C., Exkurs IV., Die Rolle der BaFin im Strafverfahren, 1. Beteiligung der BaFin in Strafverfahren, Rn. 127 ff.; *Hennrichs,* in: Schwark/Zimmer, WpHG, § 110 Rn. 1.

226 *Gehrmann/Zacharias,* in: Szesny/Kuthe, III. Empfehlungsverbot, WpHG, § 14 I Nr. 3; *Rothenhöfer/Seyfried,* in: Kümpel/Wittig, 3. Teil Wertpapieraufsichtsrecht, 2. Weitergabeverbot; *Beck-Heeb,* in: Assmann/Schütze/Buck-Heeb, § 8 Insiderrecht, Rn. 230 ff.

227 *Ahlbrecht,* Drastische Verschärfung der Sanktionen für Insiderhandel; *Poelzig,* NZG 2016, 528, 533.

228 *Ahlbrecht,* Drastische Verschärfung der Sanktionen für Insiderhandel; *Poelzig,* NZG 2016, 528, 537.

2. *Naming and Shaming*

Art. 34 MMVO und § 125 I WpHG sehen vor, dass die zuständigen Behörden jede Entscheidung über die Verhängung einer verwaltungsrechtlichen Sanktion oder Maßnahme unverzüglich auf ihrer offiziellen Website veröffentlichen. Dabei sind mindestens Art und Charakter des Verstoßes sowie die Identität der verantwortlichen Personen bekannt zu geben. Dieses Prinzip des *naming and shaming* soll einerseits Druck auf Unternehmen und Insider ausüben, andererseits aber auch als abschreckendes Beispiel dienen.[229]

3. *Schadensersatz, Berufsverbot und Handelsverbot*

Neben den oben genannten Sanktionsmöglichkeiten hat der Gesetzgeber weitere Möglichkeiten zur Disziplinierung von Personen eingeführt, die mit Insiderinformationen handeln. In den §§ 97, 98 WpHG hat der Gesetzgeber eine Haftung für falsche und unterlassene Kapitalmarktinformationen festgelegt. § 98 I WpHG verpflichtet Emittenten, die eine unwahre Insiderinformation veröffentlicht haben, jedem Dritten den Schaden zu ersetzen, der dadurch entsteht, dass er auf die Richtigkeit der Insiderinformation vertraut hat. Gleiches gilt nach § 97 WpHG für die Nicht-Veröffentlichung einer Insiderinformation. Für Personen, die die gesetzlichen Vorgaben verletzen, sind harte Strafen vorgesehen. Nach § 6 VIII WpHG darf die BaFin Personen, die gegen die Regelungen in § 6 S. 1 Nr. 1-4 WpHG verstoßen haben, sogar die Ausübung ihrer Berufstätigkeit untersagen. Dies ist für einen Zeitraum von bis zu zwei Jahren möglich. § 6 X WpHG weitet die Befugnisse der BaFin noch weiter aus. Sie darf Wertpapierdienstleistungsunternehmen unter gewissen Voraussetzungen den Handel an einem Handelsplatz für einen Zeitraum von bis zu drei Monaten untersagen. Die möglichen Sanktionen für Insider und Unternehmen sind immens und stellen – bei entsprechender Anwendung in der Praxis – eine effektive Methode zur Bekämpfung des Insiderhandels dar.

IV. Stellungnahme

Investorendialoge benötigen eine rechtliche Rahmenstruktur, die die Weitergabe von Insiderinformationen unterbindet. Dies gilt insbesondere vor dem Hintergrund des aktienrechtlichen Gleichbehandlungsgrundsatzes. Sollten dennoch Informationen weitergegeben werden, sind sie im Rahmen der Ad-hoc-Publizität

---

229 *Seibt/Wollenschläger*, AG 2014, 593, 604 f.; *von der Linden*, DStR 2016, 1036, 1041.

umgehend zu veröffentlichen. Auch vor diesem Hintergrund ist es notwendig, klar umrissene Richtlinien bzw. Gesprächsinhalte für einen Investorendialog zu erstellen. Zur Prävention vor einem Handel mit Insiderinformationen sind die aktuell geltenden Gesetze anzuwenden. Wenngleich Investorendialogen der Fluss von Insiderinformationen nahezu immanent ist, sind sie für eine effektive Arbeit des Aufsichtsrats geradezu unerlässlich.

1. Anwendung bestehender Gesetze

Zur Regulierung des Insiderhandels existieren repressive Maßnahmen sowie Transparenz- und Veröffentlichungspflichten, die eine präventive Zielrichtung verfolgen. Die Veröffentlichungspflichten sollen den Kapitalmarktteilnehmern zeitnah wichtige Informationen zur Verfügung stellen. Sie unterbinden einen Handel mit Insiderinformationen: Denn sie „wandeln" Insiderinformationen durch die öffentliche Bekanntmachung in „normale" Informationen um.[230] Die geltenden Vorschriften, die sich mit der Insiderhandelsregulierung befassen, sind auch auf Investorendialoge anwendbar. Die Notwendigkeit einer klaren Ausrichtung von Investorendialogen ist vor dem Hintergrund des Insiderhandels in der Praxis mehr als nur zwingend. Dieses Ergebnis stützt auch eine Studie der New Yorker Universitäten McGill und der Stern School of Business. Sie legte offen, dass bis zu einem Viertel aller Mergers & Acquisitions börsennotierter Unternehmen von Insiderhandel tangiert sind.[231]

Die bestehenden gesetzlichen Regelungen fokussieren sich auf Transparenz- und Veröffentlichungspflichten, teilweise auch auf *soft law*. Außerdem droht das Gesetz empfindliche Geldbußen und Haftstrafen an. Diese wurden am 03.01.2018 durch die Umsetzung des 2. Finanzmodernisierungsgesetzes noch einmal drastisch erhöht. Für juristische Personen droht bei einem Verstoß gegen die Insiderhandelsgesetze beispielsweise eine Geldbuße von bis zu 15 Millionen Euro oder von bis zu 15 Prozent des jährlichen Gesamtumsatzes, vgl. § 120 XVIII S. 2 Nr. 1 WpHG.

In der Praxis haben sich die Gesetze zur Insiderhandelsregulierung allerdings nicht bewährt. Denn die Statistiken der BaFin sprechen für sich. Der Insiderhandel ist nach offiziellen Angaben der BaFin nur „schwer nachzuweisen". Im

---

230 Vgl. *BaFin*, Informationspflichten für Emittenten, https://www.bafin.de/DE/Aufsicht/BoersenMaerkte/Transparenz/InformationspflichtenEmittenten/ informationspflichten_fuer_emittenten_node.html (zuletzt aufgerufen am 15.08.2020).

231 *Augustin/Brenner/Subrahmanyam*, Insider Trading Study, S. 2.

Jahr 2016 wurde gerade einmal ein einziger Insider verurteilt.[232] *Franz Josef Leven* vom Deutschen Aktieninstitut (DAI) fordert deshalb die Schaffung einer zentralen Bundesstaatsanwaltschaft für Finanzdelikte, die eng mit der BaFin zusammenarbeitet.[233] Dies wäre effektiver und ökonomischer als die immer wiederkehrende Einarbeitung von Staatsanwälten in dieses komplizierte Fachgebiet. Dafür sprechen auch die positiven Erfahrungen aus den USA: Hier darf die Behörde SEC nicht nur nach Verdächtigen suchen, sondern zugleich quasistaatsanwaltschaftliche Ermittlungen führen.[234] Die Verurteilung von Insidern stieg dort in den vergangenen Jahren immens an[235] – eine Erfolgsquote, von der die deutschen Strafverfolgungsbehörden noch weit entfernt sind.

Die notwendigen Gesetze für eine effektive Insiderhandelsregulierung sind vorhanden. Mit dem DCGK, dem WpHG, dem AktG und der MMVO richtet der Gesetzgeber die Regulierung des Insiderhandels präventiv und repressiv aus. Das Problem scheinen nicht die vorhandenen Gesetze, sondern deren Anwendung zu sein. Es scheint ein strukturelles Problem vorzuliegen. Denn die Fachkompetenzen der Strafverfolgungsbehörden sind nicht gebündelt. Der hochfrequente Handel an den Börsen und die Verschleierungsmöglichkeiten durch den technischen Fortschritt erschweren die Durchsetzung des Insiderhandels zunehmend. In Bezug auf Investorendialoge ist anzumerken, dass – mangels Alternativen – die existierenden rechtlichen Regelungen anzuwenden sind.

2. *Ausnahme: Vorschlagsrecht für Personalentscheidung*

Bei der Besetzung von Spitzenpositionen in Unternehmen ist die Einflussnahme institutioneller Investoren besonders fraglich. Breit diversifizierte institutionelle Investoren haben kein Interesse daran, in das Tagesgeschäft von Gesellschaften

---

232 Vgl. *BaFin*, Insiderhandel, https://www.bafin.de/DE/PublikationenDaten/Jahresbericht/Jahresbericht2016/Kapitel5/Kapitel5_2/Kapitel5_2_3/kapitel5_2_3_artikel.html (zuletzt aufgerufen am 15.08.2020).

233 Vgl. *Stocker*, Den Börsen Haien wird das Handwerk gelegt, https://www.welt.de/finanzen/article13825775/Den-Boersen-Haien-wird-das-Handwerk-gelegt.html (zuletzt aufgerufen am 15.08.2020).

234 *Schmidt*, NJW 2009, 1851 ff.; *Wessing*, in: Hauschka/Moosmayer/Lösler, Corporate Compliance, § 46 Rn. 149 ff.

235 Vgl. *U.S. Securities and Exchange Commission*, Division of Enforcement, Annual Report 2019, S. 24, https://www.sec.gov/files/enforcement-annual-report-2019.pdf, (zuletzt aufgerufen am 15.08.2020); vgl. *Stocker*, den Börsen-Haien wird das Handwerk gelegt, https://www.welt.de/finanzen/article13825775/Den-Boersen-Haien-wird-das-Handwerk-gelegt.html (zuletzt aufgerufen am 15.08.2020).

einzugreifen. Sie möchten vielmehr bei den Personalentscheidungen mitwirken, um eine bestmögliche Leitung der Gesellschaft sicherzustellen.[236]

Personalentscheidungen sind nicht zwingend als Insiderinformation zu werten. Es ist beispielsweise nicht ersichtlich, inwieweit die Wahl bestimmter Kandidaten den Kurs einer Aktie erheblich beeinflusst.[237] Investoren möchten in erster Linie einen Dialog anregen und ihre Erfahrungswerte einbringen. Dies verstößt auch nicht gegen die in § 84 AktG normierten Grundsätze. Der Aufsichtsrat ist bei der Bestellung von Vorstandsmitgliedern frei und darf sein Ermessen ausüben. Stimmbindungen sind unzulässig und gelten als sachfremde Erwägung.[238] Allerdings ist es nach einer Ansicht möglich, einem Dritten ein Vorschlagsrecht einzuräumen, das den Aufsichtsrat nicht bindet.[239] Nach anderer Ansicht ist ein solches Vorschlagsrecht abzulehnen, da es geeignet ist, einen gewissen Druck auszuüben und die Entschließungsfreiheit des Aufsichtsrats zu beeinträchtigen.[240]

Es ist bereits fraglich, ob Gespräche über die Besetzung des Vorstandes eine Insiderinformation darstellen. Die Besetzung von Vorständen wirkt sich wohl nicht erheblich auf den Kurs einer Aktie aus. Außerdem ist zu berücksichtigen, dass Investorendialoge den Mitgliedern des Aufsichtsrats helfen, ihren Beruf ordnungsgemäß auszuüben. Der EuGH entschied im Strafverfahren Grøngaard und Bang, dass eine Ausnahme vom Verbot der Weitergabe von Insiderinformationen unter bestimmten Voraussetzungen möglich ist. Bedingung dafür ist, dass „ein enger Zusammenhang zwischen der Weitergabe und der Erfüllung von Aufgaben besteht und die Weitergabe für die Erfüllung dieser Aufgaben unerlässlich ist".[241] Die Bestellung der Vorstandsmitglieder gehört zu den wichtigsten Aufgaben des Aufsichtsrats. Er hat den Vorstand derart zu besetzen, dass eine optimale Leitung der Gesellschaft gewährleistet ist.[242] Eine Personaldiskussion

---

236 *Kremer*, in: Kremer u.a., Deutscher Corporate Governance Kodex, Rn. 1314; *Landsittel*, Investorenkommunikation, S. 173; *Schaefer*, NZG 2007, 900, 902.

237 A.A. *Deutscher Anwaltverein*, Stellungnahme zu den Vorschlägen der Regierungskommission DCGK zu Kodexanpassungen und Änderungen für 2017 vom Dezember 2016, S. 12; *Deutscher Anwaltverein*, NZG 2017, 57, 59.

238 *Koch*, in: Hüffer/Koch, AktG, § 84 Rn. 5; *Niewiarra*, BB 1998, 1961, 1963; *Spindler*, in: MüKo-AktG, § 84 Rn. 15.

239 *Hoffmann/Lehmann/Weinmann*, MitbestG, § 31 Rn. 9; *Weber*, in: Hölters, AktG, § 84 Rn. 11; *Dauner-Lieb*, in: Henssler/Strohn, *AktG*, *§ 84* Rn. 6.

240 *Fleischer*, in: Spindler/Stilz, AktG, § 84 Rn. 10; *Koch*, in: Hüffer/Koch, AktG, § 84 Rn. 5.

241 EuGH, Urteil v. 22.11.2005, C-384/02, ZIP 2006, 123, 126, Rn. 34.

242 *Spindler*, in: Spindler/Stilz, AktG, § 116 Rn. 37; *Grigoleit/Tomasic*, in: Grigoleit, AktG, § 116 Rn. 5; *Weber*, in: Hölters, AktG, § 84 Rn. 8.

fördert eine optimale Besetzung mit geeigneten Personen.[243] Dafür ist der Austausch von Ansichten zwingend notwendig. Die Meinungen institutioneller Investoren sind in diesem Bereich von Vorteil: Institutionelle Investoren haben Angestellte, die hochspezialisiert sind und über langjährige Erfahrungen verfügen, die der Gesellschaft zum Vorteil gereichen.

Es gibt jedoch ein gewichtiges Argument, das gegen ein solches Stimmrecht spricht. Investoren werden stets Kandidaten vorschlagen, die dafür bekannt sind, den Aktienkurs kurzfristig in die Höhe zu treiben. Diese Kandidaten bescheren den Investoren – die in kurzer Zeit eine möglichst hohe Rendite begehren – die größten Profite. Außerdem bestünde die Möglichkeit, gezielt befreundete Manager „einzuschleusen", um an Insiderinformationen zu gelangen. Die Unabhängigkeit der Vorstandsmitglieder wäre deshalb durch ein Vorschlagsrecht auf Seiten von Investoren gefährdet und ist deshalb abzulehnen. Es ist jedoch denkbar, dass Investoren das Recht eingeräumt wird, den Auswahlprozess zu beeinflussen. Ihnen sollte es möglich sein, die Auswahlkriterien für Bewerber mit dem Aufsichtsrat zu besprechen. Dabei steht ihnen lediglich die Möglichkeit offen, solche Auswahlkriterien anzulegen, die für den langfristigen Unternehmenserfolg am vielversprechendsten sind, insbesondere die berufliche Qualifikation potentieller Bewerber.

3. Schaffung schädlicher Strukturen

Investorendialoge haben einen entscheidenden Nachteil. Sie schaffen eine Struktur, die den Fluss von Insiderinformationen fördert. Wenngleich nicht bei jedem Investorendialog zwangsläufig ein Austausch von Insiderinformationen stattfindet, begünstigt ein Vier-Augen-Gespräch einen solchen Austausch. Investoren haben die Möglichkeit, ihre Gesprächspartner gezielt nach Insiderinformationen auszuforschen. Gespräche lassen sich zwar durch Richtlinien in eine bestimmte Richtung lenken, in der Praxis verschwimmen die Grenzen des rechtlich Erlaubten aber sehr oft. Die Gesprächsinhalte springen hin und her und orientieren sich an keinen starren Mustern – es handelt sich eben nicht um Algorithmen, sondern um eine menschliche Interaktion. Einige Themenkomplexe sind ohne die Bekanntgabe von Insiderinformationen nicht hinreichend aufklärbar. Außerdem besteht gerade bei sehr jungen und innovativen Unternehmen die Möglichkeit, dass unerfahrene Gesprächspartner unwissentlich Insiderinformationen weitergeben. Diese Umstände sprechen gegen Investorendialoge.

---

243 So auch *Peltzer/Werder*, AG 2001, 1 f.; *Spindler*, in: MüKo-AktG, § 84 Rn. 15.

Für Dialoge spricht, dass Investoren die Möglichkeit haben, ihre Informationen auch über andere Wege zu erlangen. In der Praxis entstehen zwischen Großaktionären und Mitgliedern von Aufsichtsrat und Vorstand oftmals enge Freundschaften. Die soziale Ähnlichkeit der wirtschaftlichen Elite verbindet sie, beispielsweise auf dem Golfplatz. Dies ermöglicht den Fluss von Insiderinformationen in einem vertrauten Umfeld. Ein Austausch von Insiderinformationen kann quasi überall stattfinden und hängt von der persönlichen Vernetzung und sozialen Ähnlichkeiten der jeweiligen Personen ab.

In der Praxis ist der Fluss von Insiderinformationen ohnehin nur schwer zu überwachen, geschweige denn zu ahnden. Diese These untermauern die nachfolgenden Tabellen der BaFin zu abgeschlossenen Insiderverfahren in Deutschland in den Jahren 2017 bis 2019.[244]

Zeitraum	Neue Untersuchungen	Untersuchungsergebnisse						Offene Untersuchungen
		Einstellungen	Abgaben an Staatsanwaltschaft (StA) oder BaFin-Bußgeldreferat					
			StA		Bußgeldreferat		Gesamt (Vorgänge)	
			Vorgänge	Personen	Vorgänge	Personen		
2017	62	11	18	40			18	72
2018	71	48	19	63	1	4	20	75
2019	31	38	10	26			10	58

Die Bafin hat im Jahr 2019 gerade einmal 31 Insideruntersuchungen eingeleitet und 38 laufende Untersuchungen eingestellt. Zehn Verdachtsfälle wurden der Staatsanwaltschaft zugeleitet.

Zeitraum	Insgesamt	Einstellungen	Einstellungen gegen Zahlung einer Geldauflage	Rechtskräftige gerichtliche Entscheidungen			
				Entscheidungen durch das Gericht	Verurteilungen im Strafbefehlsverfahren	Verurteilungen nach Hauptverhandlung	Freisprüche
2017	41	27	5	5	4	0	0
2018	45	42	2	0	1	0	0
2019	58	29	17	6	0	1	5

244 Vgl. *BaFin*, 2019 Jahresbericht der Bundesanstalt für Finanzdienstleistungsaufsicht, S. 95 f.; https://www.bafin.de/SharedDocs/Downloads/DE/Jahresbericht/dl_jb_2019.pdf?__blob=publicationFile&v=7, (zuletzt aufgerufen am 15.08.2020).

Im Jahr 2019 sind 58 Untersuchungen wegen des Verdachts des Insiderhandels anhängig gewesen. Es sind 29 dieser Verfahren eingestellt worden, 17 davon gegen Zahlung einer Geldauflage. Es gab sechs rechtskräftige gerichtliche Entscheidungen: Die Gerichte haben fünf Freisprüche verkündet und einen Angeklagten nach einer Hauptverhandlung verurteilt.

Diese niedrige Erfolgsquote begründet die Notwendigkeit einer funktionierenden Insiderhandelsregulierung. Denn die bestehenden Gesetze haben sich in der Praxis nicht bewährt.

Investorendialoge – für die Aufsichtsräte und Investoren eine Notwendigkeit sehen – aufgrund der Gefahren des Insiderhandels abzulehnen, wäre vor dem Hintergrund der ineffizienten Umsetzung der Regelungen zum Insiderhandel nur schwer nachzuvollziehen.

D. Aktienrechtliche Verschwiegenheitspflicht

Auch die aktienrechtliche Verschwiegenheitspflicht ist im Rahmen von Investorendialogen zu behandeln. Führt der Aufsichtsrat Gespräche mit Investoren, könnte dies mit der gesetzlich verankerten Verschwiegenheitspflicht kollidieren.

I. Grundlagen

Vor der Beantwortung grundsätzlicher Fragen zur Verschwiegenheitspflicht ist zunächst dessen Wesen zu erläutern.

1. Inhalt der Verschwiegenheitspflicht

Der Aufsichtsrat ist zur Verschwiegenheit verpflichtet und hat die Geheimnisse der Gesellschaft zu wahren. Geheimnisse sind nicht allgemein bekannte, also nicht offenkundige Tatsachen, an deren Geheimhaltung das Unternehmen ein objektives Interesse hat.[245] Die Verschwiegenheitspflicht folgt dogmatisch aus der gesellschaftsrechtlichen Treuepflicht, ist aber seit Inkrafttreten des TransPuG in § 116 S. 2 AktG besonders hervorgehoben und wird in § 93 I

245 BGH, Urteil v. 05.06.1975, II ZR 156/73, VersR 1975, 716 f.; *Dauner-Lieb*, in: Henssler/Strohn, AktG, § 93 Rn. 12; *Koch*, in: Hüffer/Koch, AktG, § 93 Rn. 30; *Henssler*, in: Henssler/Strohn, AktG, § 116 Rn. 9; *Reichard*, GWR 2017, 72; *Spindler*, in: Spindler/Stilz, AktG, § 116 Rn. 110.

S. 3 AktG bestätigt.[246] Umfang und Reichweite der aktienrechtlichen Verschwiegenheitspflicht bemessen sich am objektiven Interesse der Gesellschaft an der Geheimhaltung.[247]

2. *Verschwiegenheitspflicht gegenüber Aktionären*

Die Verschwiegenheitspflicht, die sich in § 116 S. 1, 2 i.V.m. § 93 I S. 2 AktG manifestiert, ist nur an einer Stelle im Gesetz eingeschränkt. Nach § 394 S. 1 AktG unterliegen Aufsichtsratsmitglieder, die „auf Veranlassung einer Gebietskörperschaft in den Aufsichtsrat gewählt oder entsandt worden sind, [...] hinsichtlich der Berichte, die sie der Gebietskörperschaft zu erstatten haben, keiner Verschwiegenheitspflicht". Dies bedeutet im Umkehrschluss, dass die Verschwiegenheitspflicht im Übrigen absolut ist. Sie besteht im Umkehrschluss zu § 394 S. 1 AktG grundsätzlich auch gegenüber den Aktionären der Gesellschaft.[248] Die Reichweite der aktienrechtlichen Verschwiegenheitspflicht bestimmt sich – wie eingangs erwähnt – am objektiven Interesse der Gesellschaft an der Geheimhaltung. Deshalb ist eine Öffnung der Geheimhaltungspflicht gegenüber Investoren nach objektiven Kriterien prinzipiell zulässig. Das objektive Kriterium kann aber nicht darin bestehen, pauschal auf die Notwendigkeit von Investorenkontakten abzustellen. Dies würde die Verschwiegenheitspflicht aushöhlen. Vielmehr ist erforderlich, ein konkretes Interesse an einer Offenlegung im Einzelfall darzulegen.[249] Im Rahmen von Investorendialogen ist es daher zwingend notwendig, eine Einzelfallentscheidung zu treffen, die die Besonderheiten der aktienrechtlichen Verschwiegenheitspflicht berücksichtigt.

II. Einzelfallentscheidung durch den Aufsichtsrat

Das vorige Kapitel offenbarte, dass die aktienrechtliche Verschwiegenheitspflicht absolut ist und auch gegenüber Investoren gilt. Ausnahmen sind im Rahmen einer Einzelfallentscheidung zulässig. Die Geschäftsführung der Gesellschaft

---

246 *Dauner-Lieb*, in: Henssler/Strohn, AktG, § 93 Rn. 10; *Flore*, BB 1993, 133; *Habersack*, in: MüKo-AktG, § 116 Rn. 48; *Hengeler*, FS Schilling, 1973, S. 175; *Hirt/Hopt/Mattheus*, AG 2016, 725, 736; *Koch*, in: Hüffer/Koch, AktG, § 116 Rn. 9; *Linker/Zinger*, NZG 2002, 497, 502; *Säcker*, NJW 1986, 803; *Spindler*, in: Spindler/Stilz, AktG, § 116 Rn. 99.

247 *Hirt/Hopt/Mattheus*, AG 2016, 725, 736; *Reichard*, GWR 2017, 72, 73.; *Spindler*, in: Spindler/Stilz, AktG, § 116 Rn. 110.

248 *Koch*, in: Hüffer/Koch, AktG, § 116 Rn. 12; *Koch*, AG 2017, 129, 139.

249 *Koch*, AG 2017, 129, 139.

obliegt grundsätzlich dem Vorstand, weshalb diesem auch die Entscheidung über die Offenlegung von Geheimnissen der Gesellschaft obliegen könnte. Eine gegenläufige Rechtsprechung des BGH weist jedoch darauf hin, dass der Aufsichtsrat für Geheimnisse aus seiner eigenen Sphäre selbst zuständig ist.[250] Die h.M. geht davon aus, dass der Vorstand der „Herr der Geschäftsgeheimnisse" bleibt, über die Offenlegung der Gesellschaftsgeheimnisse also alleine zu entscheiden hat. Eine Ausnahme gelte nur für den Fall, dass der Aufsichtsrat geschäftsführend tätig werde.[251] Schließlich könne der Aufsichtsrat als Organ der Gesellschaft seine eigenen Organzuständigkeiten selbst prüfen und bedürfe dazu keiner Zustimmung des Vorstandes.[252]

III. Stellungnahme

Der h.M., die eine Kommunikationskompetenz des Aufsichtsrats innerhalb seiner Organzuständigkeit annimmt, ist beizupflichten. Dem Vorstand obliegt die Geschäftsführung, also auch die Entscheidung über die Offenlegung von Geheimnissen der Gesellschaft. Jedoch: Es liegt in der Natur der Sache, dass einzelne Gesprächsthemen, die im Rahmen von Investorendialogen stattfinden, eng mit dem Aufsichtsrat verknüpft sind – und mehr oder weniger mit nicht offenkundigen Tatsachen. Dies folgt aus der Stellung des Aufsichtsrats als Organ der Gesellschaft, das Überwachungspflichten gegenüber dem Vorstand wahrnimmt. Zwei der wohl wichtigsten Hauptpflichten des Aufsichtsrats sind die Bestellung des Vorstands und die Erarbeitung von Vergütungsmodellen.

Es widerspräche der Natur der Sache, wenn dem Vorstand in gerade diesen Themenbereichen eine uneingeschränkte Entscheidungsbefugnis eingeräumt würde. Jeder Vorstand würde versuchen, seine Wiederwahl zu fördern. Der gleiche Gedankengang gilt für die Erarbeitung von Vergütungsmodellen. Vorstände versuchen stets, ein möglichst hohes Gehalt zu verhandeln. Dies zeigen schon die Diskussionen über Managergehälter – ein Dauerbrenner, der seit Jahrzehnten nicht an Aktualität verliert. Vorstände stimmen im Zweifel für diejenige

250 BGH, Urteil v. 23.04.2012, II ZR 163/10, ZIP 2012, 1291, Rn. 40; BGH, Urteil v. 19.02.2013, II ZR 56/12, ZIP 2013, 720, Rn. 30; *Hirt/Hopt/Mattheus*, AG 2016, 725, 735; *Spindler*, in: Spindler/Stilz, AktG, § 116 Rn. 102.

251 *Habersack*, in: MüKo-AktG, § 116 Rn. 62; *Koch*, in: Hüffer/Koch, AktG, § 116 Rn. 10; *Lutter/Krieger/Verse*, Rechte und Pflichten des Aufsichtsrats, Rn. 284.

252 *Hambloch-Gesinn/Gesinn*, in: Hölters, AktG, § 107 Rn. 54a; *Hirt/Hopt/Mattheus*, AG 2016, 725, 736.

Entscheidung, die ihnen persönlich am meisten bringt. Hierbei nehmen Vorstände einen wirtschaftlichen Schaden auf Seiten der Gesellschaft bewusst in Kauf.

Deshalb ist es abzulehnen, auf eine strenge Einhaltung der Verschwiegenheitspflicht zu pochen. Dies würde dazu führen, dass die Bedürfnisse der Praxis vollkommen außer Acht gelassen werden. Meinungsverschiedenheiten führen de facto zu personellen Neubesetzungen, die einen durchsetzungsfähigen Aufsichtsrat erfordern. Der Aufbau der dualistischen Unternehmensverfassung ist darauf angelegt, einen Machtmissbrauch in solchen Situationen zu unterbinden und den Vorstand in seine Schranken zu weisen. Wie der Umkehrschluss zu § 394 AktG zeigt, ist die Durchbrechung der Verschwiegenheitspflicht in Ausnahmesituationen durchaus möglich. Voraussetzung ist, dass sie dem Wohle der Gesellschaft dient. Dies ist bei personellen Neubesetzungen, der Erarbeitung von Vergütungsmodellen und ähnlichen Anliegen durchaus der Fall.

E. Gebot der einheitlichen Kapitalmarktkommunikation

Das Gebot der einheitlichen Kapitalmarktkommunikation ist ein Kommunikationskonzept. Dieses soll sicherstellen, dass die Gesellschaft nach außen hin, insbesondere gegenüber der Presse, mit einer Stimme spricht.[253]

Prinzipiell ist nur der Vorstand zur Außenkommunikation berufen. Dies folgt dogmatisch aus der Leitungskompetenz gem. § 76 I AktG, wonach der Vorstand sich seine Kompetenz zur Informationspolitik nicht aus der Hand nehmen lassen darf.[254] Dazu bedarf es einer *one-voice-Policy*: Weder der Aufsichtsrat noch einzelne Aufsichtsratsmitglieder dürfen sich über die Festlegungen des Vorstands hinwegsetzen oder interne Vorgänge preisgeben.[255] Dieser Grundsatz folgt nicht nur aus der zwingenden aktienrechtlichen Organisationsstruktur, sondern auch aus praktischen Überlegungen: Niemand ist mit öffentlichkeitswirksamen Themen besser vertraut als der Vorstand. Dieser kann sicherstellen, dass Informationen, insbesondere in Krisenfällen, weder unkontrolliert noch selektiv weitergereicht werden.[256]

---

253 *Bunz*, NZG 2014, 1049, 1052; *Hirt/Hopt/Mattheus*, AG 2016, 725, 734; *Plagemann/Rahlmeyer*, NZG 2015, 895, 899; *Vetter*, AG 2014, 387, 392.

254 *Raiser/Veil*, Recht der Kapitalgesellschaften, § 15 Rn. 12; *Vetter*, AG 2014, 387, 392.

255 *Rudolf*, in: Habersack/Mülbert/Schlitt, Handbuch der Kapitalmarktinformation, § 1 Rn. 48; *Vetter*, AG 2014, 387, 392.

256 *Klöhn*, in: FS Uwe Schneider, S. 633, 641; *Vetter*, AG 2014, 387, 392.

Innerhalb der Gesellschaft gilt der Grundsatz, dass Meinungsverschiedenheiten und Konflikte intern zwischen den Gesellschaftsorganen auszutragen sind. Dies ist in gewisser Weise sogar förderlich: Diskussionen tragen dazu bei, dass die Organe sämtliche Meinungen beachten und zu einer Unternehmenspolitik finden, die dem Wohle der Gesellschaft dient.[257]

I. Zurückhaltende Kommunikation und Nachinformation

Investorendialoge sind vor dem Hintergrund des Gebots der einheitlichen Kapitalmarktkommunikation zurückhaltend zu führen. Der Aufsichtsrat hat mit Taktgefühl zu kommunizieren und darf interne Konflikte nicht nach außen tragen. Gleiches gilt für den Vorstand, der sich nicht despektierlich äußern darf – dies könnte die Gesellschaft in Verruf bringen oder gar ihre Kreditwürdigkeit gefährden.[258] Die Verpflichtung zu einer dezenten Kommunikation folgt schon aus der Pflicht zum loyalen Zusammenwirken.[259] Diese erfordert, dass der Aufsichtsrat den Vorstand vom Inhalt und den Ergebnissen der Investorendialoge informiert. Denn die Informationsweitergabe zwischen den Organen beschränkt sich nicht auf einen Informationsfluss vom Vorstand zum Aufsichtsrat.[260] Das Verschweigen von Informationen würde widersprüchliche Aussagen fördern und ein loyales Zusammenwirken beider Organe erschweren, wenn nicht sogar unmöglich machen.

II. Aufsichtsratsvorsitzender als Sprachrohr

Je mehr Personen an einem Investorendialog beteiligt sind, desto höher ist die Gefahr widersprüchlicher Aussagen. Die Kommunikation über einen einzelnen Ansprechpartner unterbindet Kommunikationsfehler und entspricht dem Gebot der einheitlichen Kapitalmarktkommunikation. Der Aufsichtsrat kommuniziert traditionell über den Aufsichtsratsvorsitzenden. Dies ergibt sich aus verschiedenen Stellen im Gesetz, beispielsweise aus § 176 I S. 2 AktG. Es liegt aber auch in der Natur der Sache, dass der Aufsichtsrat eines Repräsentanten

---

257 *Hirt/Hopt/Mattheus*, AG 2016, 725, 734; *Plagemann/Rahlmeyer*, NZG 2015, 895, 899.

258 *Leyendecker-Langner*, NZG 2015, 44, 46.

259 *Hirt/Hopt/Mattheus*, AG 2016, 725, 735; *Leyendecker-Langner*, NZG 2015, 44, 46.

260 *Landsittel*, Investorenkommunikation, S. 272; *Leyendecker-Langner*, NZG 2015, 44, 47; *Spindler*, in: Spindler/Stilz, AktG, § 111 Rn. 28.

bedarf, der die Meinung des Organs äußert.[261] Eine vergleichbare Regelung sieht auch Grundsatz 7 DCGK vor:

> „*[Der Aufsichtsratsvorsitzende] koordiniert die Arbeit im Aufsichtsrat und nimmt die Belange des Aufsichtsrats nach außen wahr.*"

Die Kommunikation durch den Aufsichtsratsvorsitzenden entspricht vollumfänglich dem Bedürfnis von Investoren: Sie haben den Wunsch nach einer schnellen und effektiven Kommunikation.[262] Durch die Einführung von Anregung A.3 DGCK ist die Regierungskommission DCGK den Empfehlungen der h.M. gefolgt:

> „*Der Aufsichtsratsvorsitzende sollte in angemessenem Rahmen bereit sein, mit Investoren über aufsichtsratsspezifische Themen Gespräche zu führen*".

Damit liegt die Kommunikationskompetenz nach der aktuellen Rechtslage – trotz erheblicher Kritik aus der Rechtswissenschaft – beim Aufsichtsratsvorsitzenden.

III. Stellungnahme

Das Gebot der einheitlichen Kapitalmarktkommunikation erfordert, die Gespräche mit Investoren über den Aufsichtsratsvorsitzenden abzuwickeln.

1. Aufsichtsratsspezifische Themen

Der Aufsichtsratsvorsitzende ist bei Investorendialogen auf aufsichtsratsspezifische Themen beschränkt. Diese Sichtweise ist auch in Anregung A.3 DCGK verankert:

> „*Der Aufsichtsratsvorsitzende sollte in angemessenem Rahmen bereit sein, mit Investoren über aufsichtsratsspezifische Themen Gespräche zu führen*".

Dieser Abschnitt verdeutlicht, dass die Kompetenz des Aufsichtsratsvorsitzenden auf „aufsichtsratsspezifische Themen" beschränkt ist. Fragestellungen zu „vorstandsspezifischen Themen" sind im Umkehrschluss ausgenommen.

---

261 *Hambloch-Gesinn/Gesinn*, in: Hölters, AktG, § 107 Rn. 29; *Hirt/Hopt/Mattheus*, AG 2016, 725, 734; *Habersack*, in: MüKo-AktG, § 107 Rn. 44 ff.; *Oetker*, in: ErfK, AktG, § 107 Rn. 5.

262 *Hambloch-Gesinn/Hambloch*, in: Hölters, AktG, § 107 Rn. 54a; *Hirt/Hopt/Mattheus*, AG 2016, 725, 735.

2. *Annexkompetenz*

Der Aufsichtsratsvorsitzende hat heutzutage eine wichtige Rolle inne, die der Gesetzgeber bei der Entstehung des Aktiengesetzes noch nicht erahnen konnte. Aus rechtlicher Sicht ist eine Annexkompetenz zu den erweiterten Pflichten des Aufsichtsrats anzunehmen: Die Zuständigkeitsverteilung von Aufsichtsrat und Vorstand nach den §§ 76 I, 78 I S. 1, 111 IV AktG steht dem nicht entgegen.[263] Es gilt der Grundsatz, dass die Kommunikationszuständigkeit der Kompetenz folgt, entsprechend dem Grundsatz *communication follows competence.*

In der Literatur gibt es Stimmen, die eine rechtsfortbildende Annexkompetenz mit dem „Deal" im Strafverfahren vergleichen.[264] Das Gesetz gibt im Strafrecht durch die Hauptverhandlung ein formalisiertes Kommunikationsforum vor, das viele Beteiligte als zu eng erachten. Die Parteien sprengen den gesetzlichen Rahmen durch den vorgelagerten informellen „Deal". Ganz nach dem Motto: Lieber eine Absprache als ein Verbot, das die Verständigungsprozesse austrocknet. Der strafrechtliche „Deal" entstand zunächst in der Praxis, woraufhin sich die höchstrichterliche Rechtsprechung anschloss und sodann auch der Gesetzgeber, vgl. § 257c StPO.[265] Wie *Bachmann* nachvollziehbar ausführt[266], ist der Strafprozess weitaus stärker durch rechtsstaatliche Vorgaben eingezwängt als der Zivilprozess. Deshalb ist der rechtsfortbildende Ansatz bei Investorendialogen, der besagt, dass die Kommunikation der Kompetenz folgt – getreu dem Grundsatz *communication follows competence* – im Zivilrecht *a maiore ad minus* wesentlich einfacher zu begründen. An dieser Stelle offenbart sich die ganz einfache Erkenntnis: Was im Strafprozess möglich ist, ist im Zivilrecht erst recht erlaubt.

3. *Informationsweitergabe an den Vorstand*

Der Vorstand ist über die Gesprächsinhalte zwischen Investor und Aufsichtsratsvorsitzendem zu informieren. Wenn dies unter dem Gesichtspunkt des § 53a AktG schon für die Aktionäre gilt, dann erst recht für den Vorstand, dem

---

263 So die Begründung der Regierungskommission DCGK, Erläuterungen der Änderungsvorschläge der Regierungskommission DCGK aus der Plenarsitzung vom 13.10.2016, S. 6, a.A. Stellungnahmen zu den Änderungsvorschlagen u.a. von (1) Deutscher Anwaltverein, S. 11 f.; (2) KWS SAAT SE, S. 2 (3) Ver.di, S. 2.

264 *Bachmann*, Dialog zwischen Investor und Aufsichtsrat, S. 152.

265 Vgl. BGH, Urteil v. 28.08.1997, 4 StR 240/97, NJW 1998, 86 f.; *Jahn/Kudlich*, in: MüKo-StGB, StPO, § 257c Rn. 11 ff.; *Moldenhauser/Wenske*, in: KK-StPO, § 257c Rn. 1.

266 *Bachmann*, Dialog zwischen Investor und Aufsichtsrat, S. 152.

die Leitung der Gesellschaft obliegt. Jedes entgegengesetzte Verhalten liefe der Pflicht zum loyalen Zusammenwirken zuwider. Diesem Ergebnis steht auch nicht die Konzentrationsmaxime entgegen, nach der es sinnvoll sein kann, Aufgaben durch eine Zentralstelle, hier den Vorstand, wahrzunehmen, um Widersprüche und Redundanzen zu vermeiden.[267] Aufsichtsratsspezifische Themen sind schließlich naturgemäß nicht über den Vorstand verhandelbar, insbesondere wenn er dadurch die Möglichkeit erhält, sich selbst zu bevorteilen.

4. *Öffentliche Äußerungen*

Wenngleich der Aufsichtsratsvorsitzende als Sprachrohr des Aufsichtsrats agieren soll, haben öffentliche Äußerungen im Namen des Aufsichtsrats zu unterbleiben. Investorengespräche dienen zum Informationstransfer: Aufsichtsrat und Vorstand sollen die Ansichten von Investoren kennenlernen; nicht mehr und nicht weniger. Öffentliche Äußerungen durch den Aufsichtsratsvorsitzenden sind unzulässig, insbesondere wenn sie einen internen Konflikt nach außen tragen. Diesen Grundsatz veranschaulichte das „Sardinien-Interview", das *Ferdinand Piëch* im Jahr 2009 geführt hat.[268] *Ferdinand Piëch* war zu dieser Zeit Aufsichtsratsmitglied der Porsche AG. Die Gesellschaft plante ihre Anteile am Automobilhersteller Volkswagen von 50,8 auf 75 Prozent aufzustocken.[269] *Piëch* äußerte sich bei einem Abendessen gegenüber Journalisten derart, dass er die Kreditwürdigkeit der Porsche AG in Mitleidenschaft zog. Die Übernahmepläne der Porsche AG scheiterten: Vielmehr übernahm die Volkswagen AG den nun angeschlagenen Porsche-Konzern. Das Sardinien-Interview verdeutlicht, wie schnell unbedachte Äußerungen in der Öffentlichkeit schwerwiegende Folgen nach sich ziehen können. Investorendialoge sind hinter „verschlossenen Türen" zu führen: Die Exklusivität ihrer Ausgestaltung ist schon an dem Wort „Dialog" zu erkennen, das sichtbar nur einen begrenzten Personenkreis einbezieht. Öffentliche Äußerungen sind – wie das Beispiel *Piëchs* verdeutlicht hat – dazu geeignet, millionen- oder gar milliardenschwere Schäden nach sich zu ziehen. Eine öffentliche Kommunikation durch den Aufsichtsratsvorsitzenden oder den

267 *Bachmann*, VGR 2016, 136, 150.

268 OLG Stuttgart, Urteil v. 29.02.2012, 20 U 3/11, AG 2012, 298, Rn. 31.

269 OLG Stuttgart, Urteil v. 29.02.2012, 20 U 3/11, AG 2012, 298, Rn. 223; vgl. *Preuss/Ritter*, Richter stellen Piëch an den Pranger, http://www.faz.net/aktuell/wirtschaft/unternehmen/oberlandesgericht-stuttgart-richter-stellen-piech-an-den-pranger-11667463.html (zuletzt aufgerufen am 15.08.2020).

Aufsichtsrat selbst ist abzulehnen. Es besteht eine zu große Gefahr, Missverständnisse hervorzurufen.

5. *Vertragsschlüsse und Zusicherungen*

Investorendialoge bereiten den Boden für einen Informationstransfer. Der Aufsichtsrat ist aber nicht dazu befugt, Verträge abzuschließen oder Vereinbarungen mit Investoren zu treffen. Dann würde er in den Zuständigkeitsbereich des Vorstands eingreifen und die Gefahr einer widersprüchlichen Kommunikation schaffen. Begehren Investoren eine Vereinbarung mit der Gesellschaft, hat darüber nur der Vorstand zu bestimmen. Diese Vereinbarungen dürfen auch nicht nachgelagert Gesprächsinhalt von Investorendialogen mit dem Aufsichtsrat sein. Ansonsten würde der Aufsichtsrat die Autorität und Kompetenz des Vorstands untergraben. Einwände sind vielmehr intern zu regeln, niemals aber nach außen zu tragen.

6. *Kommunikationsausschuss*

Der 1. Leitsatz der Initiative *Developing Shareholder Communication* enthält die folgende Formulierung:

> *„Zwischen Investoren und Aufsichtsrat kann ein Dialog geführt werden. Die generelle Entscheidung, ob ein solcher Dialog geführt wird, obliegt auf Seiten des Unternehmens dem Aufsichtsrat. Die Entscheidung über den Eintritt in einen konkreten Dialog trifft der Aufsichtsratsvorsitzende. Der Dialog umfasst ausschließlich Themen, die in den Aufgaben- und Verantwortungsbereich des Aufsichtsrats fallen."*[270]

Die Initiative empfiehlt also, das Führen von Investorendialogen an eine Einwilligung des Aufsichtsrats zu knüpfen. Genehmigt der Aufsichtsrat das Thema, darf der Aufsichtsratsvorsitzende anschließend den Dialog führen. Dazu empfehlen manche Stimmen in der Literatur einen Kommunikationsausschuss.[271] Dieser Ansicht ist zuzustimmen. Der Kommunikationsausschuss sollte sich anteilig aus Vertretern von Arbeitnehmern und Anteilseignern zusammensetzen und zumindest vorab festlegen, welche Themenbereiche bei einem

---

270 Leitsätze für den Dialog zwischen Investor und Aufsichtsrat, Fassung vom 05.07.2016, S. 3, https://www.dai.de/files/dai_usercontent/dokumente/pressemitteilungen/2016-07-05%20Leitsaetze %20fuer%20den%20Dialog%20zwischen%20Investor%20 und%20Aufsichtsrat.pdf (zuletzt aufgerufen am 15.08.2020).

271 So beispielsweise *Vetter*, AG 2016, 873 ff.; *Landsittel*, Investorenkommunikation, S. 265.

Investorendialog nicht zu behandeln sind. Die Entscheidung, ob und wie Investorengespräche zu führen sind, obliegt damit weiterhin dem Aufsichtsratsvorsitzenden. Seine Entscheidungsbefugnis wird aber dahingehend eingeschränkt, dass der Kommunikationsausschuss ihm die Erörterung bestimmter Themenbereiche untersagen kann.

7. Zwischenfazit

Das Gebot der einheitlichen Kapitalmarktkommunikation soll sicherstellen, dass die Gesellschaft mit einer einheitlichen Stimme spricht. Aus dem Grundsatz *communication follows competence* folgt, dass der Aufsichtsrat für aufsichtsratsspezifische Themen eine Annexkompetenz zum Führen von Investorendialogen hat.[272] Er ist dann aber schon aus der Pflicht zum loyalen Zusammenwirken dazu verpflichtet, die dabei gewonnenen Informationen an den Vorstand weiterzuleiten. Über Gesprächsinhalte darf er sich nicht öffentlich äußern, um schwerwiegende Missverständnisse zu vermeiden. Der Aufsichtsrat darf keine Verträge abschließen oder Zusicherungen geben. Inhalt eines Investorendialogs darf auch niemals die Bewertung von Vereinbarungen zwischen Investoren und Vorstand sein.

F. Mitbestimmungsrechte im Aufsichtsrat

Die Leitung und Führung von Investorendialogen obliegt dem Aufsichtsratsvorsitzenden. Dies könnte die Mitbestimmungsrechte der Arbeitnehmer tangieren. Im Anwendungsbereich des MitbestG sieht § 7 I MitbestG vor, dass sich der Aufsichtsrat anteilig aus Vertretern der Anteilseigner und der Arbeitnehmer zusammensetzt. Die Hälfte des Aufsichtsrats besteht aus Vertretern der Arbeitnehmer, die sich nach § 7 II MitbestG wiederum aus verschiedenen Gruppen zusammensetzen, namentlich Gewerkschaftsvertretern, leitenden Angestellten und anderen Arbeitnehmervertretern.[273] Ist das Führen von Investorendialogen allein auf den Aufsichtsratsvorsitzenden beschränkt, der in der Regel aus den Reihen der Anteilseigner stammt, ist dort kein Vertreter der Arbeitnehmer anwesend.

---

272 Vgl. *Landsittel*, Investorenkommunikation, S. 246.
273 Vgl. *Spindler*, in: MüKo-GmbHG, § 52 Rn. 101.

I. Parteiischer Aufsichtsratsvorsitzender

Die Wahl des Aufsichtsratsvorsitzenden erfolgt nach den Grundsätzen des Aktienrechts. § 107 I S. 1 AktG besagt:

> *„Der Aufsichtsrat hat nach näherer Bestimmung der Satzung aus seiner Mitte einen Vorsitzenden und mindestens einen Stellvertreter zu wählen".*

Bei Anwendung der Montanmitbestimmung und des DrittelbG ergeben sich keine besonderen Abweichungen.[274] Für nach dem MitbestG mitbestimmte Gesellschaften ergeben sich hier aber Sonderregeln; abweichend von den allgemeinen Grundsätzen sieht der § 27 MitbestG zwei Wahlgänge vor. Nach § 27 I MitbestG sind der Aufsichtsratsvorsitzende und sein Stellvertreter mit einer 2/3-Mehrheit zu wählen. Findet sich keine dahingehende Mehrheit, sieht § 27 II MitbestG einen zweiten Wahlgang vor. Hier wählen die Vertreter der Anteilseigner mit einfacher Mehrheit den Aufsichtsratsvorsitzenden, die Vertreter der Arbeitnehmer seinen Stellvertreter. Dies führt in der Praxis dazu, dass die Anteilseigner quasi immer den Aufsichtsratsvorsitzenden stellen. Dies lässt sich auch daran erkennen, dass in der Vergangenheit immer wieder versucht wurde, entsprechende Satzungen zu etablieren. So entschied der BGH, dass eine Satzungsvorschrift wegen Verstoßes gegen die Wahlfreiheit des Aufsichtsrats rechtswidrig ist, wenn sie vorsieht, dass ein weiterer Stellvertreter dem Kreis der Aufsichtsratsmitglieder der Aktionäre angehören soll.[275] Der Aufsichtsratsvorsitzende stammt in der Praxis überwiegend aus der Gruppe der Anteilseigner. Dies bedeutet, dass der Aufsichtsratsvorsitzende bei Investorendialogen naturgemäß Partei für die Aktionäre ergreift und die Arbeitnehmerseite tendenziell außer Acht lässt. Deshalb ist zu überlegen, inwieweit die Gesprächsführung durch den Aufsichtsratsvorsitzenden die Mitbestimmungsrechte der Arbeitnehmer tangiert und wie diese im Rahmen von Investorendialogen einzubeziehen sind. Die Arbeitnehmerseite ist de facto zunächst einmal von der Gesprächsführung ausgeschlossen.

II. Stellungnahme

Investorendialoge behandeln grundlegende Fragen, die die Gesellschaft als Ganze tangieren. Es ist problematisch, wenn die Arbeitnehmerseite nicht darin

---

274 *Koch*, in: Hüffer/Koch, AktG, § 107 Rn. 5; *Tomasic*, in: Grigoleit, AktG, § 107 Rn. 7.

275 *Koch*, in: Hüffer/Koch, AktG, § 107 Rn. 4; *Raiser*, NJW 1981, 2166 f.; *Spindler*, in: Spindler/Stilz, AktG, § 107 Rn. 20.

einbezogen wird. Dies gilt umso mehr, wenn sich Dialoge auf Themen beziehen, die explizit die Arbeitnehmerseite betreffen.

1. Benachteiligung der Arbeitnehmerseite

Eine direkte Benachteiligung der Arbeitnehmerseite bzw. eine Umgehung der Mitbestimmungsrechte durch Investorendialoge ist grundsätzlich nicht erkennbar. Es ist im Grunde nicht verboten, dass der Aufsichtsratsvorsitzende die Gespräche alleine führt. Er ist als Leitungs- und Repräsentationsorgan zu Sachlichkeit und Neutralität verpflichtet. Im Übrigen ist nicht der Investorendialog selbst relevant, sondern die Verwertung der dort gewonnenen Informationen und Vorschläge. Durch die Nachinformation der Aufsichtsratsmitglieder erhalten diese alle den gleichen Wissensstand. Wichtige Entscheidungen trifft der Aufsichtsrat ohnehin in einem nachgelagerten Verfahren. Hierbei kommt es im Nachhinein zu einer Abstimmung, sodass es im Grunde irrelevant ist, ob ein Aufsichtsratsmitglied von Seiten der Anteilseigner oder der Arbeitnehmer das Gespräch führt. Werden die Gespräche in einem besonderen Fachgebiet durch einen Ausschussvorsitzenden geleitet, hängt es zudem vom Zufall ab, ob dieser von der Arbeitnehmer- oder der Arbeitgeberseite stammt.

2. Aufnahme einer Regelung in den DCGK

Sollte ein Investorendialog einen Themenbereich behandeln, der aus Sicht der Arbeitnehmer besonders sensibel oder bedeutend ist, sollten Vertreter der Arbeitnehmer, die sich im Aufsichtsrat befinden, das Recht haben, daran teilzunehmen. So entsenden die Arbeitnehmer zumindest eine Person, die ihre Interessen im Gespräch wahrnimmt oder zumindest die dort vermittelten Informationen persönlich und unverfälscht aufnimmt. Es ist also sinnvoll, nach dem Gesprächsgegenstand zu differenzieren: Bezieht sich der Investorendialog auf ein Thema, das für die Arbeitnehmerseite besonders interessant ist, sollte ein Vertreter der Arbeitnehmerseite teilnehmen dürfen. Es empfiehlt sich – sollte der spätere Rechtsvergleich zu einem entsprechenden Ergebnis kommen – eine entsprechende Regelung in den DCGK aufzunehmen. Diese könnte beispielsweise derart formuliert sein:

> *„Bezieht sich der Investorendialog auf einen arbeitnehmerspezifischen Themenbereich, kann ein Aufsichtsratsmitglied, das von der Arbeitnehmerseite stammt, dem Dialog beiwohnen.“*

Diese Formulierung ist absichtlich als Anregung ausgestaltet. Ob ein Vertreter der Arbeitnehmerseite dem Dialog beiwohnt oder nicht, steht ihm frei. Die

Gesellschaft muss ihm diese Möglichkeit eröffnen, darf ihm die Teilnahme also nicht verbieten. Eine Ausgestaltung in Form einer Empfehlung wäre sinnwidrig: Dann müsste ein Arbeitnehmervertreter auch gegen seinen Willen an einem Dialog teilnehmen und die Gesellschaft müsste sich für eine fehlende Teilnahme des Arbeitnehmervertreters jedenfalls im Rahmen der Entsprechenserklärung nach § 161 AktG rechtfertigen.

3. *Zwischenfazit*

Der Aufsichtsratsvorsitzende darf Investorendialoge alleine und selbstbestimmt führen. Betrifft der Investorendialog arbeitnehmerspezifische Themenbereiche, sollte ein Aufsichtsratsmitglied daran teilnehmen dürfen, das von der Arbeitnehmerseite entsandt wurde. Zwar erhalten die Aufsichtsratsmitglieder durch die Pflicht zur Nachinformation einen gleichen Wissensstand und treffen wichtige Entscheidungen in einem nachgelagerten Verfahren. Allerdings wäre es nicht zu rechtfertigen, sollten Aufsichtsratsmitglieder von Seiten der Arbeitnehmer von arbeitnehmerspezifischen Gesprächen ausgeschlossen werden.

G. Ergebnis

Das deutsche Recht erlaubt Investorendialoge zwar nicht, enthält aber auch keine dahingehenden Verbote. Es sind vielmehr allgemeine aktienrechtliche Grundsätze zu beachten, die mit etwaigen Investorengesprächen in Einklang zu bringen sind. Der EuGH entschied in dem Strafverfahren Grøngaard und Bang, dass der Fluss von Insiderinformationen zulässig ist, wenn „zwischen der Weitergabe und der Erfüllung von Aufgaben ein Zusammenhang besteht und die Weitergabe für die Erfüllung dieser Aufgaben unerlässlich ist".[276] Dies ist bei Investorendialogen der Fall: Eine der Hauptaufgaben des Aufsichtsrats besteht darin, eine optimale Besetzung des Vorstands zu gewährleisten. Der Rückgriff auf die Expertise hochqualifizierter institutioneller Investoren begünstigt einen Austausch von Argumenten. Dieser Austausch von Informationen und Erfahrungen führt im Endeffekt zu einem besseren Ergebnis. Investorendialoge führen gegebenenfalls zu rechtlichen Risiken, denen durch die Schaffung einer geeigneten Rahmenstruktur, etwa einer Kommunikationsordnung, entgegenzuwirken ist. Die rechtliche Ausgestaltung hat derart zu erfolgen, dass diese einen Missbrauch von Investorendialogen unterbindet. Die folgenden Abschnitte fassen den wesentlichen Erkenntnisgewinn des Kapitels 1 zusammen.

276 EuGH, Urteil v. 22.11.2005, C-384/02, ZIP 2006, 123, Rn. 34.

I. Zuständigkeit des Aufsichtsrats

Investorendialoge zwischen dem Aufsichtsrat und Investoren sind rechtlich erlaubt. Die Zuständigkeit für die Gespräche liegt beim Aufsichtsrat bzw. dem Aufsichtsratsvorsitzenden.

1. Kompetenz kraft Natur der Sache

Die Berechtigung, Investorendialoge zu führen, liegt hinsichtlich aufsichtsratsspezifischer Themen beim Aufsichtsrat. Dagegen spricht auch nicht die dualistische Unternehmensverfassung. Es widerspräche der Natur der Sache, wenn allein dem Vorstand das Recht zustünde, aufsichtsratsspezifische Themen zu behandeln. Sensible Themen wie die personelle Besetzung des Vorstands sind Kernkompetenzen des Aufsichtsrats. Es wäre sinnwidrig, eine dahingehende Kompetenz beim Vorstand anzusiedeln.[277] Zum einen gilt der Grundsatz *communication follows competence*, zum anderen sind die Grenzen der dualistischen Unternehmensverfassung bei diesen Themen erreicht. Die dualistische Unternehmensverfassung ist absichtlich so aufgebaut, dass der Aufsichtsrat den Vorstand bestellt, § 84 I S. 1 AktG. Diese strikte Aufgabentrennung soll Korruption verhindern und dafür sorgen, dass der Vorstand keine Möglichkeit hat, seine eigene Bestellung zu beeinflussen. In der Praxis würde jeder Vorstand versuchen, seine eigene Wiederwahl positiv zu beeinflussen. Würden Investorendialoge hinsichtlich der personellen Besetzung beim Vorstand liegen, würde dies einen klaren Verstoß gegen § 84 I S. 1 AktG darstellen.

2. Aufsichtsratsspezifische Gesprächsinhalte

Die Kompetenz des Aufsichtsrats ergibt sich kraft Natur der Sache. Diese gesetzliche Grundlage erlaubt Investorendialoge aber nicht nur, sondern beschränkt sie zugleich. Investorendialoge sind nur insoweit erlaubt, als sie sich auf aufsichtsratsspezifische Themeninhalte beziehen. Typische Gesprächsinhalte für Investorengespräche sind:

a) Zusammensetzung und Vergütung des Aufsichtsrats

- Aufsichtsratszusammensetzung,
- Besetzungsprozess,
- Vergütungssystem des Aufsichtsrats.

---

277 Vgl. *Landsittel*, Investorenkommunikation, S. 82 ff., 85 f.

b) Binnenorganisation und Überwachungsprozess

- Bericht des Aufsichtsrats,
- aufsichtsratsbezogene Themen des Corporate-Governance-Berichts,
- Binnenorganisation im Aufsichtsrat,
- Ausgestaltung der Überwachungs- und Mitwirkungsprozesse,
- Ausschussbildung,
- Effizienzprüfung und daraus resultierende Maßnahmen.

c) Vorstandsbestellung, -abberufung und -vergütung

- Anforderungsprofile für die Bestellung von Mitgliedern,
- Geschäftsverteilung im Vorstand,
- Vorstandsvergütungssystem,
- geplante Veränderungen und Verbesserungsvorschläge,
- Auslegung und Inanspruchnahme von Ermessensspielräumen des Aufsichtsrats bei Vergütungsfragen.

d) Strategieentwicklung und -umsetzung

- Einschätzung zur Strategieumsetzung,
- Erläuterung der überwachenden und mitwirkenden Rolle des Aufsichtsrats im Strategieprozess.

e) Abschlussprüfer

- Anforderungskriterien für die Auswahl des Abschlussprüfers,
- Inhalte und Qualität der Zusammenarbeit zwischen Aufsichtsrat und Abschlussprüfer.[278]

Der Austausch von Meinungen und Gedanken durch Investorendialoge schafft einen Mehrwert für alle Beteiligten. Die Hauptversammlung ist für einen solchen Meinungstransfer nur bedingt geeignet, da sie zu unflexibel ist. Der Grundgedanke von Investorendialogen liegt schließlich darin, ein Stimmungsbild schnell und effizient zu übermitteln.

---

278 Leitsätze für den Dialog zwischen Investor und Aufsichtsrat, Fassung vom 05.07.2016, S. 3 f., https://www.dai.de/files/dai_usercontent/dokumente/pressemitteilungen/2016-07-05%20Leitsaetze%20fuer%20den%20Dialog%20zwischen%20Investor%20und%20Aufsichtsrat.pdf (zuletzt aufgerufen am 15.08.2020).

II. Ausgleich von Informationsdefiziten

Der sofortige Ausgleich von Informationsdefiziten ist für die Transparenz von Investorendialogen unerlässlich. Ein etwaiger Informationsvorsprung ist so schnell wie nur möglich auszugleichen.

1. Ad-hoc-Publizität

Investorendialoge folgen keiner starren Struktur. Manche Gespräche erfordern die Weitergabe von Insiderinformationen, da eine vernünftige Klärung des Sachverhalts anderweitig nicht möglich ist. Erfolgt eine solche Informationsweitergabe, sind die Informationen im Rahmen der Ad-hoc-Publizität zu veröffentlichen. Entsprechend Empfehlung F.1 DCGK hat die Veröffentlichung „unverzüglich" zu erfolgen. Damit lässt der Gesetzgeber der Gesellschaft einen Handlungsspielraum. Denn „unverzüglich" bedeutet nicht sofort, sondern richtet sich vielmehr nach den konkreten Umständen im Einzelfall.[279]

2. „Unverzügliche" Informationsweitergabe

Die aktuelle Regulierung des Insiderhandels ist unzureichend. Die gesetzlichen Regelungen sind nahezu wirkungslos. Laut BaFin gibt es kaum Sanktionen – im Jahr 2016 erfolgte gerade einmal eine Verurteilung wegen Insiderhandels.[280] Da Studien schätzen, dass 25 Prozent der Mergers & Acquisition börsennotierter Unternehmen von Insiderhandel tangiert sind[281], ist diese Erfolgsquote verhältnismäßig niedrig. Grundsätzlich gilt: Eine effektive Regulierung des Insiderhandels ist derzeit nicht in Sicht – deshalb bleibt nur eine Option: Die Informationen sind nach dem Investorendialog unverzüglich zu veröffentlichen. Das Wort „unverzüglich" – wie Empfehlung F.1 DCGK es nutzt – beinhaltet einen Ermessensspielraum. Wann eine Informationsweitergabe „unverzüglich" erfolgte, obliegt der Beurteilung des Aufsichtsrats und in einem nachgelagerten Verfahren den deutschen Gerichten. Die Formulierung „unverzüglich" wurde bewusst gewählt, um der Vielzahl der verschieden gelagerten Sachverhalte und der Wirtschaftsrealität entgegenzukommen.[282] Der Toleranzbereich für eine

---

279 *Fleischer*, NJW 2002, 2977, 2980; *Koch*, in: Hüffer/Koch, AktG, § 78 Rn. 30.

280 Vgl. *BaFin*, Insiderhandel, https://www.bafin.de/DE/PublikationenDaten/ Jahresbericht/Jahresbericht2016/Kapitel5/Kapitel5_2/Kapitel5_2_3/kapitel5_2_3_artikel.html (zuletzt aufgerufen am 15.08.2020).

281 *Augustin/Brenner/Subrahmanyam*, Insider Trading Study, S. 2.

282 *Franke/Schulenburg*, in: Umnuß, Corporate Compliance Checklisten, Kapitel 3, Rn. 90 ff.; *Hopt/Kumpan*, in: Schimansky/Bunte/Lwowski, Bankrechts-Handbuch,

zeitliche Ausweitung der „Unverzüglichkeit" ist jedoch so minimal wie nur möglich zu bemessen.

III. Keine Ungleichbehandlung der Aktionäre

Investorendialogen ist immanent, dass nur wenige Akteure daran beteiligt sind. Wenngleich Aktionäre mit einer geringen Unternehmensbeteiligung de facto von der Gesprächsteilnahme ausgeschlossen sind, führt die Begrenzung auf wenige Aktionäre nicht zu einer Ungleichbehandlung. Eine Ungleichbehandlung nach dem aktionärsrechtlichen Gleichbehandlungsgrundsatz ist nur unter gleichen Voraussetzungen gegeben.[283] Die Begrenzung von Investorendialoge auf nur wenige Teilnehmer erfolgt aus rein praktischen Gründen. Eine Ausweitung der Teilnehmeranzahl scheitert an dem damit verbundenen Organisations- und Verwaltungsaufwand. Eine Erweiterung des Teilnehmerkreises liefe auch dem Sinn und Zweck von Investorendialogen zuwider. Wenige institutionelle Investoren reichen für einen Meinungstransfer vollkommen aus. Institutionelle Investoren sind ähnlich qualifiziert und übermitteln deshalb die gleichen oder zumindest ähnliche Meinungen. Die Ausgestaltung von Investorendialogen als „Jedermanns-Mitspracherecht" würde ihren Nutzen zunichtemachen. Eine vergleichbare Argumentation nutzt das BVerfG für die Sperrklausel im Bundestag, die 5-Prozent-Hürde. Das BVerfG argumentiert damit, dass die Anwesenheit vieler Gruppierungen die Handlungs- und Entscheidungsfähigkeit der Volksvertretung einschränkt.[284] Diese Argumentation ist auch auf Investorendialoge übertragbar.

IV. Gesprächsführung durch den Aufsichtsratsvorsitzenden

Wie Anregung A.3 DCGK richtigerweise ausführt, obliegt die Führung von Investorendialogen dem Aufsichtsratsvorsitzenden. Es liegt in der Natur der Sache, dass der Aufsichtsrat durch einen Repräsentanten vertreten wird.

---

§ 107 Rn. 150; *Klöhn*, AG 2016, 423, 430; *Kumpan*, in: Baumbach/Hopt, HGB, (16) Insiderhandelsverbot und Ad-hoc-Publizität, MAR Art. 17, Veröffentlichung von Insiderinformationen, Rn. 7; *Schlitt*, in: MüKo-AktG, WpÜG, § 35 Rn. 162.

283 *Cahn/v. Spannenberg*, in: Spindler/Stilz, AktG, § 53a Rn. 12 f.; *Götze*, in: MüKo-AktG, § 53a Rn. 11 ff.; *Laubert*, in: Hölters, AktG, § 53a Rn. 6.

284 *Klein*, in: Maunz/Dürig, GG, Art. 38 Rn. 126; BVerfG, NJW 1957, 377 f.

V. Informationsweitergabe an den Vorstand

Die Pflicht zum loyalen Zusammenwirken erfordert, dass der Aufsichtsratsvorsitzende nach dem Führen von Investorendialogen sämtliche Informationen an den Vorstand weiterleitet. Wenn die Informationsweitergabe wegen des aktionärsrechtlichen Gleichbehandlungsgrundsatzes nach § 53a AktG an Aktionäre notwendig ist, dann *a maiore ad minus* erst recht für den Vorstand. Ein entgegengesetztes Verhalten liefe zudem der Pflicht zum loyalen Zusammenwirken zuwider.

VI. Adaptierungen notwendig

Die obigen Ausführungen verdeutlichen, dass Investorendialoge per se zulässig sind. Sie bedürfen allerdings einer Rahmenstruktur, die sie in Einklang mit dem geltenden Recht bringt. Die Schaffung von Gesprächsrichtlinien ist notwendig: Schließlich erwägt die Kommission DCGK bereits seit längerem eine Aufnahme der Anregung A.3 DCGK als Empfehlung in den DCGK[285], was sie in der aktuellen Fassung noch nicht umgesetzt hat.[286] Obwohl eine solche Empfehlung als reines *soft law* zu bewerten ist, müssen die Unternehmen über § 161 AktG dennoch ihrer Erklärungspflicht nachkommen. Dies verleiht dem DCGK einen quasigesetzlichen Charakter. Die Beweggründe für die Aufnahme von Anregung A.3 DCGK sind Studien, die den Wert aktiver Eigentümerschaft belegen.[287]

Internationale Investoren sind die Art der Gesprächsführung - wie sie bei Investorendialogen stattfindet - gewöhnt und erwarten die Möglichkeit, solche Gespräche auch in Deutschland führen zu können.[288] Mittlerweile finden sich auch in Art. 3g I Buchst. a), 9a und 9b der EU-Aktionärsrechterichtlinie

285 DCGK (in der Fassung vom 05.05.2015 mit Vorschlägen aus der Plenarsitzung vom 13.10.2016), S. 10.

286 Deutscher Corporate Governance Kodex in der Fassung vom 16. Dezember 2019 mit Beschlüssen aus der Plenarsitzung vom 16. Dezember.

287 *Augustin/Brenner/Subrahmanyam*, Insider Trading Study, S. 2; *DAI/McKinsey*, Investorendialog im Umbruch; The Credit Suisse Family 1000, https://www.kreditwesen.de/system/files/content/inserts/2017/the-cs-family-1000.pdf (zuletzt aufgerufen am 15.08.2020).

288 *Bachmann/Kremer/v. Werder*, in: Kremer u.a., Deutscher Corporate Governance Kodex, Rn. 1269; *Degenhardt*, AR 2017, 100; *Graßl/Nikoleyczik*, AG 2017, 49, 54; *Koch*, AG 2017, 129 f.

EU 2017/828[289] Tendenzen, das EU-Recht entsprechend zu harmonisieren und für Investorendialoge zu öffnen.[290] Da der *Shareholder Activism* in den kommenden Jahren und Jahrzehnten voraussichtlich zunehmen wird und Vorteile für alle Beteiligten bietet, steht der Einführung von Investorendialogen nichts entgegen. Sie sind rechtlich zulässig, bedürfen aber der Schaffung einer klaren Rahmenstruktur, die Rechtsverstößen vorbeugt. Hier eignet sich am besten eine Kommunikationsordnung. In dieser legt die Gesellschaft unmissverständlich fest, wie Investorendialoge auszugestalten sind.

289 Richtlinie (EU) 2017/828 des Europäischen Parlaments und des Rates vom 17.05.2017 zur Änderung der Richtlinie 2007/36/EG im Hinblick auf die Förderung der langfristigen Mitwirkung der Aktionäre, ABl. L 132, 1, 19 ff.

290 Näher zur Vergütungspolitik: Kapitel 6 A. II. 3. b) bb) (3) (c) Vergütung nach der EU-Aktionärsrechterichtlinie; näher zur Mitwirkungspolitik: Kapitel 6 A. I. 2. b) aa) Aufsichtsratsvorsitzender.

Kapitel 5 Investorendialoge im UK

Investorendialoge sind in deutschen Unternehmen gelebte Praxis: Internationale Investoren erwarten eine solche Kommunikation auch zunehmend, da sie Investorendialoge aus Staaten wie Großbritannien gewöhnt sind.[291] Da Investorendialoge im UK bereits seit längerem stattfinden, ist ein Blick auf das britische Recht von Vorteil. Die Untersuchung des dortigen Rechts lässt Rückschlüsse auf eine mögliche Ausgestaltung von Investorendialogen in Deutschland zu.

A. Rechtsvergleichung

Die Untersuchung der britischen Ausgestaltung von Investorendialogen könnte zu einem Erkenntnisgewinn führen. Die dortigen Vorschriften könnten Vorbild für die Umsetzung von Gesprächsrichtlinien in Deutschland sein. Da Investorendialoge im UK eine lange Tradition haben, musste sich ihre Ausgestaltung in der Praxis fortlaufend unter Beweis stellen und an die Realität anpassen. Vor einem Rechtsvergleich ist zunächst die Frage aufzuwerfen, ob ein Rechtstransfer aus dem angelsächsischen Raum auf das deutsche Recht überhaupt möglich ist. Ein Rechtsvergleich ist allgemein nur möglich, wenn sich die Rechtssysteme ähneln. Deshalb ist zunächst auf die monistische Unternehmensverfassung einzugehen und zu untersuchen, inwieweit sie sich von der deutschen dualistischen Unternehmensverfassung unterscheidet.

I. Monistische Unternehmensverfassung

Für eine bessere Vergleichbarkeit der beiden Unternehmensverfassungen wird die dualistische Unternehmensverfassung – die bereits im ersten Teil der Dissertation erläutert wurde – in ihren elementaren Grundzügen skizziert. Anschließend erfolgen Ausführungen über die monistische Unternehmensverfassung.

---

291 Vgl. Erläuterungen zu den Änderungsvorschlägen der Regierungskommission DCGK aus der Plenarsitzung vom 13.10.2016, S. 6; *Bachmann/Kremer/v. Werder*, in: Kremer u.a., Deutscher Corporate Governance Kodex, Rn. 1269; *Degenhardt*, AR 2017, 100; *Graßl/Nikoleyczik*, AG 2017, 49, 54; *Hambloch-Gesinn/Gesinn*, in: Hölters, AktG, § 107 Rn. 54a; *Hirt/Hopt/Mattheus*, AG 2016, 725, 735; *Koch*, AG 2017, 129 f.; *Strenger*, NGZ 2010, 1401 f.

1. *Grundzüge der dualistischen Unternehmensverfassung*

In Deutschland gilt für die Aktiengesellschaft die dualistische Unternehmensverfassung. Das dualistische System – auch als Trennungssystem oder *two-tier system* bezeichnet – zeichnet sich durch die Aufteilung der Unternehmensführung in zwei institutionelle Organe auf. Dies ist deutlich an der Regelung des § 105 S. 1 AktG erkennbar: *„Ein Aufsichtsratsmitglied kann nicht zugleich Vorstandsmitglied [...] sein.*"[292] Grundgedanke der dualistischen Unternehmensverfassung ist die institutionelle Auslagerung des Aufsichtsrats: Die personelle und funktionelle Trennung vom Vorstand soll eine hohe Unabhängigkeit der beiden Organe gewährleisten.[293]

2. *Die monistische Unternehmensverfassung*

Beim monistischen System – auch als *one-tier system* bezeichnet – konzentriert sich die gesamte Unternehmensführung auf ein einziges Organ: Den Verwaltungsrat *(board)*.[294] Mit der Einführung der SE durch die SE-Verordnung[295] und das sie flankierende SEAG[296] haben die EU und der deutsche Gesetzgeber die Möglichkeit geschaffen, das monistische System mit einem einheitlichen *board* auch in Deutschland für eine hier gegründete SE zu nutzen.[297] Da sich später ein

292 *Becker/Werder*, AG 2016, 761 f.; vgl. *Eberspächer*, in: Spindler/Stilz, AktG, SE-VO, Art. 38 Rn. 3; *Habersack*, in: MüKo-AktG, § 105 Rn. 1; *Kirchner*, AG 2004, 197; *Kremer*, in: Kremer u.a., Deutscher Corporate Governance Kodex, Rn. 1369; *Landsittel*, Investorenkommunikation, S. 156; *Marsch-Barner/Schäfer*, Handbuch börsennotierte AG, Rn. 23.2.

293 *Bartz/Werder*, NZG 2014, 841 ff.; vgl. *Eberspächer*, in: Spindler/Stilz, AktG, SE-VO, Art. 38 Rn. 4; *Hoffmann-Becking*, NZG 2014, 802 f.; *Kremer*, in: Kremer u.a., Deutscher Corporate Governance Kodex, Rn. 1368; *Langenbucher*, ZGR 2007, 571 ff.

294 Vgl. *Dünchheim/Joppich/Hermann*, DB 2013, 2210 f.; vgl. *Eberspächer*, in: Spindler/Stilz, AktG, SE-VO, Art. 38 Rn. 4; vgl. *Jannott/Frodermann*, Handbuch der Europäischen Aktiengesellschaft, Rn. 4134; vgl. *Reichert/Brandes*, MüKo-AktG, SE-VO, Art. 38 Rn. 4.

295 Verordnung (EG) Nr. 2157/2001 des Rates vom 08.10.2001 über das Statut der Europäischen Gesellschaft (SE), ABl. L 294, 1.

296 Gesetz zur Ausführung der Verordnung (EG) Nr. 2157/2001 des Rates vom 01.10.2001 über das Statut der Europäischen Gesellschaft (ABl. L 294, 1) in der Fassung vom 10.05.2016, BGBl. I S. 3675.

297 Vgl. *Giedinghagen*, in: Müller/Rödder, Beck'sches Handbuch der AG, § 19 Rn. 7 ff.; vgl. *Kalss/Klampfl*, in: Dauses/Ludwigs, Handbuch des EU-Wirtschaftsrechts, E. III., Rn. 574.

Rechtsvergleich mit dem britischen monistischen System anschließt, beziehen sich die folgenden Ausführungen überwiegend auf die Besonderheiten der Regelungen in Großbritannien.

a) Der Verwaltungsrat (board)

Das monistische System sieht – ebenso wie das dualistische Pendant – eine Hauptversammlung vor. Die Leitung, Geschäftsführung und Überwachung der Gesellschaft ist auf den Verwaltungsrat konzentriert.[298] Einen Aufsichtsrat gibt es daneben nicht. Wenngleich das monistische System sämtliche Aufgaben auf ein *board* vereint, sieht es gleichfalls die Trennung von Geschäftsführungs- und Überwachungsaufgaben vor. Die Ausführung obliegt den geschäftsführenden *(executive directors)* und den nicht geschäftsführenden Direktoren *(non-executive directors)*.[299] Die folgenden Ausführungen gehen bei den *non-executive directors* mehr in die Tiefe als bei den *executive directors*, da erstere das Pendant zum deutschen Aufsichtsrat darstellen. Dies ist dahingehend interessant, weil es schließlich der Aufsichtsrat ist, der die Gespräche mit den Investoren über aufsichtsratsspezifische Themen in Deutschland führen soll.

aa) Executive directors

Der Companies Act 2006[300] schreibt nicht vor, wer die *executive directors* ernennt, weshalb üblicherweise die Satzung der Gesellschaft dahingehende Bestimmungen enthält.[301] Beinhaltet die Satzung keine Regelungen, ernennen die Mitglieder der Gesellschaft die *executive directors*.[302] In der Praxis erfolgt die Bestellung der *executive directors* durch das *board*.[303] Bei dem Bestellungsprozess

---

298 Vgl. *Eberspächer*, in: Spindler/Stilz, AktG, SE-VO, Art. 38, Rn. 4; vgl. *Rockstroh*, BB 2012, 1620 f.; *Teichmann*, BB 2004, 53.

299 *Servatius*, in: Henssler/Strohn, Internationales Gesellschaftsrecht, 3. Das monistische System, Rn. 298 ff., vgl. *Rockstroh*, BB 2012, 1620; *Teichmann*, BB 2004, 53 f.

300 Companies Act 2006 (CA 2006), https://www.legislation.gov.uk/ukpga/2006/46/contents (zuletzt aufgerufen am 25.11.2020).

301 *Hannigan*, Company Laleischer, in: Spindler/ Stilz, AktG, § 7w, S. 97; *Mayson, French & Ryan*, Company Law, S. 410.

302 Woolf v East Nigel Gold Mining Co Ltd (1905) 21 TLR 660; Harman v Energy Research Group Australia Ltd [1986] WAR 123, siehe hierzu *Mayson, French & Ryan*, Company Law, S. 415.

303 *Boyd*, Ethics and Corporate Governance: The Issues Raised by the Cadbury Report in the United Kingdom Colin Boyd, S. 168; vgl. *Lutter/Kollmorgen/Feldhaus*, BB 2007, 509, 510; vgl. *Reichert/Brandes*, in: Müko-AktG, SE-VO, Art. 38, Rn. 4; vgl. *Teichmann*, BB 2004, 53, 55.

haben die *non-executive directors* laut der Provision 13 UKCGC[304] eine tragende Rolle inne:

> „*non-executive directors have a prime role in appointing and removing executive directors.*" (*non-executive directors* haben bei der Bestellung und Abbestellung von *executive directors* eine tragende Rolle).

Weiterhin sieht Principle F UKCGC vor, dass die *executive directors* zusammen mit den *non-executive directors* mit der Geschäftsführung betraut sind und dem *board* ein Vorsitzender vorsteht.

> „*The chair leads the board and is responsible for its overall effectiveness in directing the company.*"
> (Der Vorsitzende steht dem *board* vor und ist für seine Effektivität beim Leiten des Unternehmens verantwortlich).

Wenngleich die *executive directors* im Innenverhältnis weisungsgebunden sind, ist ihre Vertretungsmacht im Außenverhältnis unbeschränkbar.[305] Ihre Handlungen sind deshalb rechtswirksam – ohne entsprechende Vertretungsmacht machen sie sich jedoch gegebenenfalls schadensersatzpflichtig.[306]

bb) Non-executive directors

Die *non-executive directors* haben eine Doppelfunktion: Sie überwachen das operative Geschäft und gelten deshalb als Pendant zum deutschen Aufsichtsrat. Allerdings erfüllen sie hinsichtlich der Leitung der Gesellschaft die Funktion eines Vorstands.[307] Dies ist der grundlegende Systemunterschied: Die *non-executive directors* sind nicht wie die deutschen Aufsichtsratsmitglieder auf ihre Überwachungsfunktion beschränkt. Sie müssen sich auch für die Geschäftsführung und Leitung der Gesellschaft verantworten. Ihre Überwachungsfunktion ist in Provision 13 UKCGC verankert:

---

304 United Kingdom Corporate Governance Code (UKCGC), https://www.frc.org.uk/getattachment/88bd8c45-50ea-4841-95b0-d2f4f48069a2/2018-UK-Corporate-Governance-Code-FINAL.PDF (zuletzt aufgerufen am 25.11.2020).

305 Cameron's Coalbrook Steam Coal, and Swansea and Lougher Railway Co, Bennet's Case (1854) 5 De G M & G 284, S. 298, siehe hierzu *Mayson, French & Ryan*, Company Law, S. 465.

306 Foss v Harbottle (1843) 2 Hare 461, siehe hierzu *Mayson, French & Ryan*, Company Law, S. 551; Vgl. *Ihrig*, ZGR 2008, 809, 818; vgl. *Rockstroh*, BB 2012, 1620 f.; *Teichmann*, BB 2004, 53 f.

307 Vgl. *Servatius*, in: Henssler/Strohn, Internationales Gesellschaftsrecht, 4. Das monistische System, Rn. 305; vgl. *Rockstroh*, BB 2012, 1620 f.

> *„Non-executive directors should scrutinise and hold to account the performance of management and individual executive directors against agreed performance objectives. The chair should hold meetings with the non-executive directors without the executive directors present."*
> (*Non-executive directors* sollten die Leistung des Managements und der einzelnen *executive directors* anhand der vereinbarten Leistungsziele prüfen und diese zur Rechenschaft ziehen. Der Vorsitzende sollte mit den *non-executive directors* Treffen abhalten, ohne dass die *executive directors* anwesend sind.)

Im Konfliktfall haben die *non-executive directors* die Möglichkeit, den *executive directors* Weisungen zu erteilen oder die jeweiligen Geschäftsführungsmaßnahmen an sich zu ziehen.[308]

(1) Anteil der non-executive directors *im* board

Das *board* muss laut Principle G UKCGC in einem ausgewogenen Verhältnis aus *executive* und *non-executive directors* bestehen. Hintergrund ist, dass keine kleine Gruppe von Individuen die Entscheidungshoheit an sich reißen soll.[309] Principle G UKCGC sieht weiterhin vor, dass die Leitung und die Geschäftsführung des *boards* strikt voneinander getrennt sind:

> *„The board should include an appropriate combination of executive and non-executive (and, in particular, independent non-executive) directors, such that no one individual or small group of individuals dominates the board's decision-making. There should be a clear division of responsibilities between the leadership of the board and the executive leadership of the company's business."*
> (Das *board* sollte aus einer angemessenen Mischung aus *executive* und *non-executive directors* (und, insbesondere, unabhängigen *non-executive directors*) bestehen, sodass kein Individuum oder eine kleine Gruppe von Individuen die Entscheidungsfindung im *board* dominiert. Es sollte eine klare Aufteilung der Zuständigkeiten zwischen der Leitung des *boards* und der Geschäftsführung des Unternehmens geben).

Provision 11 UKCGC sieht vor, dass mindestens die Hälfte der *non-executive directors* unabhängig ist.

> *„At least half the board, excluding the chair, should be non-executive directors whom the board considers to be independent."*
> (Zumindest die Hälfte des *boards*, abgesehen vom Vorsitzenden, sollte aus *non-executive directors* bestehen, die das *board* als unabhängig einstuft).[310]

---

308 Vgl. *Eberspächer*, in: Spindler/Stilz, AktG, SE-VO, Art. 38 Rn. 20 f.; vgl. *Rockstroh*, BB 2012, 1620 f.

309 *Hannigan*, Company Law, S. 131; *Jalilvand/Malliaris*, Risk Management and Corporate Governance, S. 31.

310 *Hannigan*, Company Law, S. 137; *Mayson, French & Ryan*, Company Law, S. 345.

Als absolute Untergrenze sind in den Ausschüssen nach Provision 24 UKCGC drei unabhängige *non-executive directors* zu wählen, bei kleineren Unternehmen sind auch zwei *non-executive directors* erlaubt.[311]

> *„The board should establish an audit committee of independent non-executive directors, with a minimum membership of three, or in the case of smaller companies, two."*
> (Das *board* sollte einen Prüfungsausschuss mit unabhängigen *non-executive directors* einrichten, mit einer Anzahl von mindestens drei, oder in kleineren Unternehmen mindestens zwei Mitgliedern).

Provision 32 UKCGC sieht beim Vergütungsausschuss eine Mindestgrenze von zwei *directors* vor:

> *„The board should establish a remuneration committee of independent non-executive directors, with a minimum membership of three, or in the case of smaller companies, two."*
> (Das *board* sollte einen Vergütungsausschuss mit unabhängigen *non-executive directors* einrichten, mit einer Anzahl von mindestens drei, oder in kleineren Unternehmen mindestens zwei Mitgliedern).

(2) Definition der Unabhängigkeit

Die Bezeichnung *non-executive* bedeutet „nicht geschäftsführend". *Non-executive directors* sollten unabhängig sein: Ausgeschlossen sind sämtliche Tätigkeiten, die die unabhängige Stellung der *non-executive directors* negativ beeinflussen.[312] Zudem sollen *non-executive directors* nach Principle H UKCGC ausreichend Zeit haben, um ihren Verpflichtungen nachzukommen:

> *„Non-executive directors should have sufficient time to meet their board responsibilities. They should provide constructive challenge, strategic guidance, offer specialist advice and hold management to account."*
> (*Non-executive directors* sollten ausreichend Zeit haben, um ihren Verpflichtungen im *board* nachzukommen. Sie sollten konstruktiv herausfordern und strategische Orientierungshilfen bieten, eine fachkundige Beratung anbieten und das Management zur Verantwortung ziehen).[313]

---

311 *Mayson, French & Ryan*, Company Law, S. 409; *Servatius*, in: Henssler/Strohn, Rn. 303.

312 Vgl. *Hoffmann-Becking*, NZG 2014, 801, 805; vgl. *Kremer/v. Werder*, AG 2013, 340; vgl. *Lieder*, NZG 2005, 569 f.; Näher dazu noch Kapitel 5 A. I. 1. a) bb) (1) Bewertungskriterien für eine Unabhängigkeit.

313 *Hannigan*, Company Law, S. 138; *Mallin*, Corporate Governance, S. 215.

(3) *Feststellung der Unabhängigkeit*

Ob ein *executive director* unabhängig ist, stellt das *board* nach Provision 10 UKCGC in seinem Jahresbericht fest:

> „*The board should identify in the annual report each non-executive director it considers to be independent.*"
> (Das *board* sollte in seinem Jahresbericht jeden *non-executive director* auflisten, den es als unabhängig betrachtet).[314]

Provision 10 UKCGC stellt zahlreiche Anhaltspunkte auf, die darauf hindeuten, ob ein *director* unabhängig ist oder nicht. Diese fließen bei der Beurteilung der Unabhängigkeit in den Jahresbericht ein:

> „*Circumstances which are likely to impair, or could appear to impair, a non-executive director's independence include, but are not limited to, whether a director: [...] Where any of these or other relevant circumstances apply, and the board nonetheless considers that the non-executive director is independent, a clear explanation should be provided.*"
> (Die folgenden – nicht abschließenden – Umstände sind wahrscheinlich dazu geeignet, oder könnten dazu geeignet sein, die unabhängige Stellung eines *non-executive directors* zu beeinträchtigen: [...] Liegt einer dieser oder liegen andere relevante Umstände vor, und das *board* entscheidet dennoch, dass ein *non-executive director* unabhängig ist, sollte eine klare Erklärung bereitgestellt werden).

(4) *Bewertungskriterien für eine Unabhängigkeit*

Die maßgeblichen Fragen, die Provision 10 UKCGC zur Feststellung einer unabhängigen Position aufwirft, sind die folgenden:

> „*Circumstances which are likely to impair, or could appear to impair, a non-executive director's independence include, but are not limited to, whether a director:*"
> (Die folgenden – nicht abschließenden – Umstände sind wahrscheinlich dazu geeignet, oder könnten dazu geeignet sein, die unabhängige Stellung eines *non-executive directors* zu beeinträchtigen.)
> „• *is or has been an employee of the company or group within the last five years;*"
> (der *director* ist oder war innerhalb der letzten fünf Jahren ein Angestellter des Unternehmens oder der Unternehmensgruppe;)
> „• *has, or has had within the last three years, a material business relationship with the company, either directly or as a partner, shareholder, director or senior employee of a body that has such a body relationship with the company;*"

---

314 *Dignam*, Hicks & Goo's Cases & Materials on Company Law, S. 258.; *Kershaw*, Company Law in Context, S. 258; *Plessis/Hargovan/Bagaric/Harris*, Principles of Contemporary Corporate Governance, 4.4.2.

(der *director* hat oder hatte innerhalb den letzten drei Jahren eine wirtschaftliche Verbindung mit dem Unternehmen, entweder direkt oder als Partner, Aktionär, *director* oder leitender Angestellter einer Gruppe, die eine solche Verbindung mit der Firma hatte;)
„• *has received or receives additional remuneration from the company apart from a director's fee, participates in the company's share option or a performance-related pay scheme, or is a member of the company's pension scheme;*"
(der *director* erhält oder erhielt eine zusätzliche Vergütung von dem Unternehmen, abseits von einer Management-Vergütung, einer Aktienoption im Unternehmen oder einer leistungsabhängigen Vergütung, oder er ist Mitglied der betrieblichen Altersvorsorge des Unternehmens;)
„• *has close family ties with any of the company's advisers, directors or senior employees;*"
(der *director* hat enge Familienbande zu einem der Berater des Unternehmens, zu einem der *directors* oder einem der leitenden Angestellten;)
„• *holds cross-directorships or has significant links with other directors through involvement in other companies or bodies;*"
(der *director* besetzt mehrere Stellen als *director* (in verschiedenen Firmen) oder hat relevante Verbindungen zu anderen *directors* durch die Mitwirkung in anderen Unternehmen oder Gremien;)
„• *represents a significant shareholder; or*"
(der *director* repräsentiert einen bedeutenden Aktionär;)
„• *has served on the board for more than nine years from the date of their first appointment.*"
(der *director* diente im *board* für mehr als neun Jahre ab dem Datum seiner ersten Ernennung).[315]

Der Wortlaut der Provision 10 UKCGC stellt klar, dass es sich bei den oben aufgeworfenen Fragen nur um Beispiele handelt, nicht aber um eine abschließende Aufzählung. Liegt eines dieser Beispiele vor, ist eine Erklärung notwendig, warum der *director* dennoch unabhängig ist.[316]

(5) Wahl

Die Wahl der *executive* und der *non-executive directors* ist unter anderem im Companies Act 2006 geregelt. Dort finden sich die ausschlaggebenden Bestimmungen in „Part 10, A company's directors, Chapter 1: Appointment and removal of directors". Viel interessanter ist jedoch, über welche Gremien die Wahl der *directors* erfolgt. Entsprechende Regelungen finden sich in den Provisionen 17 und 18 CA 2006:

---

315 *Hannigan*, Company Law, S. 137; *Mayson, French & Ryan*, Company Law, S. 345.
316 *Hannigan*, Company Law, S. 137; *Mayson, French & Ryan*, Company Law, S. 345.

„The board should establish a nomination committee to lead the process for appointments, ensure plans are in place for orderly succession to both the board and senior management positions, and oversee the development of a diverse pipeline for succession. A majority of members of the committee should be independent non-executive directors. The chair of the board should not chair the committee when it is dealing with the appointment of their successor.“
(Das *board* sollte einen Wahlausschuss einrichten, der den Ernennungsprozess leitet und sicherstellt, dass es Pläne für eine ordnungsgemäße Nachfolge des *boards* und der Führungspositionen gibt, und für die Entwicklung von breit diversifizierten Nachwuchswegen sorgt. Eine Mehrheit der Mitglieder des Ausschusses sollte aus unabhängigen *non-executive directors* bestehen. Der Vorsitzende des *boards* sollte nicht der Vorsitzende des Ausschusses sein, wenn sich dieses mit der Ernennung seines Nachfolgers befasst).[317]
„All directors should be subject to annual re-election. The board should set out in the papers accompanying the resolutions to elect each director the specific reasons why their contribution is, and continues to be, important to the company's long-term sustainable success.“
(Alle *directors* sollten jährlichen Neuwahlen unterliegen. Das *board* sollte in den Unterlagen, die die Wiederwahl betreffen, die genauen Gründe auflisten, warum ihr Beitrag für den langfristigen nachhaltigen Erfolg des Unternehmens wichtig ist und bleibt).[318]

(6) Senior independent director

Das britische *board*-System sieht neben den unabhängigen *non-executive directors* einen *senior independent director* vor, der mit dem deutschen Aufsichtsratsvorsitzenden vergleichbar ist. Die maßgebliche Regelung findet sich in Provision 12 UKCGC:

„The board should appoint one of the independent non-executive directors to be the senior independent director to provide a sounding board for the chair and serve as an intermediary for the other directors and shareholders. Led by the senior independent director, the non-executive directors should meet without the chair present at least annually to appraise the chair's performance, and on other occasions as necessary.“
(Das *board* sollte einen der unabhängigen *non-executive directors* zum *senior independent director* ernennen, um ein stimmiges *board* für den Vorsitzenden zu schaffen und als Vermittler für die anderen *directors* und Aktionäre zu dienen. Die *non-executive directors* sollten sich unter der Führung des *senior independent director* ohne den

---

317 *Kershaw*, Company Law in Context, S. 264; *Mallin*, Corporate Governance, S. 238; *Mayson, French & Ryan*, Company Law, S. 139.

318 *Dignam*, Hicks & Goo's Cases and Materials on Company Law, S. 259; *Mäntysaari*, Comparative Corporate Governance, S. 408

Vorsitzenden (des *boards*) zumindest jährlich treffen, um die Leistung des Vorsitzenden zu bewerten, und bei Bedarf auch für andere Anlässe).[319]

(7) Mitbestimmung der Arbeitnehmer

In Großbritannien gibt es keine Mitbestimmung von Arbeitnehmern in Unternehmen, zumindest nicht dahingehend, dass sie ein gesetzliches verankertes Recht haben, im *board* repräsentiert zu sein.[320] Deshalb ist es hier nicht möglich, rechtsvergleichende Erkenntnisse für Investorendialoge in Deutschland zu gewinnen. Im Kapitel zur Mitbestimmung wurde aber ausreichend darauf eingegangen.[321] Dort legten die Erkenntnisse nahe, dass es sinnvoll ist, einen Vertreter der Arbeitnehmerseite in Investorendialoge einzubeziehen, soweit dieser daran interessiert ist.

cc) Allgemeine Pflichten von directors

Die allgemeinen Pflichten von *executive-* und *non-executive directors* legt Part 10, Chapter 2 des Companies Act 2006 fest.

(1) Geltungsbereich

In Section 170 CA 2006 findet sich der erste Hinweis darauf, wen die allgemeinen Treuepflichten betreffen und wem sie geschuldet sind:

> „*(1) The general duties specified in sections 171 to 177 are owed by a director of a company to the company.*
> *(2) A person who ceases to be a director continues to be subject—*
> *(a) to the duty in section 175 (duty to avoid conflicts of interest) as regards the exploitation of any property, information or opportunity of which he became aware at a time when he was a director, and*
> *(b) to the duty in section 176 (duty not to accept benefits from third parties) as regards things done or omitted by him before he ceased to be a director.*
> *To that extent those duties apply to a former director as to a director, subject to any necessary adaptations.*"

---

319 *Dunne/Morris*, Non-executive Director's Handbook, S. 185; *Hannigan*, Company Law, S. 133.

320 *Lange*, Die Mitbestimmung in einer deutsch-britischen europäischen Aktiengesellschaft, S. 29; vgl. *Lutter/Krieger/Verse*, Rechte und Pflichten des Aufsichtsrats, Rn. 1; *Naber/Sittard*, MüKo-ArbR, Unternehmensmitbestimmung und Europa – Rechtsgrundlagen und Entwicklungen, § 383 Rn. 3.

321 Vgl. Kapitel 4, F.

[(1) Die in den Sections 171 bis 177 genannten allgemeinen Pflichten schuldet ein *director* eines Unternehmens seinem Unternehmen.
(2) Eine Person, die kein *director* mehr ist, unterliegt weiterhin der Pflicht –
(a) in Section 175 (Pflicht zur Vermeidung von Interessenkonflikten), bezugnehmend auf die Nutzung von Eigentum, Informationen oder Möglichkeiten, die er zu einem Zeitpunkt erhielt, als er *director* war, und
(b) in Section 176 (Pflicht, keine Leistungen von Dritten anzunehmen), wenn sie in Verbindung zu Tätigkeiten stehen, die er vornahm oder unterließ, bevor er seine Tätigkeit als *director* beendete.
Insoweit unterliegt ein ehemaliger *director* den gleichen Pflichten wie ein aktueller *director*, vorbehaltlich aller erforderlichen Anpassungen.]

Section 170 verdeutlicht, dass einige der allgemeinen Treuepflichten sowohl für aktuelle als auch für frühere *directors* gelten.[322] Außerdem bezieht sich der Abschnitt von seinem Wortlaut her sowohl auf *executive-* als auch auf *non-executive directors*. Dies ist im gesamten CA 2006 zu erkennen. Die Unterscheidung zwischen *executive und non-executive directors* findet lediglich im UKCGC statt.[323]

(2) Allgemeine Pflichten

Die Sections 171 bis 177 CA 2006 beziehen sich auf die allgemeinen Pflichten von Direktoren im britischen monistischen System. Der Einfachheit halber, und weil der Umfang zu immens wäre, schneiden die folgenden Ausführungen lediglich die Überschriften an. Die Abschnitte, die sich auf die allgemeinen Pflichten von *directors* beziehen, tragen die folgenden Überschriften:

„171. Duty to act within powers
172. Duty to promote the success of the company
173. Duty to exercise independent judgment
174. Duty to exercise reasonable care, skill and diligence
175. Duty to avoid conflicts of interest
176. Duty not to accept benefits from third parties
177. Duty to declare interest in proposed transaction or arrangement“
(171. Pflicht, innerhalb der Befugnisse zu handeln
172. Pflicht, den Unternehmenserfolg zu fördern
173. Pflicht, unabhängig zu urteilen

---

322 *Sheikh*, A Guide To The Companies Act 2006, Rn. 9.12; *Sime*, Company Law in Practice, Rn. 7.3.2.

323 *Gerner-Beuerle/Schillig*, Comparative Company Law, S. 319; *Kershaw*, Company Law in Context, S. 252; *Mayson, French & Ryan*, Company Law, S. 344; *Okoye*, Behavioural Risks in Corporate Governance, S. 212; *Roach*, Card & James Business Law, S. 552.

174. Pflicht, angemessene Achtsamkeit, Sachkunde und Sorgfalt anzuwenden
175. Pflicht, Interessenkonflikte zu vermeiden
176. Pflicht, keine Vorteile von Dritten anzunehmen
177. Pflicht, ein Interesse an geplanten Transaktionen oder Vereinbarungen offenzulegen.)

Die Überschriften deuten bereits an, dass die Sorgfalts- und Treuepflichten der *executive-* und *non-executive directors* stark denen deutscher Vorstände und Aufsichtsräte ähneln. Jede der genannten Pflichten besteht, wenn auch teilweise leicht abgewandelt, im deutschen Recht. Dazu gehören zum Beispiel:

- §§ 93 I S. 1, 116 S. 1 AktG (Sorgfaltspflicht und Verantwortlichkeit der Vorstandsmitglieder und Aufsichtsratsmitglieder)
- §§ 111a ff. AktG (Geschäfte mit nahestehenden Personen)
- Grundsatz 19, Empfehlungen E.1-E.3 DCGK (Interessenkonflikte)
- Empfehlung D.3 DCGK (Effizienzprüfung)

dd) Bestellung und Abberufung von directors

Die Bestellung und Abberufung von *directors* im britischen monistischen System regelt Part 10, Chapter 1 CA 2006. Interessant sind hier insbesondere die Sections 160 und 168 sowie 227 CA 2006.

„160. Appointment of directors of public company to be voted on individually
168. Resolution to remove director
227. Directors' service contracts"
(160. Bestellung von *directors* öffentlicher Gesellschaften, über die individuell abgestimmt wird
168. Beschluss, einen *director* abzuberufen
227. Der Anstellungsvertrag von *directors*)

Hier ist erkennbar, dass das monistische System bezüglich der Einstellung von *directors* ähnlich wie das deutsche System funktioniert. *Directors* werden, sofern der Gesellschaftsvertrag keine abweichende Regelungen trifft, durch eine Abstimmung auf der Hauptversammlung in einem organschaftlichen Akt bestellt[324], durch einen Anstellungsvertrag angestellt[325] und durch einen

324 Woolf v East Nigel Gold Mining Co Ltd (1905) 21 TLR 660; Harman v Energy Research Group Australia Ltd [1986] WAR 123, siehe hierzu *Mayson, French & Ryan*, Company Law, S. 415; *Stöber*, GmbHR 2006, 746 f.

325 *Hannigan*, Company Law, S. 263; *Mayson, French & Ryan*, Company Law, S. 439; *Sime*, Company Law in Practice, S. 88; *Stöber*, GmbHR 2006, 746 ff.

Beschluss abberufen.[326] Die entsprechenden deutschen Regelungen für Aufsichtsratsmitglieder finden sich in den §§ 101 und 103 AktG. Ein Unterschied liegt darin, dass der Aufsichtsrat nach § 84 AktG den Vorstand bestellt.[327]

b) Abgrenzung zur dualistischen Unternehmensverfassung

Das dualistische System bietet den Vorteil, dass die Überwachung der Gesellschaft institutionell von ihrer Führung getrennt ist und der Aufsichtsrat deshalb sehr unabhängig ist.[328] Dem monistischen System werden eine größere Sachnähe der überwachenden Mitglieder und ein besserer Informationsfluss nachgesagt.[329] Die monistische Unternehmensverfassung weist grundlegende strukturelle Unterschiede zur dualistischen Unternehmensverfassung auf. Dies ist insbesondere dem Umstand geschuldet, dass die Überwachung der Geschäftsleitung beim monistischen System nicht institutionell getrennt ist.

II. Rechtsvergleich der Kodizes

Auf internationaler Ebene existiert kein einheitliches Governancesystem für börsennotierte Gesellschaften. Mit dem dualistischen und monistischen System stehen sich vielmehr zwei Unternehmensverfassungen gegenüber, die strukturelle Unterschiede aufweisen. Insoweit ist fraglich, ob ein Rechtsvergleich des DCGK und des UKCGK überhaupt möglich ist.

1. Deutliche Annäherung der Unternehmensverfassungen

Der gravierendste Unterschied der beiden Unternehmensverfassungen liegt darin, dass die Überwachung der Gesellschaft beim dualistischen System institutionell getrennt ist, beim monistischen System aber weiterhin in einem *board* verankert ist. In den vergangenen Jahren näherten sich die beiden Unternehmensverfassungen jedoch stark an. Abzustellen ist einerseits auf die Professionalisierung deutscher Aufsichtsräte, die im Zuge der Governance-Bewegung

---

326 *Mayson, French & Ryan*, Company Law, S. 417 f.; *Stöber*, GmbHR 2006, 746, 748 f.

327 *Fleischer*, in: Spindler/Stilz, AktG, § 84 Rn. 1 ff.; *Vedder*, in: Grigoleit, AktG, § 84 Rn. 1 ff.; *Weber*, in: Hölters, AktG, § 84 Rn. 1 ff.

328 Vgl. *Hoffmann-Becking*, NZG 2014, 801 ff; vgl. *Eberspächer*, in: Spindler/Stilz, AktG, SE-VO, Art. 38 Rn. 4; *Paschos/Goslar*, NZG 2012, 1361 ff.

329 *Davies*, ZGR 2001, 268, 284; *Merkt*, ZGR 2003, 650, 669; *Schiessl*, ZHR 167 (2003) 235, 241 f.

erfolgte.[330] Andererseits erfuhren auch die angelsächsischen *boards* eine Annäherung an das deutsche dualistische System: Sie sind mittlerweile mit einer hohen Anzahl von *non-executive directors* besetzt. Es existiert zwar weiterhin keine institutionelle Trennung von Geschäftsführung und Überwachung, aber nach Principle G UKCGC dennoch eine organisatorische Trennung innerhalb des *boards*:

> *„The board should include an appropriate combination of executive and non-executive (and, in particular, independent non-executive) directors, such that no one individual or small group of individuals dominates the board's decision-making. There should be a clear division of responsibilities between the leadership of the board and the executive leadership of the company's business."*
> (Das *board* sollte aus einer angemessenen Mischung aus *executive* und *non-executive directors* (und, insbesondere, unabhängigen *non-executive directors*) bestehen, sodass kein Individuum oder eine kleine Gruppe von Individuen die Entscheidungsfindung im *board* dominiert. Es sollte eine klare Aufteilung der Zuständigkeiten zwischen der Leitung des *boards* und der Geschäftsführung des Unternehmens geben).[331]

2. Verwässerung des monistischen Systems

Im UK setzten nach der Veröffentlichung des Cadbury Committee-Berichts umfangreiche Corporate Governance-Reformen ein, die das monistische System stärker an das dualistische System anpassten. Die Rolle der *non-executive directors* wurde zunehmend gestärkt. Abseits der zumindest formell einheitlichen Struktur monistischer Systeme gibt es Stimmen, die die monistische Unternehmensverfassung im UK mittlerweile zu einer Art „quasi-dualistischem System" verwässert sehen.[332]

3. Stellungnahme: Möglichkeit eines Rechtsvergleichs

Die obigen Entwicklungen verdeutlichen, dass sich die dualistische und monistische Unternehmensverfassung zunehmend ähnelt. Vor dem Hintergrund der

---

330 *Becker/Werder*, AG 2016, 761, 763; *Hommelhoff*, ZGR 2001, 238 ff.; *Rubner/Fischer*, NZG 2015, 782 ff.

331 *Gerner-Beuerle/Schillig*, Comparative Company Law, S. 308; *Servatius*, in: Henssler/Strohn, Internationales Gesellschaftsrecht, 4. Das monistische System, Rn. 303; *Thomsen/Conyon*, Corporate Governance and Board Decisions, S. 149.

332 *Davies*, Board Structure in the UK and Germany: Convergence or Continuing Divergence? S. 2; *Teichmann*, BB 2004, 53 f.

Annäherung der beiden Unternehmensverfassungen ist ein Rechtsvergleich des DCGK und des UKCGK durchaus möglich. Die verbleibenden Unterschiede sind überwiegend institutioneller Natur und rechtfertigen die Ablehnung einer rechtsvergleichenden Vorgehensweise nicht.

B. Historische Entwicklung der UK Corporate Governance

Die Ausgestaltung von Investorendialogen in Großbritannien ist nur nachvollziehbar, wenn ihre historische Einführung bekannt ist. Die Entwicklung der Corporate Governance fußt – wie so oft – auf der Erkenntnis, dass die Praxis eine Notwendigkeit dafür sieht. Die Debatte über gute Corporate Governance resultierte aus Finanzkrisen und den Erfahrungen mit schlechter Corporate Governance und einem Fehlverhalten, das zu schlechten Renditen für viele Aktionäre führte.[333]

I. Der *Cadbury Report*

Im Mai 1991 gründete sich das *Committee on the Financial Aspects of Corporate Governance*, an dessen Gründung auch die britische Börse beteiligt war.[334] Das Komitee veröffentlichte einen Bericht[335] und präsentierte darin eine Reihe von Grundsätzen für eine gute Unternehmensführung, die die Londoner Börse in ihre *Listing Rules* aufnahm. Der erste Bericht wurde nach dem Vorsitzenden des damaligen Komitees benannt: Sir *Adrian Cadbury*. Der *Cadbury Report* führte erstmalig das *comply or explain*-Prinzip ein[336] und empfahl die folgenden drei Grundsätze:

1. „*The CEO and Chairman of companies should be separated*".[337]

---

333 *Fernando*, Corporate Governance: Principles, Policies and Practices, S. 20; *Solomon*, Corporate Governance and Accountability, S. 52; vgl. UKCGC, Introduction.

334 *Hannigan*, Company Law, S. 125; *Mayson, French & Ryan*, Company Law, S. 343; *Solomon*, Corporate Governance and Accountability, S. 54.

335 Report of the Committee on the Financial Aspects of Corporate Governance (Cadbury Report), https://ecgi.global/sites/default/files/codes/documents/cadbury.pdf (zuletzt aufgerufen am 15.08.2020).

336 *Fernando*, Corporate Governance: Principles, Policies and Practices, S. 20; *Hannigan*, Company Law, S. 125; *Solomon*, Corporate Governance and Accountability, S. 54.

337 Cadbury Report, Rn. 4.9.

(Der Geschäftsführer und der Vorsitzende von Unternehmen sollten nicht ein und dieselbe Person sein)

2. *„boards should have at least three non-executive directors, two of whom should have no financial of personal ties to executives“*.[338]
(*boards* sollten zumindest drei *non-executive directors* haben, zwei von ihnen sollten keine finanziellen oder persönlichen Verbindungen zu den Führungskräften haben)
3. *„each board should have an audit committee composed of non-executive directors“*.[339]
(Jedes *board* sollte einen Prüfungsausschuss haben, bestehend aus *non-executive directors*)

So legten die „Gründerväter“ des UKCGC bei seiner Schaffung ein besonderes Augenmerk auf die Stärkung einer unabhängigen Überwachung.

II. Das *Greenbury Committee*

Der britische Industrieverband (*Confederation of British Industry*) gründete im Jahr 1994 das *Greenbury Committee*[340], das den *Greenbury Report* veröffentlichte.[341] Damit reagierte der Verband auf die steigenden Gehälter für Manager und leitende Angestellte. Die wichtigste Forderung des Komitees lag darin, dass sich der Vergütungsausschuss aus *non-executive directors* zusammensetzen sollte. Die Vergütung der *executive directors* sollte offengelegt und durch die Aktionäre genehmigt werden. Das Komitee förderte eine leistungsorientierte Vergütung. Diese sollte hoch genug sein, um die besten Talente anzuziehen, dabei aber nicht aus dem Rahmen fallen.[342]

---

338 Cadbury Report, Rn. 4.11.

339 Cadbury Report, Rn. 4.35 b).

340 *Aras/Crowther*, Culture and Corporate Governance, S. 19; *Cadbury*, Corporate Governance and Chairmanship: A Personal View, S. 2; *Fernando*, Corporate Governance: Principles, Policies and Practices, S. 79 f.; *Solomon*, Corporate Governance and Accountability, S. 54 f.; *Wearing/Wearing*, Cases in Corporate Governance, S. 20.

341 Directors' Remuneration, Report of a Study Group chaired by Sir Richard Greenbury (Greenbury Report), https://ecgi.global/download/file/fid/9446 (zuletzt aufgerufen am 15.08.2020).

342 Vgl. *FRC*, History of the UK Corporate Governance Code, https://www.frc.org.uk/directors/corporate-governance-and-stewardship/uk-corporate-governance-code/history-of-the-uk-corporate-governance-code (zuletzt aufgerufen am 15.08.2020); *Cadbury*, Corporate Governance and Chairmanship: A Personal View, S. 2; *Fernando*,

III. Das *Hampel Committee*

Das *Hampel Committee* gründete sich im Jahr 1998. Das Gremium überprüfte, inwieweit die objektiven Kriterien des *Cadbury-* und *Greenbury Reports* umgesetzt wurden.[343] Der *Hampel Report*[344] beinhaltete den *Combined Code on Corporate Governance* (*the Combined Code*),[345] der sich auf alle börsennotierten Unternehmen bezog. Der *Combined Code* sah insbesondere vor, dass Investoren ihre Eigentümerrechte aktiv ausüben sollten – auch wenn diese eine verpflichtende Ausübung ihrer Eigentümerrechte überwiegend ablehnten.[346]

IV. Das *Turnbull Committee*

Das *Turnbull Committee* gründete sich im Jahr 1999. Es versuchte, die Umsetzung des *Combined Code* zu gewährleisten, indem es im *Turnbull Report*[347] Richtlinien veröffentlichte. Diese Richtlinien empfahlen börsennotierten Gesellschaften, ein internes Kontrollsystem zu schaffen und dessen Effektivität jährlich zu überprüfen. [348]

Corporate Governance: Principles, Policies and Practices, S. 79 f.; *Wearing/Wearing*, Cases in Corporate Governance, S. 20.

343 *Cadbury*, Corporate Governance and Chairmanship: A Personal View, S. 16; *Calder*, Corporate Governance: A Practical Guide to the Legal Frameworks and International Codes of Practice, S. 40; *Fernando*, Corporate Governance: Principles, Policies and Practices, S. 80.

344 Committee on Corporate Governance, Final Report (Hampel Report), https://ecgi.global/sites/default/files/codes/documents/hampel.pdf (zuletzt aufgerufen am 15.08.2020).

345 The Combined Code, https://ecgi.global/sites/default/files/codes/documents/combined_code_final.pdf (zuletzt aufgerufen am 15.08.2020).

346 *Calder*, Corporate Governance: A Practical Guide to the Legal Frameworks and International Codes of Practice, S. 40; *Fernando*, Corporate Governance: Principles, Policies and Practices, S. 80 f.

347 Internal Control: Guidance for Directors on the Combined Code (Turnbull Report), https://ecgi.global/sites/default/files//codes/documents/turnbul.pdf (zuletzt aufgerufen am 15.08.2020).

348 *Cadbury*, Corporate Governance and Chairmanship: A Personal View, S. 27; *Solomon*, Corporate Governance and Accountability, S. 60.

V. Der *Higgs Report*

Die britische Regierung setzte im Jahr 2003 Sir *Derek Higgs* ein, um die Rolle unabhängiger *directors* (*independent directors*) und der Prüfungsausschüsse (*audit committees*) zu stärken.[349] Der *Higgs Report*[350] veröffentlichte die folgenden Empfehlungen:

- *Die Hälfte des boards sollte mit non-executive directors besetzt sein.*[351]
- *Die non-executive directors sollten sich mindestens jährlich isoliert treffen, um die Performance der Gesellschaft zu besprechen.*[352]
- *Es soll ein senior non-executive director (senior independent director) ernannt werden. Dieser soll Ansprechpartner für die Anliegen von Aktionären sein.*[353]

Der *Higgs Report* war der erste Report, der die Durchführung von Investorendialogen behandelte. Als Ansprechpartner für Investoren empfahl der *Higgs Report* einen *non-executive director*. Er stärkte die Überwachungsfunktion der *non-executive directors*, indem er vorschlug, ihre Gesamtanzahl auf mindestens 50 Prozent der *board*-Mitglieder zu erhöhen.[354]

VI. Weitere Veränderungen

In den nachfolgenden Jahren entwickelte sich das UK Corporate Governance System weiter fort. Die weiteren Themenschwerpunkte waren insbesondere:

- Zusammensetzung des *boards*.
- Wiederwahl von *directors*.
- Verbesserung des langfristigen Unternehmenserfolgs.

---

349 *Chiu*, The Foundation and Anatomy of Shareholder Activism, S. 40; *Frederickson*, Accountable Governance: Problems and Promises, S. 216; *Solomon*, Corporate Governance and Accountability, S. 61; *van der Elst/Daelen*, Risk Management and Corporate Governance: Interconnections in Law, Accounting and Tax, S. 90.

350 Review of the role and effectiveness of non-executive directors (Higgs Report), https://ecgi.global/sites/default/files//codes/documents/higgsreport.pdf (zuletzt aufgerufen am 15.08.2020).

351 Higgs Report, paragraph 9.5.

352 Higgs Report, paragraph 11.22.

353 Higgs Report, paragraph 7.4 to 7.5.

354 Higgs Report, paragraph 9.5.

- Managervergütung.[355] Am 01.01.2019 trat die aktuelle Version des UKCGC in Kraft.[356]

C. Ausgestaltung von Investorendialogen im UK

Ob Investorendialoge zulässig sind, ist in Deutschland rechtlich umstritten. Die Kommission DCGK hat durch die Einführung von A.3 DCGK dennoch eine Anregung ausgesprochen:

> *„Der Aufsichtsratsvorsitzende sollte in angemessenem Rahmen bereit sein, mit Investoren über aufsichtsratsspezifische Themen Gespräche zu führen".*

Investorendialoge werden mittlerweile – ausgenommen ist der französische Kodex[357] – in allen wichtigen Regelwerken der Welt behandelt. Investorendialoge werden von den Kodizes der folgenden Staaten behandelt: Großbritannien[358], Italien[359], Niederlande[360], Singapur[361], USA.[362] Der UKCGC adressiert Investorendialoge am weitesten gehend: Die Kommunikation mit Aktionären obliegt dem gesamten *board*, also auch den *non-executive directors*.[363] Deshalb wird im Folgenden zunächst auf den UKCGC eingegangen. Anschließend erfolgt eine Untersuchung des *Stewardship Code*. Beide Werke wurden im Jahr 2018 überarbeitet und um aktuelle wissenschaftliche Erkenntnisse ergänzt.

I. Der UK Corporate Governance Code

Der UKCGC ist das Pendant zum DCGK. Seine Erstellung obliegt dem *Financial Reporting Council* – einer halbstaatlichen unabhängigen

355 *FRC*, History of the UK Corporate Governance Code, https://www.frc.org.uk/directors/corporate-governance-and-stewardship/uk-corporate-governance-code/history-of-the-uk-corporate-governance-code (zuletzt aufgerufen am 15.08.2020).

356 Vgl. *FRC*, UK Corporate Governance Code (UKCGC), https://www.frc.org.uk/directors/corporate-governance-and-stewardship/uk-corporate-governance-code (zuletzt aufgerufen am 15.08.2020).

357 *Becker/Werder*, AG 2016, 761, 775.

358 Vgl. A.3 III S. 2 (Supporting Principle), A.4.1. S. 2 (Provision), B.4.1. S. 2 (Provision), D.2 II (Supporting Principle), E.1 (Main Principle, Supporting Principle), E.1.1., E.1.2. (Provision) UKCGC.

359 Vgl. 9.P.2. (Principle), 9.C.1. (Criteria) ICGC.

360 Vgl. IV.3.1 S. 2, 3 (Best Practice Provision) DCGC.

361 Vgl. 11, 12, 13 (Principles), 11.1-11.6, 12.1-12.3, 13.1-13.3 (Provisions) SCCG.

362 *Becker/Werder*, AG 2016, 761, 775.

363 Vgl. E.1 (Main Principle) UKCGC (a.F.).

Standardisierungsbehörde, die das angelsächsische Gegenstück zur Regierungskommission DCGK bildet.[364] Der UKCGC beinhaltet umfangreiche Ausführungen über Investorendialoge. Im Juli 2018 erschien eine neue Version des UKCGC, die am 01.01.2019 in Kraft trat.[365] Während der alte UKCGC in Section E den Investorendialogen einen eigenen Abschnitt widmete, behandelt der neue UKCGC Investorendialoge in anderer Weise.

1. Aufbau des UKCGC

Der neue UKCGC wurde im Vergleich zum vorherigen Kodex grundlegend überarbeitet.

a) Grundaufbau

Der Kodex umfasst nunmehr statt 32 Seiten nur noch 15 Seiten. Hintergrund dieser Verschlankung ist, dass der Kodex klarer und prägnanter werden soll.[366] Der Kodex ist nun in Kapitel (Principles) und „Provisions" gegliedert: Dies sind untergeordnete Abschnitte, die die Kapitel präzisieren sollen. Die sogenannten „Supporting Principles" sind im neuen UKCGC nicht mehr enthalten. Die Regelungen selbst sind nunmehr auch viel kürzer als in der vorherigen Version.

b) Inhaltliche Untergliederung

Der neue UKCGC untergliedert sich nunmehr in fünf Themenbereiche:

1. „Board Leadership and Company Purpose"
   (Unternehmensführung und Unternehmenszweck)
2. „Division of Responsibilities"
   (Verteilung der Verantwortlichkeiten)
3. „Composition, Succession and Evaluation"
   (Zusammensetzung, Evaluation und Nachfolgeplanung)

---

364 Vgl. *FRC*, About the FRC, https://www.frc.org.uk/about-the-frc (zuletzt aufgerufen am 15.08.2020).

365 Vgl. *FRC*, UK Corporate Governance Code, https://www.frc.org.uk/directors/corporate-governance-and-stewardship/uk-corporate-governance-code (zuletzt aufgerufen am 15.08.2020).

366 FRC, Proposed Revisions to the UK Corporate Governance Code, December 2017, S. 2, https://www.frc.org.uk/getattachment/bff48ee6-4fce-4593-9768-77914dbf0b86/Proposed-Revisions-to-the-UK-Corporate-Governance-Code-Appendix-A-Dec-2017.pdf (zuletzt aufgerufen am 15.08.2020).

4. „Audit, Risk and Internal Control"
   (Interne Revision, Risikomanagement und internes Kontrollsystem)
5. „Remuneration"
   (Vergütung)

Der UKCGC unterteilt sich demnach in fünf Themenbereiche. Hier setzt der UKCGC verschiedene Schwerpunkte, insbesondere behandelt er das Verhältnis von Unternehmen zu ihren Shareholdern und Stakeholdern. Dazu gehört auch und insbesondere das Führen von Investorendialogen.

2. Bedeutung von Investoren für eine gute Corporate Governance

Der UKCGC weist schon in seiner Einleitung auf die besondere Verantwortung von Investoren hin:

> *„It is the responsibility of boards to use this flexibility [of the UKCGC] wisely and of investors and their advisors to assess differing company approaches thoughtfully."*[367]
> (Es liegt in der Verantwortung von *boards*, diese Flexibilität [des UKCGC] weise zu nutzen, und in der von Investoren und deren Beratern, unterschiedliche Unternehmensansätze sorgfältig zu bewerten.)

Der neue UKCGC bietet entsprechend dieser Aussage weiterhin eine hohe Flexibilität, die Investoren nutzen sollen, um unterschiedliche Unternehmensansätze sorgfältig zu bewerten. Der UKCGC verdeutlicht die wichtige Rolle von Investoren auch auf den folgenden Seiten, die sich dem *Reporting of the Code* widmen. Dort knüpft der UKCGC die Verantwortlichkeit von Investoren unmittelbar an Dialoge mit dem Unternehmen:

> *„In line with their responsibilities under the UK Stewardship Code, investors should engage constructively and discuss with the company any departures from recommended practice. In their consideration of explanations, investors and their advisors should pay due regard to a company's individual circumstances. While they have every right to challenge explanations if they are unconvincing, these must not be evaluated in a mechanistic way. Investors and their advisors should also give companies sufficient time to respond to enquiries about corporate governance."*
> (Entsprechend ihrer Verantwortung gemäß dem britischen *Stewardship Code* sollten sich Investoren konstruktiv engagieren und jegliche Abweichungen von den empfohlenen Praktiken mit dem Unternehmen besprechen. Bei der Prüfung von Erklärungen sollten Anleger und ihre Berater die individuellen Umstände eines Unternehmens gebührend berücksichtigen. Obwohl sie das Recht haben, Erklärungen anzugreifen, wenn sie nicht überzeugen, dürfen diese nicht mechanistisch bewertet werden. Investoren und

367 UKCGC, Introduction, S. 1.

ihre Berater sollten Unternehmen ausreichend Zeit geben, um Anfragen zur Corporate Governance zu beantworten.)

In diesem Abschnitt geht es aber zunächst nicht um Investorendialoge im eigentlichen Sinne, sondern um das Verhalten von Aktionären gegenüber dem Unternehmen.

3. *Investorendialoge:* board leadership and company purpose

Der neue UKCGC, der am 01.01.2019 in Kraft trat, ist nicht mehr in „Sections" untergliedert, sondern in die Abschnitte eins bis fünf.

a) Hauptprinzip

Im ersten Abschnitt „*board leadership and company purpose*" begründet der Kodex in Principle D das Hauptprinzip für das Führen von Investorendialogen:

> „*In order for the company to meet its responsibilities to shareholders and stakeholders, the board should ensure effective engagement with, and encourage participation from, these parties.*"[368]
> (Damit das Unternehmen seiner Verantwortung gegenüber Aktionären und Stakeholdern gerecht wird, sollte der Verwaltungsrat ein wirksames Engagement für diese Parteien sicherstellen und deren Teilnahme einfordern.)

Der UKCGC überträgt die Verantwortung für Investorendialoge also dem gesamten *board*, inklusive *non-executive directors*. Das *board* ist dazu angehalten, aktiv auf Aktionäre und Stakeholder zuzugehen. Außerdem soll es diese beiden Gruppen dazu bewegen, sich aktiv zu engagieren.

b) Bestimmungen

Abschnitt 1 bezieht sich in der dritten Provision explizit auf die Zuständigkeiten und die Ausführung von Investorendialogen:

> „*In addition to formal general meetings, the chair should seek regular engagement with major shareholders in order to understand their views on governance and performance against the strategy. Committee chairs should seek engagement with shareholders on significant matters related to their areas of responsibility. The chair should ensure that the board as a whole has a clear understanding of the views of shareholders.*"[369]
> (Zusätzlich zu den formellen Hauptversammlungen sollte der Vorsitzende eine regelmäßige Zusammenarbeit mit Großaktionären anstreben, um deren Ansichten zur

368 UKCGC, Board Leadership and Company Purpose, Principle D.
369 UKCGC, Board Leadership and Company Purpose, Provision 3, S. 4.

Unternehmensführung und Leistung gegen die Strategie zu verstehen. Die Ausschussvorsitzenden sollten eine Zusammenarbeit mit Aktionären in wichtigen Fragen anstreben, die in ihren Zuständigkeitsbereich fallen. Der Vorsitzende sollte sicherstellen, dass das *board* als Ganzes ein klares Verständnis von den Ansichten der Aktionäre hat.)

Die folgenden Abschnitte erläutern diese Provision.

aa) Der Aufsichtsratsvorsitzende

Die Bestimmung besagt eindeutig, wer Investorendialoge führen soll.

> *„In addition to formal general meetings, the chair should seek regular engagement with major shareholders in order to understand their views on governance and performance against the strategy."*[370]
> (Zusätzlich zu formellen Hauptversammlungen sollte der Vorsitzende eine regelmäßige Zusammenarbeit mit Großaktionären anstreben, um deren Ansichten zur Unternehmensführung und Leistung gegen die Strategie zu verstehen.)

Die Gesprächsführung obliegt demnach in erster Linie dem Aufsichtsratsvorsitzenden. Dieser soll sich regelmäßig mit Großaktionären treffen, um ihren Blickwinkel auf Governance- und Strategie-Anliegen kennenzulernen. Wann und wie oft er diese Treffen abhält, schreibt die Passage nicht vor. Er sollte sie aber derart oft durchführen, dass er ein gutes Verständnis für die Anliegen institutioneller Investoren entwickelt.

bb) Die Ausschussvorsitzenden

Die Bestimmung enthält auch eine Passage, die sich auf die Ausschussvorsitzenden bezieht.

> *„Committee chairs should seek engagement with shareholders on significant matters related to their areas of responsibility."*[371]
> (Die Ausschussvorsitzenden sollten eine Zusammenarbeit mit Aktionären in wichtigen Fragen anstreben, die in ihren Zuständigkeitsbereich fallen.)

Die Ausschussvorsitzenden sind also gleichfalls dazu angehalten, sich aktiv auf Großaktionäre zuzubewegen. Sie sollen mit ihnen wichtige Angelegenheiten besprechen. Sie sind allerdings darauf beschränkt, nur wichtige Themen zu besprechen, die in ihrem Verantwortungsbereich liegen.

---

370 UKCGC, Board Leadership and Company Purpose, Provision 3, S. 4.

371 UKCGC, Board Leadership and Company Purpose, Provision 3, S. 4.

cc) *Pflicht zur Nachinformation*

Der UKCGC begründet im dritten Satz der Provision eine Pflicht zur Nachinformation.

> *„The chair should ensure that the board as a whole has a clear understanding of the views of shareholders.*“[372]
> (Der Vorsitzende sollte sicherstellen, dass das *board* als Ganzes ein klares Verständnis von den Ansichten der Aktionäre hat.)

Der *chair* – also der Vorsitzende des *boards* – ist dazu angehalten, dem *board* die Sichtweise der Aktionäre mitzuteilen.

4. *Investorendialoge:* division of responsibilities

Im zweiten Abschnitt *„division of responsibilities*“ finden sich in den Bestimmungen weitere Ausführungen zu Investorendialogen. In der 9. Provision bezieht sich der UKCGC auf den Auswahl- und Bestellungsprozess von *board*-Mitgliedern:

> *„The chair should be independent on appointment when assessed against the circumstances set out in Provision 10. The roles of chair and chief executive should not be exercised by the same individual. A chief executive should not become chair of the same company. If, exceptionally, this is proposed by the board, major shareholders should be consulted ahead of appointment. The board should set out its reasons to all shareholders at the time of the appointment and also publish these on the company website.*“[373]
> (Der Vorsitzende ist bei seiner Ernennung unabhängig, wenn er den in Bestimmung 10 dargelegten Anforderungen entspricht. Die Funktionen des Vorsitzenden und des Geschäftsführers sollten nicht von derselben Person ausgeübt werden. Ein Geschäftsführer sollte nicht *board*-Vorsitzender desselben Unternehmens werden. Wenn das *board* dies ausnahmsweise vorschlägt, sollten die Investoren vor der Ernennung konsultiert werden. Das *board* sollte allen Aktionären zum Zeitpunkt der Bestellung seine Gründe darlegen und diese auch auf der Website der Gesellschaft veröffentlichen.)

Der UKCGC bezieht sich an dieser Stelle nicht allgemein auf Investorendialoge, sondern auf einen speziellen Fall, in dem ein Investorendialog zwingend vorgesehen ist. Die Investoren sollen eng in den Auswahl- und Bestellprozess neuer Mitglieder einbezogen werden. Der UKCGC gibt vor, dass nicht dieselbe Person Geschäftsführer und Vorsitzender des *boards* sein darf. Sollte das *board* eine solche Besetzung ausnahmsweise in Betracht ziehen, muss es die Großaktionäre darüber informieren. Diese Regelung kann für deutsche Investorendialoge nicht

---

372 UKCGC, Board Leadership and Company Purpose, Provision 3, S. 4.

373 UKCGC, Division of Responsibilities, Provision 9, S. 6.

als Vorbild dienen, da § 105 S. 1 AktG eine solche Vorgehensweise untersagt: „Ein Aufsichtsratsmitglied kann nicht zugleich Vorstandsmitglied [...] sein.“[374]

5. *Vergütung im Jahresbericht*

Der UKCGC bezieht sich in Abschnitt 5 „*Remuneration*“ in der 41. Provision auf die Einbeziehung von Aktionären in das Vergütungskomitee. Provision 41 empfiehlt dem Vergütungskomitee, im Jahresbericht anzugeben, inwieweit Aktionäre den Vergütungsprozess beeinflusst haben:

> „*There should be a description of the work of the remuneration committee in the annual report, including: what engagement has taken place with shareholders and the impact this has had on remuneration policy and outcomes.*“[375]
> (Der Geschäftsbericht sollte eine Beschreibung der Arbeit des Vergütungsausschusses enthalten, einschließlich der Frage, welches Engagement mit den Aktionären stattgefunden hat und welche Auswirkungen dies auf die Vergütungspolitik und die Ergebnisse hatte.)

Das Vergütungskomitee soll also im Jahresbericht nicht nur seine Arbeitsweise erläutern, sondern auch ausführen, inwieweit es mit Aktionären in Kontakt getreten ist. Letztlich fordert die 41. Provision auch eine Angabe darüber, welche Auswirkungen die Gespräche mit Aktionären auf die Vergütungsrichtlinien und ihre tatsächliche Umsetzung hatten.

6. *Fazit*

Der UKCGC widmet den Investorendialogen in seiner neuen Fassung vom 01.01.2019 zwar keine eigene Section mehr. Allerdings nimmt er in vier relevanten Passagen weiterhin auf sie Bezug. Der UKCGC verpflichtet den Aufsichtsrat insoweit, als er Investorendialoge durchführen muss. Diese Pflicht ist jedoch dahingehend beschränkt, dass der Aufsichtsrat lediglich ein Meinungsbild von Investoren einholt und sich gegebenenfalls für die Umsetzung bzw. Nicht-Umsetzung von Gesprächsinhalten rechtfertigen muss. Die oben angesprochenen Regelungen werden im 4. Kapitel der Dissertation untersucht. Zuvor ist jedoch auch der *UK Stewardship Code* zu untersuchen.

---

374 *Becker/Werder*, AG 2016, 761 f.; vgl. *Eberspächer*, in: Spindler/Stilz, AktG, SE-VO, Art. 38 Rn. 3; *Habersack*, in: MüKo-AktG, § 105 Rn. 1; *Kirchner*, AG 2004, 197; *Kremer*, in: Kremer u.a., Deutscher Corporate Governance Kodex, Rn. 1369; *Marsch-Barner/Schäfer*, Handbuch börsennotierte AG, Rn. 23.2.

375 UKCGC, Remuneration, Provision 41, S. 15.

II. Der *UK Stewardship Code*

Der UKCGC ist nicht der einzige Verhaltenskodex, der Investorendialoge behandelt. Der DCGK richtet sich an börsennotierte Gesellschaften.[376] Der *UK Stewardship Code* (UKSSC) ist hingegen an Investoren adressiert. Er soll eine effektive Stewardship (Verantwortung) von Investoren gewährleisten und ihnen ermöglichen, ihren Verpflichtungen gerecht zu werden.[377] Der UKSSC soll insbesondere die Gesprächsqualität zwischen Investoren und Unternehmen verbessern. Das *Financial Reporting Council* betrachtet den *UK Stewardship Code* als ergänzendes Werk zum UKCGC. Es basiert gleichfalls auf dem *comply or explain*-Prinzip und beinhaltet Corporate Governance-Regelungen, die sich an Investoren richten.[378]

1. Untersuchungsmethode

Im UK fordert die Regierung Investorendialoge auf der Seite börsennotierter Unternehmen über den UKCGC ein. Auf der Seite der Investoren gibt der UKSSC[379] einen Verhaltenskodex für Investoren vor. Vorgaben zu Investorendialogen lassen sich eventuell nur dann effektiv durchsetzen, wenn ein Rechtfertigungsdruck für beide Seiten besteht und diese zu einem Handeln animiert. Auch in Deutschland ist im Zuge der Reformdebatte bereits eine Diskussion darüber entbrannt, ob ein Kodex wie der UKSSC für Investoren sinnvoll ist.[380] Erste Impulse für einen deutschen Kodex setzten die vielen Verhaltenskodizes der deutschen Banken.[381] Über den Deutschen Investor Relations Verband positionieren

376 Vgl. DCGK Präambel, www.dcgk.de/de/kodex/aktuelle-fassung/praeambel.html (zuletzt aufgerufen am 15.08.2020).

377 *Hirt/Hopt/Mattheus*, AG 2016, 725 f.

378 Vgl. *FRC*, UK Stewardship Code (UKSSC), https://www.frc.org.uk/investors/uk-stewardship-code (zuletzt aufgerufen am 15.08.2020).

379 Vgl. *FRC*, The UK Stewardship Code (UKSSC), https://www.frc.org.uk/getattachment/5aae591d-d9d3-4cf4-814a-d14e156a1d87/Stewardship-Code_Dec-19-Final-Corrected.pdf (zuletzt aufgerufen am 15.08.2020).

380 *Fleischer/Strothotte*, AG 2011, 221; vgl. *Europäische Kommission*, Grünbuch, Corporate Governance in Finanzinstituten und Vergütungspolitik, 02.06.2010, S. 18.

381 Vgl. *Deutsche Bank Group*, Verhaltenskodex, https://www.db.com/ir/de/download/Verhaltenskodex_August_2018.pdf (zuletzt aufgerufen am 15.08.2020); *Sparda-Bank*, Verhaltenskodex, https://www.sparda-bw.de/internetauftritt/downloads/verhaltenskodex.pdf (zuletzt aufgerufen am 15.08.2020); *BayernLB*, Verhaltenskodex, https://www.bayernlb.de/internet/media/de/ir/downloads_1/verantwortung_1/governance/verhaltenskodex.pdf (zuletzt aufgerufen am 15.08.2020).

sich nach eigenen Angaben mittlerweile rund 90 Prozent des börsengelisteten Kapitals in Deutschland in einem Verband[382] – dieser könnte der erste Anknüpfungspunkt für die Ausarbeitung eines Kodex für Investoren in Deutschland sein. Zunächst ist aber zu prüfen, ob ein deutsches Pendant zum UKSSC überhaupt sinnvoll ist. Im Folgenden wird zunächst die historische Entwicklung des UKSSC erläutert. Anschließend sind die Regelungen zu untersuchen, die sich auf Investorendialoge beziehen. Hier lässt sich eventuell erkennen, ob ein solcher Verhaltenskodex für Investoren auch für Deutschland sinnvoll ist. Eventuell lassen sich Investorendialoge nur mit Nachdruck einfordern, wenn auch Investoren über ein Regelwerk mit Rechtfertigungsdruck dazu angehalten werden, entsprechenden Empfehlungen zu folgen.

2. *Die Geschichte des* UK Stewardship Code

Der *UK Stewardship Code* stellt Wohlverhaltensregeln für institutionelle Investoren im Vereinigten Königreich auf. Er entstand aus einem Vorläufer aus dem Jahr 1991. Verfasser dieses Vorläufers ist das *Institutional Shareholders Committee* (ISC), der britische Dachverband institutioneller Investorengruppen, der im Jahr 2002 ein Pflichtenheft vorstellte und zuletzt im Januar 2020 aktualisierte.[383] Zwar drohte der britische Gesetzgeber damit, diese Wohlverhaltensregeln in einen gesetzlichen Rahmen zu pressen. Allerdings verankerte er durch den Companies Act 2006 lediglich eine Verordnungsermächtigung. Diese verpflichtet Investoren, ihre Stimmrechtsausübung offenzulegen.[384] Der Vorläufer des heutigen *UK Stewardship Code* entstand im Zuge der Finanzmarktkrise im Jahr 2008. Der Vorsitzende der britischen Finanzmarktaufsicht und Parlamentsabgeordnete warfen Fondsmanagern bei öffentlichen Anhörungen vor, dass sie gegenüber dem Management von Banken nachlässig und zu vertrauensselig gewesen seien.[385] Auch der *Walker*-Bericht zur Corporate Governance in

382 Vgl. *DIRK*, Wofür wir stehen, https://www.dirk.org/ueber-uns/wir-ueber-uns (zuletzt aufgerufen am 15.08.2020).

383 Vgl. UK Stewardship Code, https://www.frc.org.uk/investors/uk-stewardship-code (zuletzt aufgerufen am 15.08.2020).

384 *Fleischer/Strothotte*, AG 2011, 221 f.

385 Vgl. *Reuters*, Britische Finanzaufseher erkennen keine Mitschuld in Zinsskandal, https://de.reuters.com/article/grossbritannien-libor-anhrung-idDEBEE86G05C20120717 (zuletzt aufgerufen am 15.08.2020); *Erber*, Libor: Die internationalen Großbanken stehen vor einem moralisch-ethischen Bankrott, https://www.diw.de/documents/publikationen/73/diw_01.c.409395.de/12-41-3.pdf (zuletzt aufgerufen am 15.08.2020).

Finanzinstituten monierte das Verhalten der Banken: Er wies auf die beträchtlichen Eigentümerrechte institutioneller Investoren hin und begründete damit eine *Stewardship*-Verantwortung. Der *Walker*-Bericht empfahl, einen Verhaltenskodex für Investoren auszuarbeiten und taufte ihn *Stewardship Code*. Der Kodex wurde schließlich im Juli 2010 von dem staatlichen Regulierungsrat *Financial Reporting Council* (FRC) veröffentlicht[386], der eine vergleichbare Stellung wie die deutsche Regierungskommission DCGK innehält. Die aktuelle Version des UKSSC trat im Januar 2020 in Kraft.[387]

3. *Anwendungsbereich*

Der *UK Stewardship Code* basiert – ebenso wie der UKCGC – auf einer *comply or explain*-Grundlage. Die britische Finanzmarktaufsichtsbehörde FSA schreibt seit dem Jahr 2010 vor, dass Vermögensverwaltungsgesellschaften, die in Großbritannien zugelassen sind, offenlegen müssen, ob sie die Vorgaben des UKSSC einhalten oder inwieweit sie von ihnen abweichen.[388] Dies ist mit der gesetzlichen Flankierung in Deutschland über den § 161 S. 1 AktG vergleichbar, die sich bisher allerdings nur auf die Empfehlungen im DCGK bezieht. Ausländische Investoren müssen die Vorgaben des UKSSC nicht befolgen, falls sie einem internationalen oder einem eigenen nationalen Kodex verpflichtet sind. Dann müssen sie jedoch der *explain*-Option folgen und zumindest begründen, wieso sie den Empfehlungen des UKSSC nicht folgen.[389]

4. *Regelungen zu Investorendialogen*

Das FRC veröffentlichte die jüngste Version des UKSSC im Januar 2020.[390] Darin finden sich verschiedene Passagen, die Investorendialoge und ein aktives Engagement von Aktionären behandeln, die dem UKSSC folgen (Unterzeichner). Der neue UKSSC befasst sich mit der aktiven Rolle von Unterzeichnern

386 *Fleischer/Strothotte*, AG 2011, 211 f.; vgl. *Walker*, Walker Review, A Review of Corporate Governance in UK Banks and Other Financial Industry Entities, Rn. 5.7.

387 Vgl. UKSSC, https://www.frc.org.uk/investors/uk-stewardship-code (zuletzt aufgerufen am 15.08.2020)

388 Vgl. Conduct of Business Sourcebook (Stewardship Code) Instrument 2010, FSA 2010/57, Rn. 2.2.3

389 *Fleischer/Strothotte*, AG 2011, 221 f.

390 Vgl. UK Stewardship Code, https://www.frc.org.uk/investors/uk-stewardship-code (zuletzt aufgerufen am 15.08.2020).

insbesondere im Abschnitt *Principles for Asset Owners and Asset Managers* und dort im Bereich *Engagement*.[391] So führt Principle 9 aus:

> „*Signatories engage with issuers to maintain or enhance the value of assets*".
> (Unterzeichner treten mit Emittenten in Kontakt, um den Wert von Vermögensgegenständen zu erhalten oder zu steigern.)

„*Examples of engagement methods include but are not limited to:*

> - *Meeting the chair or other board members*"

(Beispiele für Eingriffsmethoden umfassen, ohne darauf beschränkt zu sein:

> - Treffen mit dem Vorsitzenden oder anderen *board*-Mitgliedern)

Principle 10 sieht vor, dass sich die Unterzeichner mit anderen Unterzeichnern zusammenschließen, um den Druck auf Emittenten zu erhöhen:

> „*Signatories, where neccessary, participate in collaborative engagement to influence issuers.*"
> (Die Unterzeichner beteiligen sich, soweit dies erforderlich ist, an einer Zusammenarbeit, um Emittenten zu beeinflussen.)

„*For example:*

> - *Collaborating with others investors to engage an issuer to achieve a specific change*"

(Zum Beispiel:

> - Zusammenarbeit mit anderen Investoren, um einen Emittenten für eine spezifische Änderung zu gewinnen)

Sollten die Aktionäre mit ihren Maßnahmen keinen Erfolg haben, so sollen sie, entsprechend Principle 11, ihre *Stewardship*-Maßnahmen ausweiten:

> „*Signatories, where necessary, escalate stewardship activities to influence issuers.*"
> (Die Unterzeichner weiten, soweit dies erforderlich ist, ihre *Stewardship*-Aktivitäten aus, um Emittenten zu beeinflussen.)

5. *Stellungnahme*

Die britische Regierung feierte den *UK Stewardship Code* als „*first of its kind in the world and a major step forward*".[392] Auch die Europäische Kommission

---

391 UKSSC, S. 17 ff.

392 Vgl. UK seen as a model for stewardship guidelines, https://www.ft.com/content/0e0bbc50-9c02-11df-a7a4-00144feab49a (zuletzt aufgerufen am 15.08.2020); *Arsalidou*, Rethinking Corporate Governance in Financial Institutions, S. 151.

erwägt in ihrem Grünbuch zur Corporate Governance in Finanzinstituten einen entsprechenden Verhaltenskodex für Investoren.[393] Dabei birgt ein Verhaltenskodex für Investoren nach dem Vorbild des *UK Stewardship Code* gleich mehrere Risiken. Die folgenden Ausführungen gehen nicht auf die allgemeine Diskussion um Verhaltenskodizes für Investoren ein, sondern beleuchten speziell die Folgen, die ein solcher Kodex in Bezug auf Investorendialoge hätte.

a) Verallgemeinerung

Für Investoren ist es aus betriebswirtschaftlicher Sicht nicht immer reizvoll, eine aktive Aktionärsrolle einzunehmen. Viele Investoren setzen auf eine breite Diversifizierung ihres Kapitals, um ihr Verlustrisiko zu senken.[394] Damit ist zumeist eine passive Anlegerrolle verbunden. Es macht keinen Sinn, alle Investoren zwangsweise in einen Verhaltenskodex zu pressen und zu verallgemeinern.

b) Betriebswirtschaftliche Hindernisse

Neben der angesprochenen Verallgemeinerung von Investoren sprechen auch betriebswirtschaftliche Probleme gegen einen Kodex für Investoren. Wären sämtliche Investoren dazu verpflichtet, Investorendialoge durchzuführen, oder wären sie in dieser Hinsicht einem Rechtfertigungsdruck über § 161 S. 1 AktG ausgesetzt, wären die damit verbundenen Maßnahmen sehr aufwendig und hinderlich. Gerade bei breit diversifizierten Investoren stünde der anfallende Aufwand in keinem ausgewogenen Kosten-Nutzen-Verhältnis, insbesondere bei kleineren Beteiligungen. Es ist deshalb überhaupt nicht sinnvoll, Investoren, die ihr Kapital breit diversifizieren, per Gesetz in eine aktive Rolle zu drängen.

c) Wirtschaftliche Entscheidungsfreiheit

Investoren sollte offenstehen, ob sie Investorendialoge führen möchten oder nicht. Sie sind gegenüber ihren Kapitalgebern verpflichtet und müssen in erster Linie eine bestmögliche Rendite erzielen. Die *Exit-Voice*-Theorie besagt, dass Investoren, sollten sie mit dem Handeln des Managements nicht einverstanden sein, zwei Möglichkeiten haben: Entweder veräußern sie ihre Anteile (Exit) oder

---

393 Vgl. *Europäische Kommission*, Grünbuch, Corporate Governance in Finanzinstituten und Vergütungspolitik, 02.06.2010, S. 18.

394 *Köndgen/Schmies*, in: Schimansky/Bunte/Lwowski, Bankrechts-Handbuch, § 113, Investmentgeschäft, Rn. 2; *Weitnauer*, Handbuch Venture Capital, Teil A. Rahmenbedingungen von Venture Capital, Rn. 6.

sie versuchen ihre Interessen durchzusetzen (Voice).[395] Ob Investoren eine Exit- oder eine Voice-Strategie verfolgen und wie sie agieren, hängt alleine davon ab, welche der beiden Alternativen wirtschaftlich sinnvoll ist. Investoren aktiv in eine Voice-Position zu drängen, beraubt sie ihrer wirtschaftlichen Entscheidungsfreiheit und könnte sie im schlimmsten Fall sogar dazu drängen, ihr Kapital aus dem Unternehmen abzuziehen. Dies wäre insbesondere der Fall, wenn der Verwaltungsaufwand für ein aktives Engagement personell und finanziell zu hoch ist.

d) DCGK als geeignetes Instrument

Die Dissertation behandelt Investorendialoge. Deshalb beziehen sich die folgenden Ausführungen ausschließlich auf die Verankerung von Investorendialogen in ein deutsches Pendant zum UKSSC. Ein deutsches Pendant zum UKSSC würde institutionelle Investoren einem erhöhten Rechtfertigungsdruck aussetzen. Dies würde umso mehr gelten, wenn eine entsprechende Regelung als Empfehlung aufgenommen werden würde.

Es würde insbesondere diejenigen Investoren zum Führen von Investorendialogen verpflichten, die überhaupt kein Interesse daran haben. In der Praxis besteht lediglich bei einzelnen Investoren ein Interesse an der Durchführung von Investorendialogen. Diese treten auch von sich aus aktiv an die jeweiligen Gesellschaften heran. Deshalb ist überhaupt kein Regelwerk notwendig, um Investoren dazu zu bewegen, an Unternehmen heranzutreten. Sie können ohnehin nur etwas zum Unternehmenserfolg beitragen, wenn sie konkrete Vorschläge haben und diese auch wirklich umgesetzt wissen möchten. Würden Investoren über einen Verhaltenskodex dazu gezwungen werden, aktiv Gespräche mit Gesellschaften zu suchen, wäre dies sinnwidrig – insbesondere, wenn sie überhaupt nichts einzubringen haben. Investorendialoge sind nur sinnvoll, wenn Verbesserungsvorschläge auf Seiten der Investoren bestehen. Dann müssen die Gesellschaften dazu animiert werden, entsprechende Gespräche zu führen. Anknüpfungspunkt für Investorendialoge kann deshalb nur der DCGK sein, nicht aber ein entsprechendes Regelwerk für Investoren.

e) Zwischenfazit

Ein Regelwerk wie der UKSSC eignet sich nicht dazu, Investorendialoge durchzusetzen. Faktoren wie betriebswirtschaftliche Hindernisse, Verwaltungsaufwand

---

395 *Hirschmann*, Exit, Voice and Loyalty: Further Reflections and a Survey of Recent Contributions, S. 39; *Klein*, International agierende Kapitalgesellschaften, S. 49.

und die oftmals breite Diversifizierung von Kapital sprechen dagegen, ein Pendant zum UKSSC in Deutschland zu schaffen. Der DCGK – das Pendant zum UKCGC – ist das geeignete Instrument zur Förderung von Investorendialogen in Deutschland. Deshalb sollten allein die Regelungen aus dem UKCGC als Vorbild dienen und den DCGK ergänzen.

III. Fazit: Zusammenfassung von Kapitel 5

Kapitel 5 offenbarte Erkenntnisse, die dem deutschen Rechtssystem nützlich sein können.

1. Notwendigkeit von Investorendialogen

Der UKCGC verdeutlichte, dass Investorendialoge notwendig sind. Ihre Existenz resultiert in historischer Hinsicht aus den Erfahrungen mit Finanzkrisen, schlechter Corporate Governance und einem Fehlverhalten des Managements, das Aktionären schlechte Renditen bescherte. Als Reaktion auf diese Ereignisse gründete sich das *Committee on the Financial Aspects of Corporate Governance* unter Beteiligung der britischen Börse. Später schloss sich mit dem *Greenbury Committee* auch der britische Industrieverband an. Im Jahr 2003 folgte die britische Regierung, die den *Higgs Report* in Auftrag gab. Die Notwendigkeit zum Führen von Investorendialogen sieht auch Art. 3g I Buchst. a), 9a und 9b der EU-Aktionärsrechterichtlinie EU 2017/828[396]: Diese kritisiert in Erwägungsgrund (2) das Verhalten von Managern in der Finanzkrise und ist auf eine Verbesserung der Langzeit-Performance ausgerichtet. Alle diese Gründe sprechen dafür, die Erfahrungen der britischen Corporate Governance für Deutschland zu nutzen, um das deutsche System positiv zu beeinflussen.

2. Rechtsvergleich: möglich und wünschenswert

Kapitel 5 zeigte, dass sich die britische monistische und die deutsche dualistische Unternehmensverfassung stark ähneln. Der grundlegende Unterschied liegt darin, dass das Geschäftsführungs- und Aufsichtsorgan im dualistischen System institutionell getrennt ist. Die beiden Rechtssysteme sind sich aber dennoch derart ähnlich, dass ein Rechtstransfer möglich ist. In jüngster Vergangenheit veränderten die Briten den UKCGC so, dass noch mehr für einen Rechtstransfer

---

396 Richtlinie (EU) 2017/828 des Europäischen Parlaments und des Rates vom 17.05.2017 zur Änderung der Richtlinie 2007/36/EG im Hinblick auf die Förderung der langfristigen Mitwirkung der Aktionäre, ABl. L 132, 1, 19 ff.

spricht: Seitdem der *Higgs Report* im Jahr 2003 empfahl, mindestens die Hälfte des Verwaltungsrats mit *non-executive directors* zu besetzen, verwässern die Strukturen des monistischen Systems zunehmend. Die fortschreitende Annäherung der beiden Systeme spricht für einen Rechtstransfer.

3. *Deutsches Pendant zum* UK Stewardship Code

Das Kapitel offenbarte, dass ein deutsches Pendant zum UKSSC – zumindest in Bezug auf Investorendialoge – nicht sinnvoll ist. Denn der Wunsch nach Investorendialogen besteht auf Seite der Investoren ohnehin. Der richtige Anknüpfungspunkt zum Führen solcher Dialoge ist der UKCGC. Dieser soll börsennotierte Gesellschaften dazu bewegen, die gewünschten Gespräche durchzuführen. Investoren, die solche Dialoge überhaupt nicht wünschen und auch nicht dazu fähig sind, zum Unternehmenserfolg beizutragen, sollten nicht über einen Verhaltenskodex gezwungen werden, sich dahingehend zu äußern. Dies ist auch vor dem Hintergrund sinnwidrig, dass viele Investoren breit diversifizierte Beteiligungen haben und ihre Investitionsstrategie das Führen von Investorendialogen überhaupt nicht vorsieht. Würden sie in eine *comply or explain*-Situation gezwungen werden, entstünde nur ein unnötiger bürokratischer Aufwand.

Kapitel 6 Rechtsvergleich

Kapitel 5 behandelte Investorendialoge im UKCGC und dem UKSSC. Das 6. Kapitel beschäftigt sich damit, inwieweit die Regelungen aus dem UKCGC auf das deutsche Recht übertragbar sind.

A. Übertragbarkeit der Bestimmungen aus dem UKCGC

Vorab: Die meisten Bestimmungen aus dem UKCGC sind für einen Rechtstransfer offen. Allerdings: Die *division of responsibilities* im UKCGC ist einem Rechtstransfer schon wegen § 105 S. 1 AktG nicht zugänglich. Danach darf ein Aufsichtsratsmitglied grundsätzlich nicht zugleich dem Vorstand angehören. Das folgende Kapitel wird zeigen, ob die restlichen Bestimmungen des UKCGC auf das deutsche Recht übertragbar sind. Die nachfolgenden Ausführungen folgen einem klaren Muster. Zunächst wiederhole ich die britische Vorschrift aus dem UKCGC im Wortlaut. In der Stellungnahme erläutere ich, ob es sinnvoll ist, die Vorschrift auf den DCGK zu übertragen. Sollte dies der Fall sein, formuliere ich eine mögliche Empfehlung oder Anregung für den DCGK in deutscher Sprache.

I. Einführung

Der UKCGC erläutert in seiner Einführung und dem *Reporting of the Code* die Verantwortung von Investoren und Unternehmen:

> *„It is the responsibility of boards to use this flexibility [of the UKCGC] wisely and of investors and their advisors to assess differing company approaches thoughtfully.*
> *In line with their responsibilities under the UK Stewardship Code, investors should engage constructively and discuss with the company any departures from recommended practice.*
> *In their consideration of explanations, investors and their advisors should pay due regard to a company's individual circumstances. While they have every right to challenge explanations if they are unconvincing, these must not be evaluated in a mechanistic way. Investors and their advisors should also give companies sufficient time to respond to enquiries about corporate governance*".
> (Es liegt in der Verantwortung des *boards*, diese Flexibilität (des UKCGC) mit Bedacht einzusetzen, und in der Verantwortung von Anlegern und ihren Beratern, unterschiedliche Unternehmensansätze sorgfältig zu bewerten. Entsprechend ihrer Verantwortung unter dem UK Stewardship Code sollten sich Anleger konstruktiv einbringen und mit dem Unternehmen Abweichungen von der empfohlenen Vorgehensweise diskutieren. Bei der Prüfung von Erklärungen sollten Anleger und ihre Berater die individuellen

Umstände des Unternehmens gebührend berücksichtigen. Sie haben zwar jedes Recht, Erklärungen anzufechten, soweit diese nicht überzeugend sind; sie dürfen davon jedoch nicht in einer starren Art und Weise Gebrauch machen. Anleger und ihre Berater sollten Unternehmen zudem ausreichend Zeit geben, um auf ihre Anfragen zu Grundsätzen der Unternehmensführung zu antworten.)

Diese Aussagen sind überwiegend an Investoren adressiert – der DCGK richtet sich aber an die Unternehmensleitung. Deshalb wäre eine Übertragung verfehlt – der DCGK enthält nämlich keine Regelungen, die sich explizit an Investoren richten. Die obigen Einführungen wären eher auf ein deutsches Pendant des UKSSC übertragbar, also auf Richtlinien für Investoren. Die Nicht-Übertragbarkeit ist dem Umstand geschuldet, dass der UKCGC und der UKSSC sich gegenseitig ergänzen und sowohl Unternehmen als auch deren Investoren adressieren.

II. Board leadership and company purpose

Nach der Einleitung empfiehlt es sich, den nachfolgenden Abschnitt des UKCGC – *board leadership and company purpose* – zu untersuchen. Dieser enthält das Hauptprinzip für das Führen von Investorendialogen: Allgemeine Regelungen sind vor speziellen zu behandeln.

1. Hauptprinzip

Der UKCGC begründet im Abschnitt *board leadership and company purpose* das Hauptprinzip für Investorendialoge.

> *„In order for the company to meet its responsibilities to shareholders and stakeholders, the board should ensure effective engagement with, and encourage participation from, these parties“.*
> (Damit ein Unternehmen seiner Verantwortung gegenüber Aktionären und Stakeholdern entspricht, sollte das *board* eine wirksame Beteiligung dieser Parteien ermöglichen und diese zu einer Teilhabe ermutigen.)

a) Bedeutung

Der UKCGC überträgt die Verantwortung für Investorendialoge demzufolge dem gesamten *board*, inklusive *non-executive directors*. Das *board* ist dazu angehalten, sich aktiv zu engagieren und auf Aktionäre und Stakeholder zuzugehen. Außerdem soll es diese beiden Gruppen dazu bewegen, sich gleichfalls aktiv zu engagieren.[397]

---

397 *Davies*, Introduction to Company Law, S. 47; *Mallin*, Corporate Governance, S. 137.

b) *Stellungnahme zur Übertragbarkeit*

Diese Formulierung ist prinzipiell übertragbar.

aa) *Verantwortlichkeit des* boards

Der UKCGC übertragt die Verantwortung für Investorendialoge auf das gesamte *board*. Diese Passage bezieht sich nicht auf das Führen von Investorendialogen, sondern lediglich auf das Zeigen und Einfordern von Engagement. Wenngleich das Führen von Investorendialogen, die aufsichtsratsspezifische Themen behandeln, allein dem Aufsichtsrat obliegt, sieht es bei der Verantwortung anders aus. Es ist wünschenswert, wenn Vorstand und Aufsichtsrat gemeinsam die grundsätzliche Ausgestaltung von Dialogen beratschlagen. Dies folgt schon aus ihrer Pflicht zum loyalen Zusammenwirken und dem Gebot der einheitlichen Kapitalmarktkommunikation.[398]

bb) *Aktives Zugehen auf Aktionäre*

Der UKCGC fordert, dass das *board* aktiv auf Aktionäre und Stakeholder zugeht („*effective engagement*") und von den Aktionären gleichfalls ein solches Engagement einfordert („*encourage participation*"). Ein Rechtstransfer dieser Regel auf den deutschen Raum ist wünschenswert. Die EU-Aktionärsrechterichtlinie verfolgt in Erwägungsgrund (14) eine klare Zielsetzung:

> *„Eine wirksame und nachhaltige Mitwirkung der Aktionäre ist einer der Eckpfeiler des Corporate-Governance-Modells börsennotierter Gesellschaften, das von einem ausgewogenen System von Kontrollen der verschiedenen Organe und Interessenträger untereinander abhängt. Eine stärkere Einbindung der Aktionäre in die Corporate Governance ist eines der Instrumente, die dazu beitragen können, die finanzielle und nicht-finanzielle Leistung von Gesellschaften zu verbessern, […]".*[399]

Eine stärkere Einbindung von Aktionären ist nur realisierbar, wenn der Aufsichtsrat aktiv auf diese zugeht. Ansonsten verblasst die Zielsetzung der Richtlinie zu einer bloßen Förmelei. Wird eine solche Regelung der Erklärungspflicht des § 161 S. 1 AktG unterworfen, handelt es sich zwar um *soft law* – allerdings baut die Kommission DCGK dann einen entsprechenden Rechtfertigungsdruck

---

398 *Hirt/Hopt/Mattheus*, AG 2016, 725, 735; *Leyendecker-Langner*, NZG 2015, 44, 46.

399 Richtlinie (EU) 2017/828 des Europäischen Parlaments und des Rates vom 17.05.2017 zur Änderung der Richtlinie 2007/36/EG im Hinblick auf die Förderung der langfristigen Mitwirkung der Aktionäre, ABl. L 132, 1, 3.

auf.[400] Dieser führt dazu, dass Investorendialoge stattfinden und sie in der Praxis auch tatsächlich zu relevanten Ergebnissen führen.

c) Formulierung

Die obigen Ausführungen kommen zum Schluss, dass die folgende Passage auf das deutsche Recht übertragbar ist.

> *„In order for the company to meet its responsibilities to shareholders and stakeholders, the board should ensure effective engagement with, and encourage participation from, these parties".*

Die Kommission DCGK könnte Anregung A.3 DCGK um eine entsprechende Regelung ergänzen. Diese könnte folgendermaßen lauten:

> **Der Aufsichtsratsvorsitzende sollte in einem angemessenen Rahmen bereit sein, mit Investoren über aufsichtsratsspezifische Themen Gespräche zu führen.**
>
> **Der Aufsichtsrat legt gemeinsam mit dem Vorstand die Rahmenbedingungen für Investorendialoge fest.**
>
> **Vorstand und Aufsichtsrat gehen aktiv auf Aktionäre zu und regen diese zu einem Dialog an.**

2. Abschnitt 1: Bestimmungen

Abschnitt 1 des UKCGC enthält in seinen Bestimmungen weitere Ausführungen zu Investorendialogen.

> *„In addition to formal general meetings, the chair should seek regular engagement with major shareholders in order to understand their views on governance and performance against the strategy. Committee chairs should seek engagement with shareholders on significant matters related to their areas of responsibility. The chair should ensure that the board as a whole has a clear understanding of the views of shareholders."*

---

400 *Bayer/Scholz,* in: Spindler/Stilz, AktG, § 161 Rn. 7; *BDI*, Stellungnahme – Zu den Änderungsvorschlägen der Regierungskommission zum DCGK vom 15.12.2016, S. 1; *Goette*, in: MüKo-AktG, § 161 Rn. 38; *Grigoleit/Zellner*, in: Grigoleit, AktG, § 161 Rn. 5; *Hölters*, in: Hölters, AktG, § 161 Rn. 1; *Koch,* in: Hüffer/Koch, AktG, § 161 Rn. 1, 3; *Landsittel*, Investorenkommunikation, S. 174; *Seidel*, ZIP 2004, 285, 290.

a) Bedeutung

Dieser Abschnitt besagt, dass der *„chair“* – also der Vorsitzende des *boards* – die Hauptaktionäre auch außerhalb der Hauptversammlung kontaktieren soll, um ihre Ansichten bezüglich der Unternehmensleitung und gegenläufiger strategischer Ausrichtungen kennenzulernen. Die Ausschussvorsitzenden sollen Aktionäre bei wichtigen Angelegenheiten kontaktieren, die ihren Zuständigkeitsbereich betreffen. Der Vorsitzende soll dem *board* die Sichtweise der Investoren vermitteln.[401]

b) Stellungnahme zur Übertragbarkeit

Die Bestimmungen in Abschnitt 1 des UKCGC bieten sich für einen Rechtstransfer auf den DCGK an.

aa) Der Aufsichtsratsvorsitzende

Der UKCGC führt aus, dass dem Aufsichtsratsvorsitzenden das Führen von Investorendialogen obliegt.

> *„In addition to formal general meetings, the chair should seek regular engagement with major shareholders in order to understand their views on governance and performance against the strategy.“*

Der Vorsitzende soll sich derart oft mit den Investoren treffen, bis er ihre Anliegen gut nachvollziehen kann. Eine solche Regelung bietet sich auch für den deutschen DCGK an. Kapitel 2 offenbarte, dass das Führen von Investorendialogen auch in Deutschland dem Aufsichtsratsvorsitzenden obliegen sollte.[402] Die Formulierung im UKCGC ist so gewählt, dass sie den Bedürfnissen der Praxis entspricht. Sie bietet die notwendige Flexibilität, um die verschiedenen Positionen in einen gelungenen Ausgleich zu bringen.

Der Aufsichtsratsvorsitzende soll Gespräche derart oft führen, dass er die Sichtweise von Investoren nachvollziehen kann – wie oft er sie führt, entscheidet er aber letztlich selbst. Eine solche Regelung entspricht auch dem Gedanken der EU-Aktionärsrechterichtlinie, die in Art. 3g I Buchst. a) ausführt:

> *„Institutionelle Anleger und Vermögensverwalter arbeiten eine Mitwirkungspolitik aus und machen sie öffentlich bekannt, in der beschrieben wird, wie sie die Mitwirkung der Aktionäre in ihre Anlagestrategie integrieren. In der Politik wird beschrieben, wie sie die*

---

401 *Hannigan*, Company Law, S. 146.

402 Vgl. Kapitel 4 E Aufsichtsratsvorsitzender als Sprachrohr.

Gesellschaften, in die sie investiert haben, hinsichtlich wichtiger Angelegenheiten überwachen, […] wie sie Dialoge mit Gesellschaften führen, in die sie investiert haben […]".[403]

Die Vorgaben in Art. 3g I der zweiten Aktionärsrechterichtlinie[404] sind in § 134b AktG umgesetzt worden.[405] Nach dem Wortlaut des § 134b I AktG haben institutionelle Anleger und Vermögensverwalter eine Politik zu veröffentlichen, in der sie ihre Mitwirkung in den Portfoliogesellschaften beschreiben (Mitwirkungspolitik). Es sind insbesondere die folgenden Punkte zu behandeln:

1. die Ausübung von Aktionärsrechten, insbesondere im Rahmen ihrer Anlagestrategie,
2. die Überwachung wichtiger Angelegenheiten der Portfoliogesellschaften,
3. der Meinungsaustausch mit den Gesellschaftsorganen und den Interessenträgern der Gesellschaft,
4. die Zusammenarbeit mit anderen Aktionären sowie
5. der Umgang mit Interessenkonflikten.[406]

Gem. § 134b II AktG ist jährlich über diese Mitwirkungspolitik zu berichten.[407] Zudem ist gem. § 134b III AktG das Abstimmungsverhalten zu veröffentlichen, es sei denn, dass die Stimmabgabe wegen des Gegenstands der Abstimmung oder des Umfangs der Beteiligung unbedeutend war.[408] In § 134 IV AktG wird ein *comply or explain*-Prinzip begründet: Folgen institutionelle Anleger und Vermögensverwalter den Vorgaben der Absätze I-III nicht, so müssen sie erklären, warum sie dies nicht machen.[409] Der § 134b V AktG begründet zudem die Pflicht, die Informationen der vorhergehenden Absätze für einen Zeitraum von

---

403 Richtlinie (EU) 2017/828 des Europäischen Parlaments und des Rates vom 17.05.2017 zur Änderung der Richtlinie 2007/36/EG im Hinblick auf die Förderung der langfristigen Mitwirkung der Aktionäre, ABl. L 132, 1, 16.

404 Richtlinie (EU) 2017/828 des Europäischen Parlaments und des Rates vom 17.05.2017 zur Änderung der Richtlinie 2007/36/EG im Hinblick auf die Förderung der langfristigen Mitwirkung der Aktionäre, ABl. L 132, 1, 16.

405 *Illhardt*, in: Schmidt/Lutter, AktG, § 134b Rn. 17.

406 *Kell/Barth*, GmbHR 2020, R20 f.; *Redenius-Hövermann/Henkel*, AG 2020, 349, 364; *Reich*, AG 2019, R117 f.;

407 *Illhardt*, in: Schmidt/Lutter, AktG, § 134b Rn. 19 f.; *Kell/Barth*, GmbHR 2020, R20 f.; *Redenius-Hövermann/Henkel*, AG 2020, 349, 364.

408 *Illhardt*, in: Schmidt/Lutter, AktG, § 134b Rn. 15; vgl. RegE ARUG II, BT-Drucks. 19/9739, 101.

409 *Illhardt*, in: Schmidt/Lutter, AktG, § 134b Rn. 17; *Koch*, BKR 2020, 1, 4; *Redenius-Hövermann/Henkel*, AG 2020, 349, 364.

mindestens drei Jahren auf einer Internetseite öffentlich zu machen und mindestens jährlich zu aktualisieren.[410] Ein Verstoß gegen diese Pflichten ist gem. § 405 IIa Nr. 8 AktG bußgeldbewehrt.[411]

Unternehmen stellen durch ihr aktives Zugehen auf Investoren sicher, dass sie diese auch tatsächlich einbeziehen – so wie es die Richtlinie auf der anderen Seite von Investoren fordert. Darüber hinaus sprechen auch die eingangs erwähnten Studien, die den Wert aktiver Eigentümerschaft aufzeigen, für ein solches Vorgehen.[412] Es ist deshalb nur folgerichtig, dass der Aufsichtsrat aktiv auf Investoren zugeht und dafür sorgt, dass das Unternehmen vom Wert dieser Verbindungen profitiert. Die Formulierung:

> *„the chair should seek regular engagement with major shareholders in order to understand their views on governance and performance against the strategy"*

ist gelungen. Sie trägt dem Umstand Rechnung, dass das „Ob" von Investorendialogen letztlich in der Verantwortung des Aufsichtsratsvorsitzenden liegt.

Dieses „Ob" wird jedoch durch eine Vorgabe eingeschränkt: Der Aufsichtsratsvorsitzende muss sich so oft mit Investoren treffen, bis er ein umfangreiches Meinungsbild von ihren Ansichten hat. Diese Empfehlung lässt sich in ihrer Ausgestaltung auch auf den DCGK übertragen. Dem Aufsichtsratsvorsitzenden bleibt seine Handlungsfreiheit erhalten, zugleich muss er aber in einem derartigen Umfang aktiv sein, dass die Investoren die Möglichkeit haben, dem Aufsichtsrat ein differenziertes Meinungsbild zu übermitteln. Eine entsprechende Formulierung für den DCGK könnte lauten:

> **Der Aufsichtsratsvorsitzende sollte sich regelmäßig mit den wichtigsten Investoren treffen, um ein klares Verständnis für ihre Anliegen zu entwickeln.**

bb) Dialog mit den Ausschussvorsitzenden

Der UKCGC schlägt vor, dass sich auch Ausschussvorsitzende auf Investoren zubewegen.

> *„Committee chairs should seek engagement with shareholders on significant matters related to their areas of responsibility."*
> (Ausschussvorsitzende sollen sich mit Aktionären über wichtige Fragen besprechen, die ihren Verantwortungsbereich betreffen.)

---

410 *Illhardt*, in: Schmidt/Lutter, AktG, § 134b Rn. 19 f.; *Kell/Barth*, GmbHR 2020, R20 f.; *Redenius-Hövermann/Henkel*, AG 2020, 349, 364.

411 *Baums*, ZHR 183, 605, 609; *Illhardt*, in: Schmidt/Lutter, AktG, § 134b Rn. 23.

412 Kapitel 2 I – III.

Die Ausschussvorsitzenden sind dahingehend eingeschränkt, dass sich die von ihnen geführten Investorendialoge nur auf ihren Zuständigkeitsbereich beziehen dürfen.

Auch diese Passage ist sinnvoll: In Deutschland existieren gleichfalls Ausschüsse. Nach § 107 III S. 1 AktG kann der Aufsichtsrat aus seiner Mitte einen oder mehrere Ausschüsse bestellen, namentlich, um seine Verhandlungen und Beschlüsse vorzubereiten oder die Ausführung seiner Beschlüsse zu überwachen. In der Praxis existieren Ausschüsse, um eine Arbeitsteilung zwischen den Aufsichtsratsmitgliedern zu erreichen. Dies macht die jeweiligen Aufsichtsratsmitglieder und Ausschussvorsitzenden zu Experten in ihrem Bereich.[413] Ihnen sollte es deshalb möglich sein, ihre fachliche Expertise einfließen zu lassen.

Die Gesprächsführung sollte nicht dem Aufsichtsratsvorsitzenden allein übertragen werden – dieser ist schließlich kein Experte in sämtlichen Gebieten. Führt er Investorendialoge zu Themen, die ihm fremd sind, bieten diese Gespräche keinen Mehrwert.

Die Ausschussvorsitzenden sind am besten mit der jeweiligen Materie vertraut; ihre Betrauung mit den Gesprächen ermöglicht es, diese mit inhaltlichem Nutzen zu führen. In einem konstruktiven Dialog sind Nachfragen zu stellen und die Grundsätze von Aktion und Interaktion zu beachten. Dies ist nur möglich, wenn der Gesprächspartner fachlich versiert ist. Ausschussvorsitzende, die Investorendialoge führen, gefährden auch nicht das Gebot der einheitlichen Kapitalmarktkommunikation. Sie sind dazu verpflichtet, den Aufsichtsratsvorsitzenden bzw. den gesamten Aufsichtsrat über die Gespräche aufzuklären. Eine entgegengesetzte Kommunikation ist aufgrund der Pflicht zur Nachinformation und aufsichtsratsinternen Kommunikation unwahrscheinlich. Die Aufsichtsratsvorsitzenden sollten dem Gespräch bei besonders sensiblen Themen beiwohnen. Sensible Themen sind solche, die auf das jeweilige Unternehmen erhebliche Auswirkungen wirtschaftlicher Art haben können. Der Aufsichtsratsvorsitzende kann die Gesprächsführung jederzeit an sich ziehen, um eine einheitliche Kommunikationspolitik zu wahren und die Übermittlung kursrelevanter Informationen zu unterbinden. Eine entsprechende Formulierung könnte lauten:

Die Ausschussvorsitzenden sollten sich mit Investoren über wichtige Themen aus ihrem Zuständigkeitsbereich austauschen. Der Aufsichtsratsvorsitzende sollte dem Gespräch bei sensiblen Themen beiwohnen.

---

413 *Habersack*, in: MüKo-AktG, § 107 Rn. 137; *Hennrichs/Pöschke*, in: MüKo-AktG, § 171 Rn. 81; *Oetker*, in: ErfK, MitbestG, § 25 Rn. 12; *Teichmann*, BB 2004, 53.

cc) Pflicht zur Nachinformation

In Kapitel 2 offenbarte sich die Erkenntnis, dass bei Investorendialogen eine umfassende Nachinformation notwendig ist. Diese Pflicht begründet auch der UKCGC im dritten Satz seiner Provision.

> *„The chair should ensure that the board as a whole has a clear understanding of the views of shareholders."*
> (Der Vorsitzende sollte sicherstellen, dass das *board* als Ganzes ein klares Verständnis von den Ansichten der Aktionäre hat.)

Diese Pflicht zur Nachinformation ist vollumfänglich zu transferieren. Denn nur so erhält der gesamte Aufsichtsrat ein vollumfängliches Meinungsbild von den Ansichten der Investoren. Die Pflicht zur Nachinformation ist nicht auf den Aufsichtsrat beschränkt: Der Aufsichtsratsvorsitzende hat auch den Vorstand zu informieren. Dies ergibt sich schon aus der Pflicht zum loyalen Zusammenwirken.

Die Pflicht zum loyalen Zusammenwirken erfordert, dass der Aufsichtsrat den Vorstand vom Inhalt und den Ergebnissen der Investorendialoge informiert. Denn die Informationsweitergabe zwischen den Organen beschränkt sich nicht auf einen Informationsfluss vom Vorstand zum Aufsichtsrat.[414] Das Verschweigen von Informationen würde widersprüchliche Aussagen fördern und ein loyales Zusammenwirken beider Organe erschweren, wenn nicht gar unmöglich machen. Vorstand und Aufsichtsrat können nur dann sinnvoll zusammenarbeiten, wenn sie über die gleichen Informationen verfügen.

Der Umfang und die Intensität der Nachinformation richtet sich nach dem Einzelfall – manche Themen sind wichtiger als andere oder müssen schneller kommuniziert werden. In dieser Hinsicht hat der Aufsichtsratsvorsitzende deshalb ein gewisses Ermessen. Dieses ermöglicht ihm, seine Nachinformationsverpflichtung an die realen Gegebenheiten und die Umstände in der jeweiligen Situation anzupassen. Der Aufsichtsratsvorsitzende sollte die wichtigsten Eckpunkte des Investorendialogs niederschreiben, sodass sämtliche Aufsichtsrats- und Vorstandsmitglieder von ihnen Kenntnis nehmen können.

Es ist folgerichtig, die Pflicht zur Nachinformation dem Aufsichtsratsvorsitzenden zuzuschreiben. Wie Kapitel 2 offenbarte, liegt es in der Natur der Sache, dass der Aufsichtsrat eines Repräsentanten bedarf, der ihn nach außen hin vertritt. Die Kommunikation über den Aufsichtsratsvorsitzenden stellt sicher, dass

---

414 *Leyendecker-Langner*, NZG 2015, 44, 47; *Spindler*, in: Spindler/Stilz, AktG, § 111 Rn. 28.

der Aufsichtsrat die Kapitalmarktkommunikation im Sinne der *one voice policy* durchführt.[415] Eine entsprechende Regelung für den DCGK könnte lauten:

> **Der Aufsichtsratsvorsitzende stellt sicher, dass der gesamte Aufsichtsrat und Vorstand ein klares Verständnis über die Ansichten der Investoren erhalten.**

3. *Vergütung*

Der UKCGC befasst sich in Provision 41 mit dem Vergütungsausschuss.

> *„There should be a description of the work of the remuneration committee in the annual report, including: what engagement has taken place with shareholders and the impact this has had on remuneration policy and outcomes."*
> (Im Geschäftsbericht sollte eine Beschreibung der Arbeit des Vergütungsausschusses enthalten sein, einschließlich der Frage, welche Interaktion mit den Aktionären stattgefunden hat und welche Auswirkungen dies auf die Vergütungspolitik und die Ergebnisse hatte.)

a) Bedeutung

Der UKCGC empfiehlt in Provision 41, dass das Vergütungskomitee im Jahresbericht angeben soll, inwieweit es mit Aktionären kommunizierte und ob dies den Vergütungsprozess beeinflusste.

b) Stellungnahme zur Übertragbarkeit

Die folgenden Ausführungen beziehen sich zunächst auf die Provision 41. Anschließend erfolgen allgemeine Ausführungen zur Vergütung von Managern. Es ist wichtig, die Hintergründe der Managervergütung zu diskutieren: Nur dann ist man dazu fähig, die aktuelle Diskussion nachzuvollziehen. Denn es hat gute Gründe, warum Investoren – neben ihrem Einfluss auf die personelle Besetzung von Vorständen – insbesondere deren Vergütung im Blick haben.

aa) Provision 41

Die Regelung in Provision 41 ist folgerichtig. Sie zielt darauf ab, dass die Gespräche mit Investoren über Vergütungsmodelle nicht „im Sande verlaufen". Die Veröffentlichung von vergütungsbezogenen Investorengesprächen und die daraus resultierenden Auswirkungen haben eine wichtige Funktion. Die Veröffentlichung knüpft im weitesten Sinne an den Gedanken der *comply or explain*-Regel

---

415 Vgl. Kapitel 4 E 2. Aufsichtsratsvorsitzender als Sprachrohr.

des § 161 AktG an. Wenngleich es sich bei der Entsprechenserklärung um *soft law* handelt, übt sie dennoch einen Rechtsfertigungsdruck auf Unternehmen aus.[416] Dieser Druck führt dazu, dass Unternehmen den Anregungen und Empfehlungen des Kodex größtenteils entsprechen: Die tatsächliche Akzeptanz der Kodex-Empfehlungen liegt bei 83,6 Prozent, die von Anregungen bei 65,1 Prozent.[417]

Sollte der Aufsichtsrat lediglich Investorengespräche führen, sich aber später nicht daran gebunden fühlen, verlieren die Gespräche ihren Wert. Der Aufsichtsrat sollte sich zumindest dahingehend äußern, ob die geführten Investorendialoge zu einem besseren praktischen Ergebnis führten. War dies nicht der Fall, sollte sich der Aufsichtsrat dafür rechtfertigen müssen, warum er den Empfehlungen der Investoren nicht entsprochen hat. Wie die Statistiken zur Entsprechensquote des § 161 AktG offenbaren, ist die Entsprechenserklärung durchaus ein geeignetes Werkzeug, um den Aufsichtsrat dazu zu bewegen, sinnvolle Anregungen umzusetzen. Für einen Rechtstransfer der Provision 41 spricht auch der § 87 I AktG, der vorschreibt, dass der Aufsichtsrat bei der Festsetzung der Gesamtbezüge des einzelnen Vorstandsmitglieds dafür zu sorgen hat, dass diese in einem angemessenen Verhältnis zu den Aufgaben und Leistungen des Vorstandsmitglieds sowie zur Lage der Gesellschaft stehen und die übliche Vergütung nicht ohne besondere Gründe übersteigen.

Eine Entsprechenserklärung ist ein optimales Werkzeug, um diesen Zielen gerecht zu werden. Letztlich liegt die Einführung einer Entsprechenserklärung auch im Sinne des Aufsichtsrats. Er beweist hierdurch, dass er die Vergütung durchdacht festsetzte und muss sich deshalb nicht dem Vorwurf der Untreue aussetzen. Ein Aufsichtsrat, der eine überzogene Vorstandsvergütung festsetzt, kann sich nämlich wegen Untreue nach § 266 StGB strafbar machen.[418]

bb) Vergütung von Vorstand und Aufsichtsrat

Im UKCGC findet sich Provision 41 nicht ohne Grund. Sie ist Reaktion auf die vergangenen Gehaltsexzesse in Großunternehmen. In den Medien und der

416 *Bayer/Scholz,* in: Spindler/Stilz, AktG, § 161 Rn. 7; *BDI,* Stellungnahme – Zu den Änderungsvorschlägen der Regierungskommission zum DCGK vom 15.12.2016, S. 1; *Goette,* in: MüKo-AktG, § 161 Rn. 38; *Grigoleit/Zellner,* in: Grigoleit, AktG, § 161 Rn. 5; *Hölters,* in: Hölters, AktG, § 161 Rn. 1; *Koch,* in: Hüffer/Koch, AktG, § 161 Rn. 1, 3; *Seidel,* ZIP 2004, 285, 290.

417 Vgl. *Koch,* in: Hüffer/Koch, AktG, § 161 Rn. 1, 3; *Werder/Turkali,* DB 2015, 1357, 1359.

418 Vgl. *Hohn,* NStZ 2004, 113 ff.; *Körner,* NJW 2004, 2697, 2699.

akademischen Welt ist die Vergütung von Managern allgegenwärtig – wenngleich das Einkommen von Spitzensportlern zumeist wesentlich höher ausfällt.[419]

(1) Explosion der Vorstandsvergütung

Die Vorstandsvergütung stieg in den vergangenen Jahrzehnten immens an. Die *CEO to Worker Ratio* lag in den 90er Jahren noch bei 33. Dies bedeutet, dass das Gehalt von Vorstandsmitgliedern damals nur 33-fach so hoch war wie das eines durchschnittlichen Arbeitnehmers. Diese Ratio wuchs in den wenigen Jahren bis zur Jahrtausendwende auf das mehr als 200-fache an. Die Vorstandsvergütung entwickelte sich in den letzten Jahrzehnten nicht linear, sondern explosionsartig.[420] Im Jahr 2014 erreichten Vorstände deutscher DAX-Unternehmen das 57-fache eines durchschnittlichen Arbeitnehmers. Die Spanne reichte vom 17-fachen bei Beiersdorf bis hin zum 141-fachen bei Volkswagen. Sie ist aber immerhin noch kleiner als in den USA, wo Vorstände im Schnitt das 355-fache ihrer Arbeitnehmer verdienen. Hohe Gehälter ziehen teils negative Verhaltensänderungen nach sich: Studien belegen, dass überzogen großzügig entlohnte Manager höhere Risiken eingehen, was zu Lasten von Aktionären und Beschäftigten geht.[421]

(2) Grenzen der Vergütung

Bevor die Frage beantwortet werden kann, warum Investorendialoge für die Erarbeitung von Vergütungsmodellen wichtig sind, ist zu hinterfragen, warum die Vergütung von Aufsichtsrat und Vorstand einzugrenzen ist. Die soziale Marktwirtschaft basiert auf der Idee der Privatautonomie. Eingriffe durch den Gesetzgeber sind nur erlaubt, wenn sie absolut unerlässlich sind.[422] Der Gesetzgeber soll Minderheiten schützen und ihnen ein gutes Leben ermöglichen. Diese Idee wirkt sich in verschiedener Hinsicht auf die Aufsichtsrats- und

---

419 *Lücke*, NZG 2005, 692; vgl. *Singer*, In Executive Pay, a Rich Game of Thrones, https://www.nytimes.com/2012/04/08/business/in-chief-executives-pay-a-rich-game-of-thrones.html?_r=0 (zuletzt aufgerufen am: 15.08.2020).

420 Vgl. *Noll*, Wie hoch dürfen die Gehälter von Spitzenmanagern sein?, https://businesspf.hs-pforzheim.de/fileadmin/user_upload/uploads_redakteur_wirtschaft/Fakultaet_zentral/Dokumente/2013/Turmthesen/TT_Bd2_01_Noll.pdf (zuletzt aufgerufen am 15.08.2020).

421 Vgl. *Hans Böckler Stiftung*, Einer verdient wie 57, https://www.boeckler.de/67713_67724.htm (zuletzt aufgerufen am 15.08.2020).

422 *Köhler*, BGB AT, 2. Kapitel. Die Rechtsgeschäftslehre, § 5 Rn. 2; *Riesenhuber*, ZfPW 2018, 352, 356; *Schubert*, in: MüKo-BGB, § 242 Rn. 526 ff.

Vorstandsvergütung aus. Das Auseinanderdriften von Managementgehältern und den Gehältern der Arbeitnehmer - wie in den USA - ist in Deutschland unerwünscht. Eine allzu starke Begrenzung von Vorstandsgehältern ist aber andererseits auch nicht zielführend. Hohe Gehälter, die nur im Falle eines nachhaltigen Unternehmenswachstums ausgezahlt werden, setzen Anreize und stimulieren den Vorstand dazu, das Unternehmenswachstum dauerhaft zu steigern.[423] Dieses Wachstum kommt letztlich allen zugute - Vorständen, Aktionären, dem Staat und der Öffentlichkeit. Wenn die Vorstandsvergütung zu hoch ausfällt, führt dies aber wiederum zu einer unfairen Verteilung des Reichtums.[424] Investorendialoge können dabei helfen, die Vergütung in einem angemessenen Rahmen zu belassen.

(3) Konfliktpotential

Investoren sollten das Recht haben, dem Aufsichtsrat ihre Meinung über Vergütungskriterien mitzuteilen. Dies ist auf die Tatsache zurückzuführen, dass zwischen ihnen als Eigentümern des Unternehmens und dem Management ein grundsätzlicher Konflikt besteht. Dieser Konflikt wird in der Betriebswirtschaft insbesondere durch zwei Theorien verdeutlicht.

(a) Prinzipal-Agenten-Theorie

In Unternehmen, in denen ein Vorstand erforderlich ist, sind Management und Eigentümerschaft normalerweise getrennt. Dies führt zu einem Konflikt, der in der Prinzipal-Agenten-Theorie festgehalten ist.[425] Der „Prinzipal" ist in diesem Fall der Aktionär, der „Agent" der Vorstand. Der Vorstand verfügt über einen Wissensvorsprung, den er zu seinem Wohle oder für das Wohl der Aktionäre einsetzen kann.[426] Ein Konflikt entsteht immer dann, wenn der Vorstand seine Interessen über die der Aktionäre stellt.[427] Weil der Vorstand einen Wissensvorsprung hat, weiß der Aktionär nie, ob er wirklich in seinem Interesse handelt.

423 *Dauner-Lieb*, in: Henssler/Strohn, AktG, § 87 Rn. 2; *Spindler*, in: MüKo-AktG, § 87 Rn. 1.

424 *Koch*, in: Hüffer/Koch, AktG, § 87 Rn. 1; *Schwennicke*, in: Grigoleit, AktG, § 87 Rn. 1; *Spindler*, in: MüKo-AktG, § 87 Rn. 6; *Weber*, in: Hölters, AktG, § 87 Rn. 1.

425 *Brink*, Corporate Governance and Business Ethics. Ethical Economy, S. 10 f.; *Mallin*, Corporate Governance, S. 16.

426 *Pratt/Zeckhauser*, Principals and Agents. The Structure of Business, S. 2.

427 *Thevenoz/Bahar*, Conflicts of Interest: Corporate Governance and Financial Markets, S. 283; *Wittek/Snijders/Nee*, The Handbook of Rational Choice Social Research, S. 418.

Die Ausbeutung dieses Wissensvorsprungs bezeichnet man als *moral hazard.* Die Prinzipal-Agenten-Theorie beeinflusst die Vorstandsvergütung in vielseitiger Hinsicht. *Bebchuk* und *Fried* entwickelten im Jahr 2004 die *managerial-power-theory*: Die Wissenschaftler kamen zu dem Ergebnis, dass der Vorstand in Unternehmen mit einer schwachen Corporate Governance dazu fähig ist, seine Vergütung zu erhöhen.[428] Die Vorstandsvergütung ist immer wieder Gesprächsthema. Wie zuvor erläutert, ist die *CEO to Worker Ratio* seit den 90er Jahren von 33 auf 57 angestiegen. Deshalb ist es notwendig, die Corporate Governance dahingehend im DCGK zu stärken.

Investoren könnten die Vergütung positiv beeinflussen, indem sie Langzeit-Anreize vorschlagen. Vorstände, die einen Teil ihrer Vergütung in Aktien erhalten, versuchen den Aktienkurs kurzfristig zu steigern und die Aktien dann gewinnbringend abzustoßen. Dies ist nur selten im Interesse der Aktionäre, erhöht ihre eigene Vergütung aber immens.[429] Investoren können dabei helfen, sinnvolle Vergütungsstrukturen zu erarbeiten. Wenn ein Vorstandsmitglied seine Aktien beispielsweise erst nach einigen Jahren erhält, fällt seine Vergütung nur positiv aus, wenn sich das Unternehmen langfristig positiv entwickelt.[430] Investorendialoge erhöhen in diesem Gebiet jedenfalls die Transparenz, was zu besseren Vergütungsstrukturen führt und die Überwachung dieser Prozesse allgemein verbessert.

(b) Shareholder-Value-*Theorie*

An eine langfristig positive Unternehmensentwicklung knüpft auch die *Shareholder-Value*-Theorie an. Diese basiert auf dem Gedanken, dass ein Unternehmen im Interesse seiner Aktionäre handeln muss. Das höchste Ziel eines Unternehmens ist die Steigerung seines Wertes für die Aktionäre.[431] Deshalb sind die Interessen der Aktionäre bei allen unternehmerischen Entscheidungen zu berücksichtigen. Dies gilt umso mehr, als dass Aktionäre ihre Gewinne über Aktien und Dividenden erwirtschaften.[432] Dies ist nur möglich, wenn der

---

428 *Frydman/Jenter*, CEO Compensation, S. 90.

429 *Hoegen*, Reform der Vorstandsvergütung, S. 320; *Pape*, Vergütungs- und Abfindungszahlungen an Vorstandsmitglieder deutscher Aktiengesellschaften im Fall feindlicher Unternehmensübernahmen, S. 72; *von Eckardstein/Konlechner*, Vorstandsvergütung und gesellschaftliche Verantwortung der Unternehmung, S. 15.

430 *Bebchuk/Fried*, Executive Compensation as an Agency Problem, S. 76.

431 *Haberberg/Rieple*, Strategic Management: Theory and Application, S. 72.

432 *Bierman*, Increasing Shareholder Value: Distribution Policy, a Corporate Finance Challenge, S. 6; *Haberberg/Rieple*, Strategic Management: Theory and Application, S. 72.

Aktienkurs stabil bleibt und angemessene Vergütungskriterien eine Manipulation desselben unterbinden. Eine undurchdachte Vorstandsvergütung, die den Aktienkurs kurzfristig erhöht, aber langfristig absinken lässt, ist deshalb zwingend durch strukturelle Maßnahmen zu unterbinden.[433] Für Unternehmen ist eine langfristig ausgerichtete Strategie unerlässlich. Dies offenbaren auch Studien: Darin schneiden Familienunternehmen wegen der langfristigen Ausrichtung ihrer Unternehmen wesentlich besser ab.[434]

(c) Vergütung nach der EU-Aktionärsrechterichtlinie

Investoren sollten über Dialoge mit dem Aufsichtsrat die Möglichkeit haben, ihre Meinung über Vergütungsstrukturen zu äußern und entsprechende Vorschläge zu unterbreiten. Dies sieht auch die Richtlinie EU 2017/828[435] vor, die Aktionäre stärker einbeziehen möchte. Sie soll die Langzeitperformance von Unternehmen verbessern, was wiederum Aktionären zugutekommen soll. In Erwägungsgrund 2 führt dies die Richtlinie entsprechend aus:

> *„Die Finanzkrise hat gezeigt, dass Aktionäre die übermäßige kurzfristige Risikobereitschaft von Managern in vielen Fällen unterstützt haben. Zudem liegen konkrete Anhaltspunkte dafür vor, dass die derzeitige „Überwachung" von Gesellschaften, in die investiert wurde, sowie das Engagement von institutionellen Anlegern und Vermögensverwaltern oft unzureichend und zu stark auf kurzfristige Gewinne ausgerichtet sind, was zu einer unzureichenden Corporate Governance und Wertentwicklung führen kann."*[436]

In Erwägungsgrund 28 führt die Richtlinie weiter aus:

> *„Da die Vergütung eines der Hauptinstrumente ist, mit dem Gesellschaften ihre Interessen mit denen der Mitglieder ihrer Unternehmensleitung in Einklang bringen können, und angesichts der zentralen Rolle, die Mitglieder der Unternehmensleitung in Gesellschaften spielen, ist es wichtig, dass die Vergütungspolitik von Gesellschaften angemessen von den*

433 *Kershaw*, Company Law in Context: Text and Materials, S. 283; *Padgett*, Corporate Governance, Theory and Practice, S. 104.

434 Vgl. The Credit Suisse Family 1000, https://www.kreditwesen.de/system/files/content/inserts/2017/the-cs-family-1000.pdf (zuletzt aufgerufen am 15.08.2020).

435 Richtlinie (EU) 2017/828 des Europäischen Parlaments und des Rates vom 17.05.2017 zur Änderung der Richtlinie 2007/36/EG im Hinblick auf die Förderung der langfristigen Mitwirkung der Aktionäre, ABl. L 132, 1.

436 Richtlinie (EU) 2017/828 des Europäischen Parlaments und des Rates vom 17.05.2017 zur Änderung der Richtlinie 2007/36/EG im Hinblick auf die Förderung der langfristigen Mitwirkung der Aktionäre, ABl. L 132, 1.

zuständigen Gremien innerhalb der Gesellschaft festgelegt wird und dass die Aktionäre die Möglichkeit haben, ihre Ansichten zur Vergütungspolitik der Gesellschaft zu äußern."[437]

Die EU-Aktionärsrechterichtlinie EU 2017/828[438] besagt, dass Aktionäre die Möglichkeit haben sollen, sich zur Vergütungspolitik der Gesellschaft mitzuteilen. Dies äußert sich insbesondere in Art. 9a über das Recht auf Abstimmung über die Vergütungspolitik. Hiernach haben Aktionäre das Recht, über die Vergütungspolitik der Gesellschaft in der Hauptversammlung abzustimmen. Gemäß Art. 9a II ist die Abstimmung über die Vergütungspolitik durch die Aktionäre verbindlich. Gesellschaften dürfen die Mitglieder der Unternehmensleitung nur entsprechend der von der Hauptversammlung genehmigten Vergütungspolitik entlohnen. Art. 9b I stellt schließlich klar, welche Informationen der Vergütungsbericht zu enthalten hat.

Durch das ARUG II[439] sind die Art. 9a und 9b der EU-Aktionärsrechterichtlinie EU 2017/828[440] schließlich in deutsches Recht umgesetzt worden. Der neu eingeführte § 87a AktG listet die Inhalte des Vergütungssystems auf, die der Vorstand zusammen mit dem Aufsichtsrat nach § 162 AktG in einem Vergütungsbericht zusammenfassen muss.[441] Die Aktionäre von Gesellschaften erhalten über § 120a I AktG das Recht, diesen Vergütungsbericht einzusehen und ein Votum hierzu mindestens alle vier Jahre über die Hauptversammlung abzugeben.[442] Die Hauptversammlung erhält über § 120a IV AktG das Recht, das Vergütungssystem zu billigen. Nach § 120a III AktG ist der Hauptversammlung bei Nicht-Billigung des Vergütungssystems in der darauffolgenden Hauptversammlung

---

437 Richtlinie (EU) 2017/828 des Europäischen Parlaments und des Rates vom 17.05.2017 zur Änderung der Richtlinie 2007/36/EG im Hinblick auf die Förderung der langfristigen Mitwirkung der Aktionäre, ABl. L 132, 1, 5.

438 Richtlinie (EU) 2017/828 des Europäischen Parlaments und des Rates vom 17.05.2017 zur Änderung der Richtlinie 2007/36/EG im Hinblick auf die Förderung der langfristigen Mitwirkung der Aktionäre, ABl. L 132, 1.

439 Gesetz zur Umsetzung der zweiten Aktionärsrechterichtlinie (ARUG II) vom 12.12.2019, BGBl. I 2019, 2637.

440 Richtlinie (EU) 2017/828 des Europäischen Parlaments und des Rates vom 17.05.2017 zur Änderung der Richtlinie 2007/36/EG im Hinblick auf die Förderung der langfristigen Mitwirkung der Aktionäre, ABl. L 132, 1, 19 ff.

441 *Stöber*, DStR 2020, 391, 395; *Schmidt*, NZG 2018, 1201, 1205 ff.

442 *Diekmann*, BB 2018, 3010; *Dörrwächter/Leuering*, NJW-Spezial 2020, 15 ff.; *Marsch-Barner*, in: Marsch-Barner/Schäfer, Handbuch börsennotierte AG, 1. Kapitel, § 2, II. 3. e), Rn. 2.56; *Scheffler*, AG 2019, R92; *Schockenhoff/Nußbaum*, AG 2018, 813 f.; *Zwirner/Vodermeier*, IRZ 2020, 53 ff.

durch den Aufsichtsrat ein überprüftes Vergütungssystem vorzulegen.[443] Der § 120a III AktG verlangt jedoch nicht, dass die Überprüfung auch zu einer Änderung des Systems führt – dieses kann demzufolge beliebig oft neu vorgelegt werden.[444] Insoweit hat der deutsche Gesetzgeber von der Möglichkeit in Art. 9a III ARRL Gebrauch gemacht, sodass die Abstimmung der Hauptversammlung nur beratenden Charakter hat.[445]

Gerade vor diesem Hintergrund ist es wichtig, dass eine Regelung ähnlich der Provision 41 auch in den DCGK aufgenommen wird. Vorstand und Aufsichtsrat müssen zwar nach Grundsatz 25 DCGK jährlich einen Vergütungsbericht erstellen. Soweit sie mit Investoren in Kontakt getreten sind, müssen sie sich jedoch nicht dafür rechtfertigen, warum Empfehlungen aus den Investorendialogen nicht umgesetzt worden sind. Durch eine Regelung wie in Provision 41 müssten Aufsichtsrat und Vorstand in ihrer Entsprechenserklärung zumindest bekannt geben, ob eine Interaktion mit Investoren über die Vergütungspolitik stattgefunden hat und welche Auswirkungen diese Interaktion hatte. Wenn die Hauptversammlung hinsichtlich der Vergütungspolitik schon kein (verbindliches) Mitspracherecht hat, so würde eine Regelung wie in Provision 41 zumindest einen leicht erhöhten Rechtfertigungsdruck ausüben. Dieser kommt letztlich der Gesellschaft als Ganzer zugute, indem Vorstand und Aufsichtsrat dazu angehalten werden, ihre ablehnende Haltung gegenüber Änderungsvorschlägen hinsichtlich der Vergütungsstruktur zu begründen. Weiterhin: Durch Interaktionen mit Investoren über die Vergütungspolitik können Aufsichtsrat und Vorstand einerseits wertvolles Wissen über die Ansichten der Investoren gewinnen. Andererseits kann den Investoren auch mitgeteilt werden, warum gewisse Vergütungsstrukturen nicht sinnvoll sind. Dies könnte dabei helfen, dass die Hauptversammlung eher dazu gewillt ist, das Vergütungssystem zu billigen.

cc) Leitlinien für eine nachhaltige Vorstandsvergütung

Für eine Übertragung der Provision 41 könnten auch die vielen Stimmen aus der Wirtschaft sprechen, die die „Leitlinien für eine nachhaltige Vorstandsvergütung“ entwarfen.[446] Diese offenbaren, dass Investorendialoge über

---

443 *Löbbe/Fischbach*, AG 2019, 373, 377; *Spindler*, AG 2020, 61, 70 ff.; *Stöber*, DStR 2020, 391, 394 f.

444 *Löbbe/Fischbach*, AG 2019, 373, 378 f.; *Stöber*, DStR 2020, 391, 394 f.

445 *Stöber*, DStR 2020, 391, 394.

446 Vgl. *DIRK*, Leitlinien für eine nachhaltige Vorstandsvergütung, https://www.dirk.org/dirk_webseite/static/uploads/180910_PM_DIRK_Leitlinien_Vorstandsverguetung.pdf (zuletzt aufgerufen am 15.08.2020).

Vergütungssysteme nicht nur rechtlich erlaubt sind, sondern die Wirtschaft sie ebenfalls als notwendig betrachtet.

(1) Inhalt

Der DIRK nahm am 10.09.2018 in einer Pressemitteilung Stellung zu den Leitlinien für eine nachhaltige Vorstandsvergütung. Der DIRK begrüßte die Leitlinien als „wertvollen Diskussionsbeitrag, auch in Anbetracht der laufenden Überarbeitung des DCGK". Die Leitlinien für eine nachhaltige Vorstandsvergütung[447] erarbeitete eine prominent besetzte Kommission aus Aufsichtsratsvorsitzenden, Vertretern institutioneller Investoren, akademischen Vertretern und Corporate Governance-Experten.[448] Initiatoren der Leitlinien waren Dr. Hans-Christoph Hirt von der Hermes EOS und Michael H. Kramarsch von der hkp-Group.[449] Die Leitlinien widmen sich im Abschnitt 3 dem Investorendialog.

> *„3.1. Mit Investoren soll ein regelmäßiger Dialog zur Vorstandsvergütung geführt werden, insbesondere bei geplanten wesentlichen Veränderungen des Vergütungssystems. Dieser Dialog mit Investoren soll rechtzeitig vor der Hauptversammlung geführt werden (generell nicht später als sechs Monate vor der Hauptversammlung). Erläuterung: Privataktionäre vertretende Schutzgemeinschaften und Stimmrechtsberater sollen in den Dialog eingebunden werden.*
> *3.2. Insbesondere bei negativen HV-Abstimmungsergebnissen oder einer signifikanten Anzahl an Gegenstimmen (größer als 25 %) bei der Abstimmung zum Vergütungssystem zur Vergütung sollen Unternehmen im Dialog mit Investoren die kritischen Vergütungselemente erörtern."*

Die Autoren der Leitlinien sprechen explizit an, dass sie Fakten und Erfahrungen aus den vergangenen zehn Jahren in die Diskussion einfließen ließen. Dazu gehören die folgenden Erkenntnisse:

---

447 *DIRK*, Leitlinien für eine nachhaltige Vorstandsvergütung, http://www.leitlinien-vorstandsverguetung.de/wp-content/uploads/2018/07/Leitlinien_WEB.pdf (zuletzt aufgerufen am 15.08.2020).

448 *Brandt, Feldmann, Fitschen, Hambrecht, Lehner, Wenning, Huber, Kulmann, Schmidt, Speich, Strenger, Wolf, Franzmann, Schmidt, Semrau, Siepmann, Viehs, Hirt* und *Kramarsch*, Leitlinien für eine nachhaltige Vorstandsvergütung, Fassung vom 05.07.2018, S. 5, https://www.dirk.org/dirk_webseite/static/uploads/180910_PM_DIRK_Leitlinien_Vorstandsverguetung.pdf (zuletzt aufgerufen am 15.08.2020).

449 Vgl. *DIRK*, Leitlinien für eine nachhaltige Vorstandsvergütung, S. 9, https://www.dirk.org/dirk_webseite/static/uploads/180910_PM_DIRK_Leitlinien_Vorstandsverguetung.pdf (zuletzt aufgerufen am 15.08.2020).

„- Die Vergütung für Vorstandsvorsitzende stieg in den Jahren 2006 bis 2016 mit einem Plus von 2,4 Prozent nicht sonderlich stark an.
- Die Vorstandsvergütungssysteme sind in Bezug auf Vergütungskomponenten und Bemessungsgrundlagen (sog. Key Performance Indicators, KPIs) komplexer geworden. Viele langfristige Anreizsysteme werden kritisch dahingehend hinterfragt, inwieweit deren strategische Zielsetzungen nachhaltig Wert für alle Stakeholder schaffen. Dabei wird auch die Sinnhaftigkeit von rein finanziellen Erfolgsgrößen wie Total Shareholder Return und Earnings Per Share für die Messung des langfristigen Unternehmenserfolgs thematisiert.
- Die Vergütungssysteme deutscher Aktiengesellschaften stehen unter wachsender kritischer Beobachtung durch Investoren und Stimmrechtsberater. Mit durchschnittlich über 30 Prozent Gegenstimmen stießen die in 2017 vorgeschlagenen Vergütungssysteme auf deutlichen Widerstand der Aktionäre. Große institutionelle Investoren und Stimmrechtsberater haben eigene Richtlinien zu Vorstandsvergütungssystemen mit teilweise sehr unterschiedlicher Ausrichtung und teilweise erhöhten Anforderungen in Einzelfragen der Ausgestaltung veröffentlicht. Kleinere und mittlere Investoren orientieren sich vielfach an diesen Richtlinien. Der relativ hohe Anteil von Gegenstimmen spiegelt auch unterschiedliche, teils gegensätzliche Anforderungen der Investoren an die Ausgestaltung von Vorstandsvergütungssystemen wider.“[450]

(2) Stellungnahme

Die Ausführungen der „Leitlinien für eine nachhaltige Vorstandsvergütung“ verdeutlichen, dass die Vorstellungen von Aktionären über Vergütungssysteme deutlich von denen der Gesellschaften abweichen. Die hohe Divergenz der Ansichten über Vergütungssysteme – die sich anhand der hohen Anzahl von durchschnittlich 34 Prozent Gegenstimmen[451] offenbart – lässt darauf schließen, dass Investorendialoge über Vergütungssysteme zumindest aus Sicht der Investoren zwingend notwendig sind. Die Zustimmung von Investoren zu Vergütungssystemen in DAX-Unternehmen ist von 91 Prozent im Jahr 2010 auf 66 Prozent im Jahr 2017 gefallen. Dafür kann es zwei Gründe geben: Zum einen könnten Investoren in den vergangenen Jahren kritischer geworden sein. Zum

---

450 Vgl. *DIRK*, Leitlinien für eine nachhaltige Vorstandsvergütung, S. 5, https://www.dirk.org/dirk_webseite/static/uploads/180910_PM_DIRK_Leitlinien_Vorstandsverguetung.pdf (zuletzt aufgerufen am 15.08.2020).

451 *HKP-Group/Ipreo*, Say-on-Pay: Which way does the coin flip?, The influence of different investor groups & proxy advisors on executive compensation decisions in public companies in Switzerland and Germany, Figure 7: Say-on-Pay approval rates in DAX companies since 2010, https://www.hkp.com/download?url=article_pdfs%2FbY3nzhriF3k5qEf73ubPTY813FvATyRu0EOb0IrD.pdf&name=say-on-pay-which-way-does-the-coin-flip.pdf (zuletzt aufgerufen am 15.08.2020).

anderen besteht die Möglichkeit, dass sich die Vergütungssysteme über die letzten Jahre verschlechtert haben und weniger mit den Interessen von Investoren übereinstimmen.[452]

(a) 3.1 Investorendialog

Abschnitt 3.1 der Leitlinien bezieht sich auf den Investorendialog. Die Verfasser sind der Ansicht, dass Investorendialoge zwingend notwendig sind, zumindest wenn wesentliche Veränderungen des Vergütungssystems geplant sind. Dieser Ansicht ist zuzustimmen: Wenn Investorendialoge schon bei grundsätzlichen Fragen der Ausgestaltung von Vergütungssystemen erforderlich sind, dann erst recht bei tiefgreifenden Veränderungen. Gleiches gilt für den zeitlichen Rahmen: Die Durchführung von Investorendialogen kurz vor der Hauptversammlung ist abzulehnen. Ein Mindestzeitraum von sechs Monaten reicht aus, um die verschiedenen Aspekte, die für und gegen das geplante Vergütungssystem sprechen, ausreichend zu beleuchten. Ein kürzer bemessener Zeitraum bietet nicht ausreichend Gelegenheit, das geplante Vergütungssystem zu untersuchen und zu bewerten.

(b) 3.2 Gegenstimmen

Abschnitt 3.2 stellt eine Regelung auf, die bestimmt, wann Investorendialoge zwingend durchzuführen sind.

> *„3.2. Insbesondere bei negativen HV-Abstimmungsergebnissen oder einer signifikanten Anzahl an Gegenstimmen (größer als 25 %) bei der Abstimmung zum Vergütungssystem zur Vergütung sollen Unternehmen im Dialog mit Investoren die kritischen Vergütungselemente erörtern."*

Auch dieser Regelung ist zuzustimmen. Stößt ein Vergütungssystem auf Seiten der Investoren auf eine immense Ablehnung, wäre es verfehlt, die Argumente von Investoren nicht zu berücksichtigen. Investorendialoge sollen ja gerade dazu dienen, Unstimmigkeiten aufzudecken und problematische Vergütungsaspekte zu beleuchten.

---

452 *HKP-Group/lpreo*, Say-on-Pay: Which way does the coin flip?, The influence of different investor groups & proxy advisors on executive compensation decisions in public companies in Switzerland and Germany, S. 12, https://www.hkp.com/download?url=article_pdfs%2FbY3nzhriF3k5qEf73ubPTY813FvATyRu0EOb0IrD.pdf&name=say-on-pay-which-way-does-the-coin-flip.pdf (zuletzt aufgerufen am 15.08.2020).

(3) *Zwischenfazit zu den Leitlinien*

Die Leitlinien und die Begründung für ihre Veröffentlichung verdeutlichen, dass institutionelle Investoren das Bedürfnis haben, sich mit Gesellschaften über ihre Vergütungskriterien auszutauschen. Sie haben die Notwendigkeit von Investorendialoge über Vergütungssysteme offenbart: Im Jahr 2017 wehrten sich Aktionäre deutlich gegen die von den Gesellschaften vorgeschlagenen Vergütungssysteme – 34 Prozent der Aktionäre stimmten im Durchschnitt gegen die vorgeschlagenen Vergütungssysteme.[453]

dd) *Zwischenfazit zu Provision 41*

Provision 41 ist folgerichtig. Es ist empfehlenswert, sie in ihrer Ausgestaltung auch in den DCGK aufzunehmen. Eine Ausgestaltung als Empfehlung führt dazu, dass die Investorengespräche und Anliegen der Aktionäre nicht „im Sande verlaufen" – schließlich unterliegt die Empfehlung dann der Entsprechenserklärungsregelung des § 161 AktG. Viele Investoren sind hochspezialisiert und dazu fähig, sinnvolle Vergütungsstrukturen und -kriterien zu empfehlen. Letztlich sind sie aber auch Aktionäre und damit Eigentümer des Unternehmens. Sie sind dazu verpflichtet, präventiv gegen Korruption und Untreue vorzugehen, indem sie eine unangemessene Vorstandsvergütung unterbinden. Für eine Übertragung der Provision 41 spricht auch § 87 I AktG, der dem Aufsichtsrat vorschreibt, unangemessene Vergütungen zu verhindern. Die in einer Spirale ansteigenden Managergehälter sprechen gleichfalls für die Einführung einer Empfehlung. Diese sind vor dem Hintergrund der Erkenntnisse der *Shareholder-Value-* und der Prinzipal-Agenten-Theorie nicht zu rechtfertigen. Eine entsprechende Regelung in Deutschland könnte lauten:

Das Vergütungskomitee soll in seinem Jahresbericht angeben, ob Investorendialoge die Vergütung betreffend stattgefunden haben und wie sich diese auf ihre Vergütungspolitik auswirkten.

---

453 *HKP-Group/Ipreo*, Say-on-Pay: Which way does the coin flip?, The influence of different investor groups & proxy advisors on executive compensation decisions in public companies in Switzerland and Germany, Figure 7: Say-on-Pay approval rates in DAX companies since 2010, https://www.hkp.com/download?url=article_pdfs%2FbY3nzhriF3k5qEf73ubPTY813FvATyRu0EOb0IrD.pdf&name=say-on-pay-which-way-does-the-coin-flip.pdf (zuletzt aufgerufen am 15.08.2020).

4. *Fazit*

Kapitel 4 kam zu dem Schluss, dass viele der britischen UKCGC-Regelungen auf das deutsche Recht übertragbar sind und ein Rechtstransfer auch sinnvoll ist. Insgesamt ist zu empfehlen, die Anregung A.3 DCGK um die folgenden Ausführungen zu ergänzen.

B. Vorschläge zur Ergänzung von Anregung A.3 DCGK

Der Aufsichtsratsvorsitzende soll in angemessenem Rahmen bereit sein, mit Investoren über aufsichtsratsspezifische Themen Gespräche zu führen.

Der Aufsichtsrat legt gemeinsam mit dem Vorstand die Rahmenbedingungen für Investorendialoge fest. Vorstand und Aufsichtsrat gehen aktiv auf Aktionäre zu und regen diese zu einem Dialog an.

Der Aufsichtsratsvorsitzende soll sich regelmäßig mit den wichtigsten Investoren treffen, um ein klares Verständnis für ihre Anliegen zu entwickeln.

Die Ausschussvorsitzenden sollen sich mit Investoren über wichtige Themen aus ihrem Zuständigkeitsbereich austauschen. Bezieht sich der Investorendialog auf einen arbeitnehmerspezifischen Themenbereich, kann ein Aufsichtsratsmitglied, das von der Arbeitnehmerseite stammt, dem Dialog beiwohnen. Der Aufsichtsratsvorsitzende sollte dem Gespräch bei sensiblen Themen beiwohnen.

Der Aufsichtsratsvorsitzende stellt sicher, dass der gesamte Aufsichtsrat und Vorstand ein klares Verständnis über die Ansichten der Investoren erhalten.

Das Vergütungskomitee soll in seinem Jahresbericht angeben, ob Investorendialoge die Vergütung betreffend stattgefunden haben und wie sich diese auf ihre Vergütungspolitik auswirkten.

Kapitel 7 Gesprächsinhalte eines Dialogs

Die Dissertation führte zu der Erkenntnis, dass der Aufsichtsrat kraft Natur der Sache die Kompetenz hat, aufsichtsratsspezifische Gespräche zu führen. Diese gesetzliche Grundlage – die Natur der Sache – erlaubt Investorendialoge aber nicht nur, sondern beschränkt sie zugleich. Inhalt von Investorendialogen können ausschließlich aufsichtsratsspezifische, keinesfalls aber vorstandsspezifische Gesprächsinhalte sein. Die Leitsätze für den Dialog zwischen Investor und Aufsichtsrat der Initiative *Developing Shareholder Communication* geben typische Gesprächsinhalte wieder.[454] Diese sind aber nur insoweit relevant, als sie oft Gegenstand von Dialogen sind. Sie sind keinesfalls abschließend, sondern stellen lediglich eine exemplarische Aufzählung dar. Im Folgenden wird jeder Leitsatz dargestellt und mit einer Stellungnahme kommentiert. Dabei ist insbesondere die Frage zu klären, warum gerade diese Gesprächsthemen im Fokus der Arbeitsgruppe standen und ob sie für die Praxis tauglich sind. Es ist wichtig, nachvollziehen zu können, warum Investorendialoge notwendig sind und wie diese in der Praxis auszugestalten sind. Ansonsten würden die rechtlichen Lösungen in der Dissertation zu theoretischen Lösungsansätzen verblassen, die nicht praxistauglich sind. Die möglichen Gesprächsinhalte zeigen auch auf, welche Themenschwerpunkte es bei Investorendialogen gibt und welche Änderungen sie in der Praxis bewirken können.

A. *Developing Shareholder Communication*

Ein erster Anhaltspunkt, der Aufschluss über eine mögliche praktische Gestaltung von Investorendialogen bringen kann, sind die Leitsätze der Initiative *Developing Shareholder Communication*.[455]

---

454 Vgl. Leitsätze für den Dialog zwischen Investor und Aufsichtsrat, Fassung vom 05.07.2016, https://www.dai.de/files/dai_usercontent/dokumente/pressemitteilungen/2016-07-05%20Leitsaetze%20fuer%20den%20Dialog%20zwischen%20Investor%20und%20Aufsichtsrat.pdf (zuletzt aufgerufen am 15.08.2020).

455 Vgl. Leitsätze für den Dialog zwischen Investor und Aufsichtsrat, Fassung vom 05.07.2016, https://www.dai.de/files/dai_usercontent/dokumente/pressemitteilungen/2016-07-05%20Leitsaetze%20fuer%20den%20Dialog%20zwischen%20Investor%20und%20Aufsichtsrat.pdf (zuletzt aufgerufen am 15.08.2020).

I. Ziele der Arbeitsgruppe

Die Arbeitsgruppe *Developing Shareholder Communication* setzt sich aus Stakeholdern, Verbänden, Organisationen, Professoren sowie Unternehmens- und Investorenvertretern zusammen. Die Selbstbeschreibung der Initiative ist die folgende:

> *„Gemeinsame Zielsetzung der Initiative war es, orientierungsgebende und aus der Praxis abgeleitete Leitsätze innerhalb der geltenden regulatorischen Rahmenbedingungen in Deutschland zu entwickeln. Neben der federführenden Arbeitsgruppe, die mit Unternehmens- und Investorenvertretern sowie Wissenschaftlern besetzt war, wurde die Initiative beratend von einer Stakeholder-Gruppe begleitet, in der auch Repräsentanten der Regulatoren sowie ausgewählter Verbände und Organisationen vertreten waren."*[456]

Diese Selbstbeschreibung verdeutlicht, dass sich die Arbeitsgruppe nicht nur aus Rechtswissenschaftlern, sondern insbesondere aus Vertretern der Praxis zusammensetzt. Die Personen und Personengruppen sammelten ihre Erfahrungen und Bedürfnisse aus der Praxis und fassten diese in einem Dokument zusammen. Eine solche Zusammenfassung ist ein idealer Ausgangspunkt, der es erlaubt, die Bedürfnisse der Praxis zu untersuchen und zu verstehen.

II. Besetzung der Arbeitsgruppe

Um die fachliche Kompetenz der Arbeitsgruppe zu verdeutlichen, werden hier ihre Mitglieder gelistet. Dies sind die folgenden Personen:

> *„Prof. Dr. Alexander Bassen (Universität Hamburg), Dr. Jürgen Hambrecht (BASF, Daimler, Fuchs Petrolub), Dr. Hans-Christoph Hirt (Hermes Investment Management), Prof. Dr. Dr. Dr. h.c. mult. Klaus J. Hopt (Direktor em. Max-Planck-Institut für ausländisches und internationales Privatrecht Hamburg), Prof. Dr. Ulrich Lehner (E.ON, Henkel, Deutsche Telekom, Porsche Automobil Holding, ThyssenKrupp), Dr. Stephan Lowis (RWE), Ingo R. Mainert (Allianz Global Investors), Daniela Mattheus (EY), Prof. Christian Strenger (HHL Leipzig Graduate School of Management)."*[457]

---

456 Leitsätze für den Dialog zwischen Investor und Aufsichtsrat, Fassung vom 05.07.2016, S. 5, https://www.dai.de/files/dai_usercontent/dokumente/pressemitteilungen/2016-07-05%20Leitsaetze%20fuer %20den%20Dialog%20zwischen%20Investor%20 und%20Aufsichtsrat.pdf (zuletzt aufgerufen am 15.08.2020).

457 Leitsätze für den Dialog zwischen Investor und Aufsichtsrat, Fassung vom 05.07.2016, S. 5, https://www.dai.de/files/dai_usercontent/dokumente/pressemitteilungen/ 2016-07-05%20Leitsaetze%20fuer%20den%20Dialog%20zwischen%20Investor%20 und%20Aufsichtsrat.pdf (zuletzt aufgerufen am 15.08.2020).

Die Mitglieder der beratenden Stakeholder-Gruppe sind:

> *„Dr. Paul Achleitner (Deutsche Bank, Bayer, Daimler), Kay Bommer (Deutscher Investor Relations Verband), Dr. Christine Bortenlänger (Deutsches Aktieninstitut), Dr. Werner Brandt (RWE, Deutsche Lufthansa, OSRAM Licht, ProSiebenSat. 1 Media), Dr. Joachim Faber (Deutsche Börse), Ralf Frank (Deutsche Vereinigung für Finanzanalyse und Asset Management), Henning Gebhardt (Deutsche Asset Management Investment), Dr. Dr. h.c. Manfred Gentz (Regierungskommission Deutscher Corporate Governance Kodex), Claudia Kruse (APG Asset Management), Thomas Richter (Deutscher Fondsverband BVI), Dr. Manfred Schneider (ehemals RWE, Linde), Prof. Dr. Ulrich Seibert (Heinrich-Heine-Universität Düsseldorf), Ingo Speich (Union Investment), Norbert Steiner (K+S), Marc Tüngler (Deutsche Schutzvereinigung für Wertpapierbesitz), Werner Wenning (Bayer, Henkel, Siemens).“*[458]

Die Liste der teilnehmenden Personen und Unternehmen offenbart, warum gerade die Ergebnisse dieser Arbeitsgruppe so relevant sind. Der Zusammenschluss von Wissenschaftlern und der wichtigsten Praktiker gewährleistet die Erzielung sachgerechter Ergebnisse und zeichnet ein deutliches Bild von den Bedürfnissen der Praxis.

III. Wesen der Leitsätze

Die Leitsätze der Initiative entstanden unter Beteiligung ministerialer Kapazitäten. Dies ändert aber nichts daran, dass es sich lediglich um die Ausarbeitung einer überwiegend privaten Arbeitsgruppe handelt. Die Leitsätze haben deshalb keinerlei Rechtsqualität. Ihnen kommt noch nicht einmal die Wirkung von *soft law* zu, wie beispielsweise dem DCGK. Sie sind aber dahingehend interessant, weil die Akteure, die sie ausarbeiteten, in der Wirtschaft, Rechtswissenschaft und im Staat sehr prominent sind. Es handelt sich um eine juristische Meinungsäußerung prominenter Personen, die dazu beitragen kann, den rechtlichen Diskurs mitzugestalten. Die Arbeitsgruppe *Developing Shareholder Communication* möchte erreichen, dass die Kommission DCGK die Leitsätze in den DCGK aufnimmt. Dann könnten Emittenten zwar gezwungen sein, sich zu den Leitsätzen zu bekennen. Eine rechtlich verbindliche Wirkung erzielen diese dann aber dennoch nicht.[459]

---

458 Leitsätze für den Dialog zwischen Investor und Aufsichtsrat, Fassung vom 05.07.2016, S. 5, https://www.dai.de/files/dai_usercontent/dokumente/pressemitteilungen/2016-07-05%20Leitsaetze%20fuer %20den%20Dialog%20zwischen%20Investor%20und%20Aufsichtsrat.pdf (zuletzt aufgerufen am 15.08.2020).

459 Vgl. *Bachmann*, VGR 2016, 136 ff.; *Landsittel*, Investorenkommunikation, S. 177 ff.

B. Untersuchung

In diesem Abschnitt werden die Leitsätze der Arbeitsgruppe *Developing Shareholder Communication* aufgelistet. Anschließend erfolgt zu jedem Leitsatz eine Stellungnahme. Diese untersucht, inwieweit die jeweiligen Leitsätze sinnvoll sind, was sie in der Praxis bewirken und ob rechtliche Probleme bestehen.

I. Leitsatz 1: Initiative und Themen

Der erste Leitsatz befasst sich mit der grundsätzlichen Ausrichtung von Investorendialogen. Er besagt, dass sich ein Dialog ausschließlich auf aufsichtsratsspezifische Themen beziehen darf. Die Entscheidung darüber, ob ein Dialog geführt wird, obliegt dem Aufsichtsrat bzw. dem Aufsichtsratsvorsitzenden.

1. Formulierung

> *„Zwischen Investoren und Aufsichtsrat kann ein Dialog geführt werden. Die generelle Entscheidung, ob ein solcher Dialog geführt wird, obliegt auf Seiten des Unternehmens dem Aufsichtsrat. Die Entscheidung über den Eintritt in einen konkreten Dialog trifft der Aufsichtsratsvorsitzende. Der Dialog umfasst ausschließlich Themen, die in den Aufgaben- und Verantwortungsbereich des Aufsichtsrats fallen.“*[460]

2. Stellungnahme

Der erste Leitsatz der Arbeitsgruppe steht im Einklang mit den Erkenntnissen der Dissertation. Die bisherigen Untersuchungen führten zu dem Ergebnis, dass der Aufsichtsrat entscheidet, ob ein Dialog stattfindet oder nicht.[461] Richtig ist auch, dass der Aufsichtsratsvorsitzende das Sprachrohr des Aufsichtsrats ist. Dieser leitet den Dialog und bestimmt, wann und wie dieser stattfindet.[462] Dem 1. Leitsatz ist auch insoweit zuzustimmen, dass ausschließlich aufsichtsratsspezifische Themen zu führen sind.[463]

---

460 Leitsätze für den Dialog zwischen Investor und Aufsichtsrat, Fassung vom 05.07.2016, S. 3, https://www.dai.de/files/dai_usercontent/dokumente/pressemitteilungen/2016-07-05%20Leitsaetze%20fuer%20den%20Dialog%20zwischen%20Investor%20und%20Aufsichtsrat.pdf (zuletzt aufgerufen am 15.08.2020).

461 Vgl. Kapitel 6 A. II. 2. b) aa) Der Aufsichtsratsvorsitzende.

462 Vgl. Kapitel 4 E. II. Gebot der einheitlichen Kapitalmarktkommunikation.

463 Vgl. Kapitel 7 Gesprächsinhalte eines Dialogs.

II. Leitsatz 2: Zusammensetzung und Vergütung des Aufsichtsrats

Der zweite Leitsatz befasst sich mit der Zusammensetzung, dem Besetzungsprozess und der Vergütung des Aufsichtsrats.

1. Formulierung

> *„In einem Dialog können die Aufsichtsratszusammensetzung, der Besetzungsprozess sowie das Vergütungssystem des Aufsichtsrats erörtert werden. Konkrete Wahlvorschläge oder Einzelkandidaten sollen nicht besprochen werden.“*[464]

2. Stellungnahme

Auch dieser Leitsatz deckt sich mit den bisherigen Erkenntnissen der Dissertation.

a) Zusammensetzung und Besetzungsprozess

Breit diversifizierte Investoren sind nur selten daran interessiert, in das operative Geschäft von Gesellschaften einzugreifen. Sie möchten aber, dass der Aufsichtsrat bestmöglich besetzt ist. So gewährleisten sie, dass er seinen Überwachungs- und Kontrollpflichten optimal nachkommt.[465] Konkrete Wahlvorschläge bergen das Risiko, dass Investoren „eigene Leute“ einbringen und es zu Missständen kommt. Durch eine „Besetzung von außen“ könnten Investoren parteiische Aufsichtsratsmitglieder positionieren, die in ihrem Interesse agieren, beispielsweise bei einer kurzfristigen strategischen Investition eine immense Renditeausschüttung erwirken, die langfristig zum Nachteil der Gesellschaft gereicht. Deshalb ist es sinnvoller, die Zusammensetzung und den Besetzungsprozess nach sachlichen Kriterien auszurichten. Dies kommt auch der Gesellschaft selbst zugute, indem sie von qualifizierten Aufsichtsräten profitiert, die nach sachlichen Kriterien bestellt werden.

---

464 Leitsätze für den Dialog zwischen Investor und Aufsichtsrat, Fassung vom 05.07.2016, S. 3, https://www.dai.de/files/dai_usercontent/dokumente/pressemitteilungen/2016-07-05%20Leitsaetze%20fuer%20den%20Dialog%20zwischen%20Investor%20und%20Aufsichtsrat.pdf (zuletzt aufgerufen am 15.08.2020).

465 *Kremer*, in: Kremer u.a., Deutscher Corporate Governance Kodex, Rn. 1314; *Schaefer*, NZG 2007, 900, 902.

b) Vergütungssystem

Wie die Studie *The Credit Suisse 1000* offenbarte, sind bodenständige Vergütungssysteme das A und O einer gut funktionierenden Gesellschaft. Ein professionelles Vergütungsmanagement führt zu einem nachhaltigen Unternehmenswachstum.[466] Deshalb liegt die Vergütung von Vorständen und Aufsichtsräten im Fokus einer guten Corporate Governance. Dem 2. Leitsatz ist auch hier uneingeschränkt zuzustimmen.

III. Leitsatz 3: Binnenorganisation und Überwachungsprozess

Der 3. Leitsatz der Initiative befasst sich mit der Binnenorganisation des Aufsichtsrats und dem Überwachungsprozess.

1. Formulierung

> *„In einem Dialog zwischen Investor und Aufsichtsrat können der Bericht des Aufsichtsrats und die aufsichtsratsbezogenen Themen des Corporate-Governance-Berichts, die Binnenorganisation im Aufsichtsrat, die Ausgestaltung der Überwachungs- und Mitwirkungsprozesse, die Ausschussbildung sowie die Effizienzprüfung und daraus getroffene Maßnahmen erörtert werden. Von einer Diskussion der Ergebnisse der Effizienzprüfung in Bezug auf einzelne Aufsichtsratsmitglieder soll abgesehen werden.“*[467]

2. Stellungnahme

Dem 3. Leitsatz der Initiative ist gleichfalls vollumfänglich zuzustimmen.

a) Bericht des Aufsichtsrats und Corporate Governance-Bericht

Die Initiative schlägt vor, dass Inhalt eines Investorendialogs auch der Bericht des Aufsichtsrats und die aufsichtsratsbezogenen Themen des Corporate Governance-Berichts sein können. Dies ist folgerichtig. Investoren erhalten über den Bericht Einblicke in die Arbeit des Aufsichtsrats und können darauf aufbauend wertvolle Empfehlungen für zukünftige Handlungen aussprechen.

---

466 Vgl. The Credit Suisse Family 1000, S. 22, https://www.kreditwesen.de/system/files/content/inserts/2017/the-cs-family-1000.pdf (zuletzt aufgerufen am 15.08.2020).

467 Leitsätze für den Dialog zwischen Investor und Aufsichtsrat, Fassung vom 05.07.2016, S. 3, https://www.dai.de/files/dai_usercontent/dokumente/pressemitteilungen/2016-07-05%20Leitsaetze%20fuer%20den%20Dialog%20zwischen%20Investor%20und%20Aufsichtsrat.pdf (zuletzt aufgerufen am 15.08.2020).

b) *Binnenorganisation im Aufsichtsrat*

Der 3. Leitsatz schlägt vor, dass Thema eines Investorendialogs auch die Binnenorganisation des Aufsichtsrats sein kann. Die Binnenorganisation des Aufsichtsrats leitet sich weniger aus gesetzlichen Vorschriften ab, sondern vielmehr aus dem DCGK. Für börsennotierte Unternehmen enthält Anregung A.3 DCGK verschiedene Empfehlungen, die der Aufsichtsrat befolgen soll. Dazu gehören die regelmäßige Effizienzüberprüfung der Tätigkeit des Aufsichtsrats, die Bildung qualifizierter Ausschüsse und eine langfristige Nachfolgeplanung. Gerade hier ist es notwendig, dass qualifizierte Investoren mit ihrem Fachwissen wertvolle Handlungsempfehlungen aussprechen. Investoren möchten auch hier – beispielsweise bei der Bildung von Ausschüssen – sicherstellen, dass der Aufsichtsrat die Kompetenzen seiner Mitglieder optimal bündelt. Durch das Setzen der richtigen Rahmenbedingungen verbessert sich die Binnenorganisation, was letztlich zu besseren operativen Ergebnissen führt.

c) *Ausgestaltung von Überwachungs- und Mitwirkungsprozessen*

Die Ausgestaltung von Überwachungs- und Mitwirkungsprozessen kann gleichfalls Ausgangspunkt von Verbesserungsvorschlägen sein. Hier könnten Investoren beispielsweise ihre Erfahrungen einbringen, die sie im Umgang mit anderen Aufsichtsräten gewannen und die Überwachungs- und Mitwirkungsprozesse so verbessern, dass diese effektiver und praxistauglicher sind.

d) *Ausschussbildung*

Die Bildung von Ausschüssen fällt im engeren Sinne unter die Binnenorganisation des Aufsichtsrats. Aufgrund der Größe vieler Unternehmen ist es zwingend notwendig, qualifizierte Ausschüsse zu bilden. Die Arbeitsteilung innerhalb des Aufsichtsrats führt zu einer Kompetenzbildung und Spezialisierung, die den Wert des Unternehmens steigern kann.[468] Auch hier kann es sinnvoll sein, die Vorschläge von fachlich qualifizierten Investoren zu beachten.

e) *Effizienzprüfung*

Die Effizienzprüfung der Tätigkeiten des Aufsichtsrats und die daraus gewonnenen Erkenntnisse sind regelmäßig zu erörtern. Effizienzprüfungen nutzen

---

468 *Habersack*, in: MüKo-AktG, § 107 Rn. 94; *Hambloch-Gesinn/Gesinn*, in: Hölters, AktG, § 107 Rn. 90 ff.; *Koch*, in: Hüffer/Koch, AktG, § 107 Rn. 18; *Tomasic*, in: Grigoleit, AktG, § 107 Rn. 22 f.

nicht viel, wenn der Aufsichtsrat daraus keine Erkenntnisse gewinnt und darauf aufbauend Verbesserungsmaßnahmen ableitet. Hier können fachlich versierte Investoren aus ihrer Berufspraxis durchaus sinnvolle Vorschläge beisteuern. Dies gilt umso mehr, als dass sie oft Einblick in die Abläufe anderer Aufsichtsräte haben und dazu fähig sind, die dort gewonnenen Erfahrungen auf den Aufsichtsrat zu übertragen.

IV. Leitsatz 4: Vorstandsbestellung, -abberufung und -vergütung

Der 4. Leitsatz befasst sich mit der Bestellung, Abberufung und Vergütung des Vorstands.

1. Formulierung

> *„In einem Dialog können Anforderungsprofile für die Bestellung der Mitglieder und die Geschäftsverteilung im Vorstand besprochen werden. Konkrete Vorschläge oder Einzelkandidaten sollen nicht Gegenstand eines Dialogs sein. Des Weiteren können das Vorstandsvergütungssystem, geplante Veränderungen und etwaige Verbesserungsvorschläge sowie die Auslegung und gegebenenfalls die Inanspruchnahme von Ermessensspielräumen des Aufsichtsrats bei Vergütungsfragen mit Investoren diskutiert werden.“*[469]

2. Stellungnahme

Dem 4. Leitsatz der Initiative ist vollumfänglich zuzustimmen. Dieser sollte einen Schwerpunkt der Investorengespräche bilden. Die dort angesprochenen Gesprächsinhalte sind für eine optimale Funktionsweise von Gesellschaften unabdingbar.

a) Geschäftsverteilung

Die Geschäftsverteilung innerhalb des Vorstands ist für eine Qualifikationssteigerung unabdingbar. Investoren haben ein Interesse daran, dass die Kompetenzen innerhalb des Vorstands optimal eingesetzt werden. Ähnlich wie bei der Bildung von Ausschüssen sollte auch die Geschäftsverteilung den Kompetenzen der jeweiligen Mitglieder entsprechen. Auch hier ist wichtig, dass konkrete

---

469 Leitsätze für den Dialog zwischen Investor und Aufsichtsrat, Fassung vom 05.07.2016, S. 4, https://www.dai.de/files/dai_usercontent/dokumente/pressemitteilungen/2016-07-05%20Leitsaetze%20fuer%20den%20Dialog%20zwischen%20Investor%20und%20Aufsichtsrat.pdf (zuletzt aufgerufen am 15.08.2020).

Verteilungsvorschläge ausbleiben, damit kein „parteiisches Personal von außen" im Sinne der Investoren wirkt.

b) Bestellung

Im Rahmen der Bestellung von Vorstandsmitgliedern gilt das gleiche wie bei der Bestellung von Aufsichtsratsmitgliedern. Breit diversifizierte Investoren haben zumeist weder das Interesse noch die Ressourcen, um in das operative Geschäft von Gesellschaften einzugreifen. Sie möchten aber, dass der Vorstand bestmöglich qualifiziert ist. Dies sichert eine optimale Leitung der Gesellschaft. Auch hier gilt, dass konkrete Wahlvorschläge nicht Inhalt eines Dialogs sein sollten. Gesprächsinhalt können nur objektive und sachliche Kriterien sein, beispielsweise die Erstellung von Anforderungsprofilen, die gewisse Qualifikationen oder Berufslaufbahnen vorsehen.[470] Konkrete Wahlvorschläge beinhalten stets das Risiko, dass Investoren parteiische Vorstandsmitglieder benennen, die in ihrem Interesse agieren. Dazu gehört die Umsetzung von Maßnahmen, die kurzfristig den Aktienkurs erhöhen und den Investoren eine hohe Rendite einbringen, mittel- und langfristig jedoch schädlich für die Gesellschaft sein können. Vor diesem Hintergrund sollten lediglich sachliche Kriterien für den Besetzungsprozess besprochen, niemals aber einzelne Kandidaten zur Wahl vorgeschlagen werden.

c) Vergütungssystem

Wie die Ausführungen zu der Prinzipal-Agenten- und der *Shareholder-Value*-Theorie zeigten,[471] ist es wichtig, die Management-Vergütung durch sinnvolle Vergütungssysteme zu steuern.[472] Andernfalls würden „Tür und Tor" für Unternehmensskandale geöffnet. Auch die Studie *The Credit Suisse 1000* offenbarte, dass nachhaltige Leitlinien zur Vorstandsvergütung unabdingbar sind und zu einem besseren Unternehmenswachstum führen.[473] Zum gleichen Ergebnis kam

---

470 Auch der DCGK sieht in seiner neuen Fassung aus dem Jahr 2019 vor, dass der Aufsichtsrat im Rahmen satzungsmäßiger Vorgaben über die erforderlichen Qualifikationen des Vorstands entscheidet, vgl. B. Besetzung des Vorstands, Grundsatz 9 DCGK.

471 Kapitel 6 A. II. 3. b) bb) (3) Konfliktpotential.

472 Vgl. *Frydman/Jenter*, CEO Compensation, S. 90; Padgett, Corporate Governance, Theory and Practice, S. 104; *Kershaw*, Company Law in Context: Text and Materials, S. 283.

473 Vgl. The Credit Suisse Family 1000, S. 22, https://www.kreditwesen.de/system/files/content/inserts/2017/the-cs-family-1000.pdf (zuletzt aufgerufen am 15.08.2020).

die *Managerial-Power*-Theorie von *Bebchuck* und *Fried*, die eine schwache Corporate Governance dafür verantwortlich macht, dass Vorstände in Unternehmen ihre Vergütung eigenständig erhöhen können.[474] Letztlich führen Investorengespräche über Vergütungssysteme auch zu einer besseren Transparenz, wodurch der Aufsichtsrat *de facto* sanft dazu gezwungen wird, keine unangemessenen Vergütungssysteme anzulegen. Ansonsten müsste er sich in einem Investorengespräch dafür rechtfertigen. Aus all diesen Gründen sollte der Fokus von Investorengesprächen deshalb vorrangig auf Vergütungssysteme gerichtet sein.

d) Ermessensspielräume des Aufsichtsrats

Die Leitlinie schlägt vor, dass die Ermessensspielräume des Aufsichtsrats bei Vergütungsfragen Inhalt von Investorengesprächen sein sollten. Dieser Punkt ist vor verschiedenen Hintergründen wichtig.

aa) Flexibilität

Zum einen muss ein Aufsichtsrat dazu fähig sein, die Vorstandsvergütung der wirtschaftlichen Realität anzupassen. Die Entwicklung einer allgemeinen Richtlinie für Vorstandsvergütungen ist nicht möglich. Die Vorstandsvergütung richtet sich insbesondere nach der Branche, in der der Vorstand tätig ist. Außerdem sind auch die Marktgegebenheiten zu beachten. Bietet ein Konkurrenzunternehmen einem Vorstandsmitglied eine höhere Vergütung an, wird dieses höchstwahrscheinlich wechseln. Das aktuelle Unternehmen bietet dem Vorstand deshalb oft ein Gehalt, das leicht über dem des Konkurrenzunternehmens liegt. Diese Verhaltensweise erzeugt im Endeffekt eine Spirale, die die Managementvergütung stetig nach oben dreht. Dies ist auch an der *CEO to Worker Ratio* erkennbar, die in Deutschland seit den 90er Jahren von 33 auf 57 angestiegen ist.[475]

bb) Beständigkeit

Es ist wichtig, die Beständigkeit und langfristige Ausrichtung der Vorstandsvergütung zu berücksichtigen. Investoren haben wertvolle Erfahrungen und Einblicke in andere Gesellschaften. Sie wissen, welche Vergütungssysteme besonders gut funktionieren und von welchen Systemen abzuraten ist. Normalerweise werden Vorstände mit einem Festgehalt und variablen zusätzlichen

---

474 *Frydman/Jenter*, CEO Compensation, S. 90.

475 Vgl. *Hans Böckler Stiftung*, Einer verdient wie 57, https://www.boeckler.de/67713_67724.htm (zuletzt aufgerufen am 15.08.2020).

Vergütungskomponenten entlohnt. Eine Vergütung ist grundsätzlich jeder geldwerte Vorteil, den ein Vorstand für seine Leistungen erhält.[476] Die folgenden Ausführungen skizzieren, welche Möglichkeiten existieren, um Vorstände zu vergüten.

(1) Festgehalt

Vorstände erhalten normalerweise ein Festgehalt, das sie nicht beeinflussen können.[477] In Deutschland macht das Festgehalt von Vorständen erfahrungsgemäß nur ein Drittel der Gesamtvergütung aus.[478] Wie hoch das Festgehalt letztlich ist, hängt davon ab, was in ähnlichen Unternehmen in der gleichen oder einer vergleichbaren Branche üblich ist.[479] Die permanente Annäherung an andere Unternehmen beinhaltet das Risiko, dass es zu einer ständigen Erhöhung der Vorstandsvergütung führt. Passt ein Unternehmen seine Vergütung nicht an das eines anderen an, sinkt seine Wettbewerbsfähigkeit. Wie hoch das jeweilige Festgehalt ist, hängt aber letztlich von den Verhandlungskünsten des einzelnen Vorstands ab.[480]

(2) Variable Vergütungskomponenten

Ein Festgehalt reicht normalerweise nicht aus, um eine ausgewogene Vorstandsvergütung zu implementieren. Durch variable Vergütungsbestandteile können Anreize geschaffen werden, um den Vorstand zu einer besseren Leistung zu animieren.[481] Die wohl gebräuchlichsten variablen Vergütungsbestandteile sind profitabhängige Zahlungen wie Boni und Provisionen.[482] Beliebte variable

---

476 *Singh*, Compensation and Reward Management, S. 8; Caruth/ Handlogten, Managing Compensation: A Handbook for the Perplexed, S. 16; *Balsam*, An Introduction to Executive Compensation, S. 64

477 *Deilmann/Otte*, GWR 2009, 261 f.; *Kutsch*, in: Schüppen/Schaub, Münchener Anwalts handbuch Aktienrecht, § 32 Rn. 19; *Poelzig*, NZG 2020, 41 f.

478 *Rheinisch*, CEO-Compensation. Vergütungssysteme zwischen Effizienz und Gerechtigkeit, S. 37.

479 *Fleischer*, NZG 2009, 801 f.; *Mathis/Jackson*, Human Resource Management: Essential Perspectives, S. 146; *Singh*, Compensation and Reward Management, S. 211.

480 *Bebchuk/Fried*, Pay Without Performance: The Unfulfilled Promise of Executive Compensation, S. 62; *Bhattacharya/Sengupta*, Compensation Management, S. 22.

481 *Fleischer*, NZG 2009, 801; *Greene*, Rewarding Performance: Guiding Principles; Custom Strategies, S. 219; *Singh*, Compensation and Reward Management, S. 143.

482 *Jackson/Sawyers*, Managerial Accounting: A Focus on Ethical Decision Making, S. 426; Leuering, NZG 2005, 945 f.; *Pike/Neale*, Corporate Finance and Investment: Decisions & Strategies, S. 12.

Vergütungskomponenten sind auch aktienbasierte Vergütungen: Hierbei partizipiert der Vorstand am Unternehmenserfolg.[483] Das Vorstandsmitglied wird dafür belohnt, dass es den Aktien- und den Unternehmenswert steigert.[484]

Eine der wohl besten variablen Vergütungsoptionen liegt darin, einen Aktienoptionsplan auszuarbeiten. Dies bedeutet, dass das Vorstandsmitglied nicht direkt vom Aktienwert profitiert, sondern die Aktien erst nach Ablauf einer bestimmten Wartezeit erhält, sollten sie eine gewisse Preisschwelle überschreiten. Diese Vergütungskomponente sorgt für ein langfristig ausgerichtetes Unternehmenswachstum und unterbindet kurzfristige Stimulationen des Aktienkurses.[485]

(3) Bonus-Malus-System

Zu den beliebtesten Vergütungssystemen gehören Boni. Erreicht der Vorstand ein fest definiertes Ziel, erhält er einen Bonus. Verfehlt er dieses Ziel, folgen aber keine Sanktionen, was ein Stück weit ungerecht ist. Deshalb empfiehlt sich ein Bonus-Malus-System. Führen falsche Management-Entscheidungen zu schlechten Unternehmensergebnissen, sollte ein Gehaltsabzug erfolgen.[486]

Mit dem Inkrafttreten des ARUG II[487], durch das mit Wirkung zum 01.01.2020 die Zweite Aktionärsrechterichtlinie[488] umgesetzt worden ist, rückt das Thema *Clawback* verstärkt in den Fokus von börsennotierten Gesellschaften und Aufsichtsräten. *Clawback* bedeutet zunächst einmal Rückforderung variabler Vergütungsbestandteile.[489] Für Kreditinstitute und Finanzdienstleistungsinstitute gilt seit dem Jahr 2017 gemäß § 20 VI InstitutsVergV eine Pflicht zur Herabsetzung

483 *Hansen/Mowen/Guan*, Cost Management: Accounting and Control, S. 348; *Maher/Stickney/Weil*, Managerial Accounting: An Introduction to Concepts, Methods and Uses, S. 434; *Nießen*, NJW-Spezial 2009, 479.

484 *Bender/Ward*, Corporate Financial Strategy, S. 116; *Kothari/Barone*, Financial Accounting: An International Approach, S. 10; *Nießen*, NJW-Spezial 2009, 479.

485 *Habersack*, NZG 2018, 127, 132; *Merchant/van der Stede*, Management Control Systems. Performance Measuerement, Evaluation and Incentives, S. 400; *Reda/Reifler/Thatcher*, The Compensation Committee Handbook, S. 289.

486 *Fleischer*, NZG 2009, 801, 803, vgl. *Wilke/Schmid*, Entwicklung der Vorstandsvergütung 2011 in den DAX-30-Unternehmen, S. 23 ff.

487 Gesetz zur Umsetzung der zweiten Aktionärsrechterichtlinie (ARUG II) vom 12.12.2019, BGBl. I 2019, 2637.

488 Richtlinie (EU) 2017/828 des Europäischen Parlaments und des Rates vom 17.05.2017 zur Änderung der Richtlinie 2007/36/EG im Hinblick auf die Förderung der langfristigen Mitwirkung der Aktionäre, ABl. L 132, 1; dazu *Stöber*, DStR 2020, 391, 394 f.

489 *Krumey/Merkelbach*, CCZ 2019, 266 f.; *Löw*, NZA 2017, 1365; *Poelzig*, NZG 2020, 41 f.

und Rückforderung variabler Vergütungsbestandteile. Das InstitutsVergV fordert, ein angemessenes und transparentes Vergütungssystem für Geschäftsleiter und Mitarbeiter festzulegen. Diese Pflicht ist durch ein besonderes öffentliches Interesse geprägt: Es soll verhindert werden, dass Vorstände übermäßige Risiken eingehen, die im Insolvenzfall zu Lasten des Steuerzahlers gehen.[490] Auf börsennotierte Aktiengesellschaften außerhalb der Finanzwirtschaft sind diese Vorgaben deshalb nicht übertragbar.

Gemäß § 87a I S. 2 Nr. 6 AktG sind börsennotierte Gesellschaften mit Inkrafttreten des ARUG II[491] verpflichtet, über die Möglichkeit einer Rückforderung von Vergütungsbestandteilen zu berichten.[492] Der DCGK in der Fassung aus dem Jahr 2019 empfiehlt in seiner Empfehlung G11 sogar ausdrücklich, dass eine variable Vergütung in begründeten Fällen einbehalten oder zurückgefordert werden soll.[493]

Anknüpfungspunkt für eine solche Rückforderung kann nicht § 87 II AktG sein. Hiernach kann die Gesellschaft lediglich, soweit sich deren Lage verschlechtert, die Bezüge des Vorstands nach einem Antrag des Aufsichtsrats auf eine angemessene Höhe herabsetzen, sofern die Weitergewährung der Bezüge unbillig wäre. Ziel des § 87 II AktG ist eine zukünftige Herabsetzung der Gesamtvergütung, nicht jedoch bereits ausgezahlter Vergütungsbestandteile.[494]

Allerdings: § 93 II AktG kann ausnahmsweise Anspruchsgrundlage für eine Rückforderung sein, soweit die Auszahlung der variablen Vergütung kausal auf einer schuldhaften Pflichtverletzung des Vorstands beruht.[495] Anknüpfungspunkt für eine Rückzahlung bei einem sogenannten *Performance-Clawback* kann grundsätzlich das Bereicherungsrecht sein, insbesondere eine Auszahlung ohne Rechtsgrund bzw. eine solche, bei der der Rechtsgrund nachträglich wegfällt i.S.v. § 812 I 1 Alt. 1, 2 Alt. 1 BGB. Bonuszahlungen können auf der Grundlage der Zweckverfehlungskondiktion nach § 812 I 2 Alt. 2 BGB zurückgefordert werden, sofern die Auszahlung des Bonus an langfristige Ziele geknüpft war und diese Ziele nicht erreicht wurden.[496]

---

490 *Gennert*, DB 2017, 674; *Fischbach*, WM 2018, 1491, 1498 ff.; *Poelzig*, NZG 2020, 41 ff.

491 Gesetz zur Umsetzung der zweiten Aktionärsrechterichtlinie (ARUG II) vom 12.12.2019, BGBl. I 2019, 2637.

492 Vgl. Begr RegE ARUG II, BT-Drs. 19/9739, 65, 73.

493 *Velte/Obermann*, IRZ 2019, 295 f.

494 *Koch*, in Hüffer/Koch, AktG, § 87 Rn. 48 ff.; *Koch*, WM 2010, 49, 57.

495 *Poelzig*, NZG 2020, 41, 45.

496 *Poelzig*, NZG 2020, 41, 45; *Schockenhoff/Nußbaum*, AG 2018, 813, 820.

(4) Betriebsrente und Entschädigungszahlung

Entschädigungszahlungen und Betriebsrenten sind oft nicht Teil der Vorstandsvergütung. Im Gesamtüberblick sind sie aber durchaus ein wichtiger Faktor, um Vorstände an ein Unternehmen zu binden. Normalerweise endet die Vergütung nicht mit dem Ausstieg aus einem Unternehmen. Denn es kommen nun Betriebsrenten in Betracht.[497] Dies sind auf lange Sicht sehr kostspielige Zahlungen, da sie dauerhaft an viele Ex-Vorstände ausgezahlt werden. Wird ein Vorstand vorzeitig abbestellt, erhält er oft eine Entschädigungszahlung. Diese wird auch als „Goldener Handschlag" bezeichnet, weil der Geldbetrag normalerweise sehr hoch ist und den Ausstieg aus dem Unternehmen „versüßt".[498] Auch hier könnten Investoren ansetzen und durch Gespräche mit dem Aufsichtsrat Anreize geben, wie hoch eine Betriebsrente oder Entschädigungszahlung für Vorstände maximal sein darf.

(5) Zwischenfazit

Die verschiedenen Vergütungssysteme haben offenbart, aus wie vielen Bausteinen sich eine Vorstandsvergütung zusammensetzen kann und insbesondere auch, wie kompliziert die Vergütungsstruktur sein kann. Dies belegt schon die Existenz des neu eingeführten § 87a AktG, der die Inhalte eines Vergütungssystems auflistet, die gemäß § 162 AktG von Vorstand und Aufsichtsrat in einem Vergütungsbericht zusammenzufassen sind. Aufgrund der immensen wirtschaftlichen Auswirkungen, die eine Vorstandsvergütung nach sich ziehen kann, sind Gespräche über die vorhandenen Vergütungssysteme mehr als nur sinnvoll.

Wenngleich die Aktionäre von Gesellschaften über § 120a I AktG das Recht auf Einsicht in den Vergütungsbericht nach § 162 AktG und ein Votum zum Vergütungssystem erhalten,[499] schadet ein Dialog mit Investoren über Vergütungssysteme nicht. Schließlich muss der Aufsichtsrat nach § 120a I S. 1 AktG das Vergütungssystem ausarbeiten und vorlegen. Nach § 120a III AktG kann

---

497 *Balsam*, An Introduction to Executive Compensation, S. 64; *Rolfs*, NZA 2017, 1225; *Spindler*, in: MüKo-AktG, § 84 Rn. 209.

498 *Bebchuk*, Pay Without Performance: The Unfulfilled Promise of Executive Compensation, S. 92; *Hor/Keats*, Managing Termination of Employment: A Fair Work Act Guide, S. 137; *Weber*, NJW 2007, 3688, 3692.

499 *Diekmann*, BB 2018, 3010; *Dörrwächter/Leuering*, NJW-Spezial 2020, 15 ff.; *Marsch-Barner*, in: Marsch-Barner/Schäfer, Handbuch börsennotierte AG, 1, Kapitel, § 2, II. 3. e), Rn. 2.56; *Scheffler*, AG 2019, R92; *Schockenhoff/Nußbaum*, AG 2018, 813 f.; *Zwirner/Vodermeier*, IRZ 2020, 53 ff.

die Hauptversammlung das Vergütungssystem (unverbindlich) nicht billigen, woraufhin der Aufsichtsrat spätestens in der darauffolgenden ordentlichen Hauptversammlung ein überprüftes Vergütungssystem zum Beschluss vorlegen muss.[500]

Ein Dialog mit Investoren könnte dem Aufsichtsrat helfen, zu verstehen, warum die Aktionäre das Vergütungssystem auf der Hauptversammlung abgelehnt haben und welche konkreten Änderungen diese begehren. Zudem erhielte der Aufsichtsrat die Möglichkeit, den Aktionären näherzubringen, wie und warum das Vergütungssystem in seiner jetzigen Form zustande gekommen ist. Dies könnte die Akzeptanz der Aktionäre für das Vergütungssystem erhöhen und zu einer schnellen Billigung in der Hauptversammlung führen. Ein Dialog wäre insbesondere dann von Vorteil, wenn das vorgestellte Vergütungssystem von den herkömmlichen Vergütungssystemen abweicht, die den Aktionären bekannt sind.

V. Leitsatz 5: Entwicklung und Umsetzung der Unternehmensstrategie

Der 5. Leitsatz befasst sich mit der Entwicklung und Umsetzung der Unternehmensstrategie.

1. Formulierung

> *„Die Entwicklung und Umsetzung der Unternehmensstrategie obliegt dem Vorstand. Im Rahmen eines Dialogs mit Investoren kann der Aufsichtsrat seine überwachende und mitwirkende Rolle im Strategieprozess und seine Einschätzung der Strategieumsetzung erläutern.“*[501]

2. Stellungnahme

Die Initiative gibt in ihrem 5. Leitsatz vor, dass die Entwicklung und Umsetzung der Unternehmensstrategie Inhalt eines Investorengesprächs sein kann. Hier ist darauf hinzuweisen, dass lediglich die mitwirkende Rolle des Aufsichtsrats als Kontroll- und Aufsichtsorgan Thema sein kann. Der Aufsichtsrat

500 *Löbbe/Fischbach*, AG 2019, 373, 377; *Spindler*, AG 2020, 61, 70 ff.; *Stöber*, DStR 2020, 391, 394 f.

501 Leitsätze für den Dialog zwischen Investor und Aufsichtsrat, Fassung vom 05.07.2016, S. 4.

muss sich darüber bewusst sein, dass die Unternehmensstrategie alleine dem Vorstand obliegt.[502] Seine Kompetenz zum Führen von Investorengesprächen kraft Natur der Sache beschränkt die Gesprächsinhalte auf aufsichtsratsspezifische Themen.[503] Deshalb sind die Gesprächsinhalte an dieser Stelle sehr stark zu reglementieren.

VI. Leitsatz 6: Abschlussprüfer

Der 6. Leitsatz befasst sich mit dem Abschlussprüfer.

1. Formulierung

> *„In einem Dialog können die Anforderungskriterien und Meinungsbildung für die Auswahl des Abschlussprüfers sowie die Inhalte und Qualität der Zusammenarbeit zwischen Abschlussprüfer und Aufsichtsrat erörtert werden."*[504]

2. Stellungnahme

Auch der 6. Leitsatz ist sinnvoll. Der Aufsichtsrat schlägt nach § 124 III AktG einen Abschlussprüfer durch Beschluss vor.[505] Die Bestellung des Abschlussprüfers erfolgt durch einen Beschluss der Gesellschafter, mithin durch die Hauptversammlung, § 119 I Nr. 5 AktG.[506] Der Aufsichtsrat erteilt dem Abschlussprüfer gemäß § 111 II S. 3 AktG den Prüfungsauftrag für den Jahres- und den Konzernabschluss gemäß § 290 HGB.[507]

Die Unabhängigkeit von Abschlussprüfern muss zwingend gewährleistet sein. Dies ergibt sich zum einen aus §§ 319 II, III, 319a HGB, wonach ein Wirtschaftsprüfer oder vereidigter Buchprüfer als Abschlussprüfer ausgeschlossen ist, wenn

---

502 *Hommelhoff*, NZG 2017, 1361, 1363; *Lutter*, in: Kremer u.a., Deutscher Corporate Governance Kodex, 3. Teil, 3., II., 2., Rn. 509.

503 Kapitel 4. A. I. 2. Stellungnahme zu den Leitungsaufgaben.

504 Leitsätze für den Dialog zwischen Investor und Aufsichtsrat, Fassung vom 05.07.2016, S. 4.

505 *Herrler*, in: Grigoleit, AktG, § 124 Rn. 14; *Rieckers*, in: Spindler/Stilz, AktG, § 124 Rn. 28 ff.; *Spindler*, in: Spindler/Stilz, AktG, § 111 Rn. 85.

506 *Drinhausen*, in: Hölters, AktG, § 119 Rn. 6; *Herrler*, in: Grigoleit, AktG, § 119 Rn. 8; *Liebscher*, in: Henssler/Strohn, AktG, § 119 Rn. 4; *Spindler*, in: Spindler/Stilz, AktG, § 111 Rn. 85.

507 *Grigoleit/Tomasic*, in: Grigoleit, AktG, § 111 Rn. 56 ff.; *Koch*, in: Hüffer/Koch, AktG, § 111 Rn. 25 f.; *Spindler*, in: Spindler/Stilz, AktG, § 111 Rn. 85.

Gründe für die Besorgnis der Befangenheit gegeben sind, insbesondere Beziehungen geschäftlicher, finanzieller oder persönlicher Art bestehen.[508]

Investoren haben ein berechtigtes Interesse daran, dass der vom Aufsichtsrat vorgeschlagene Abschlussprüfer auch tatsächlich unabhängig ist. Der Vorstand stellt den Jahresabschluss und den Lagebericht auf und muss diesen dem Aufsichtsrat nach der Aufstellung unverzüglich vorlegen, § 170 I S. 1 AktG.[509] Richtet sich die Vergütung des Vorstands nach einem leistungsorientierten System, kann der Vorstand versucht sein, den Abschluss so zu „schönen", dass seine Vergütung möglichst hoch ausfällt. Investoren können aufgrund ihrer Erfahrungen dazu beitragen, dass der Abschlussprüfer nach sinnvollen sachlichen Anforderungskriterien ausgewählt wird und den vom Vorstand erstellten Jahresabschluss bestmöglich prüft.

VII. Leitsatz 7: Beteiligte

Der 7. Leitsatz befasst sich mit der Durchführung von Investorendialogen und den beteiligten Personen.

1. *Formulierung*

> *„Der Aufsichtsratsvorsitzende vertritt den Aufsichtsrat in der Kommunikation mit Investoren. Er kann weitere Aufsichtsratsmitglieder (etwa Ausschussvorsitzende), den Vorstandsvorsitzenden oder andere Mitglieder des Vorstands zu einem Dialog hinzuziehen. Er informiert den gesamten Aufsichtsrat über die Gespräche."*[510]

2. *Stellungnahme*

Der 7. Leitsatz der Initiative entspricht den bisherigen Erkenntnissen der Dissertation. Diese kam zu dem Ergebnis, dass der Aufsichtsratsvorsitzende als Sprachrohr des Aufsichtsrats fungiert.[511] Es kam auch die Erkenntnis auf, dass die Ausschussvorsitzenden aufgrund ihrer überragenden Kompetenzen in einzelnen Ausschüssen über ein solides Fachwissen verfügen.[512] Der

508 *Merkt*, in: Baumbach/Hopt, HGB, § 318 Rn. 1, § 319 Rn. 14; *Morck/Bach*, in: Koller/Kindler/Roth/Drüen, HGB, § 319 Rn. 3.

509 *Euler/Klein*, in: Spindler/Stilz, AktG, § 170 Rn. 8 ff.; *Grigoleit/Zellner*, in: Grigoleit, AktG, § 170 Rn. 1 ff.; *Waclawik*, in: Hölters, AktG, § 170 Rn. 7 ff.

510 Leitsätze für den Dialog zwischen Investor und Aufsichtsrat, Fassung vom 05.07.2016, S. 4.

511 Kapitel 4 E. II. Aufsichtsratsvorsitzender als Sprachrohr.

512 Kapitel 6 A. II. 2. b) bb) Dialog mit dem Ausschussvorsitzenden.

Aufsichtsratsvorsitzende sollte sie deshalb bei fachspezifischen Themen in den Dialog einbeziehen. Die Nachinformation des Aufsichtsrats ist notwendig, um das Gebot der *one-voice-policy* zu erfüllen und eine einheitliche Kapitalmarktkommunikation sicherzustellen.

VIII. Leitsatz 8: Ausgestaltung

Der 8. Leitsatz befasst sich mit der Ausgestaltung von Investorendialogen.

1. Formulierung

> *„Der Aufsichtsrat bespricht mit dem Vorstand Grundsätze für die Ausgestaltung eines Dialogs zwischen Investor und Aufsichtsrat."*[513]

2. Stellungnahme

Auch diesem Leitsatz ist uneingeschränkt zuzustimmen. Die Verpflichtung zu einer Kommunikation zwischen Vorstand und Aufsichtsrat bei Investorengesprächen folgt schon aus der Pflicht zum loyalen Zusammenwirken.[514] Denn die Informationsweitergabe zwischen den Organen beschränkt sich nicht auf einen Informationsfluss vom Vorstand zum Aufsichtsrat.[515] Sollten Vorstand und Aufsichtsrat hinsichtlich der Durchführung von Investorensprächen grundlegende Differenzen hegen, würde dies widersprüchliche Aussagen fördern und einen Dissens fördern, der die Kollegialorgane auseinandertreibt.

C. Fazit

Die Initiative *Developing Shareholder Communication* hat acht Leitsätze ausgearbeitet, die Gesprächsinhalte aus der Praxis aufstellen. Die Untersuchung dieser Gesprächsinhalte offenbarte, dass keine rechtlichen Konflikte bestehen und die Gesprächsthemen sich – insbesondere in ihrer Formulierung – für die Praxis eignen.[516] Die Untersuchung führte auch zu der Erkenntnis, dass vor allem die Vergütungssysteme von Aufsichtsrat und Vorstand Inhalt eines Investorendialogs

---

513 Leitsätze für den Dialog zwischen Investor und Aufsichtsrat, Fassung vom 05.07.2016, S. 4.

514 *Hirt/Hopt/Mattheus*, AG 2016, 725, 735; *Leyendecker-Langner*, NZG 2015, 44, 46.

515 *Leyendecker-Langner*, NZG 2015, 44, 47; *Spindler*, in: Spindler/Stilz, AktG, § 111 Rn. 28.

516 So auch *Landsittel*, Investorenkommunikation, S. 264.

sein sollten. Bei Gesprächen mit Investoren sollten niemals konkrete Personen einbezogen werden, sondern nur sachliche und objektiv messbare Kriterien relevant sein.

Einem Dialog von Aufsichtsrat und Investoren steht auch nicht der durch das ARUG II neu eingeführte § 120a I AktG[517] entgegen, nach dem die Hauptversammlung das vom Aufsichtsrat ausgearbeitete Vergütungssystem billigen muss.[518] Ganz im Gegenteil: Der Aufsichtsrat kann im Vorhinein für das von ihm ausgearbeitete Vergütungssystem werben und die Akzeptanz bei den am Investorendialog teilnehmenden Aktionären erhöhen. Außerdem können diese im Rahmen eines Dialogs im Vorhinein darlegen, welche konkreten Änderungen im Vergütungssystem sie begehren. Die am Investorendialog teilnehmenden Aktionäre können den Aufsichtsrat bei dem nach § 87a AktG zu erstellenden Vergütungssystem beraten. Der nach § 162 AktG zu erstellende Vergütungsbericht könnte so deutlich schneller ein positives Votum nach § 120a IV AktG erhalten.

D. Vergütung von Aufsichtsräten

Das 7. Kapitel behandelt die möglichen Gesprächsinhalte von Investorendialogen. Zwar wurde die Vergütung von Aufsichtsräten im Rahmen der Leitsätze der Arbeitsgruppe *Developing Shareholder Communication* bereits angesprochen, allerdings sind hier wegen der grundlegenden Bedeutung des Themas für Investorendialoge vertiefte Ausführungen notwendig.

I. Grundwissen zur Vergütung von Aufsichtsräten

Die Unterschiede zwischen der Vergütung von Aufsichtsräten und Vorständen ist extrem.

Dies verdeutlicht eine beispielhafte Untersuchung der Deutschen Bank, die eine Aktiengesellschaft ist. Hier erhielt der Vorstandsvorsitzende im Jahr 2017 ein Grundgehalt von 3,4 Millionen Euro, die ordentlichen Vorstandsmitglieder ein Gehalt von 2,4 bzw. 3 Millionen Euro.[519] Die Mitglieder des Aufsichtsrats

---

517 Gesetz zur Umsetzung der zweiten Aktionärsrechterichtlinie (ARUG II) vom 12.12.2019, BGBl. I 2019, 2637, 2642 f.

518 *Kell/Barth*, GmbHR 2020, R20 ff.; *Spindler*, AG 2020, 61, 72 ff.; *Stöber*, DStR 2020, 391, 394 f.; *Zwirner/Vodermeier*, IRZ 2020, 53 f.

519 Vgl. *Vorstandsvergütung für das Geschäftsjahr 2017*, https://geschaeftsbericht.deutsche-bank.de/2017/gb/lagebericht/verguetungsbericht/vorstand/vorstandsverguetung-fuer-das-geschaeftsjahr-2017.html (zuletzt aufgerufen am 15.08.2020).

erhielten zwischen 58.333 Euro und 300.000 Euro, der Aufsichtsratsvorsitzende erhielt 800.000 Euro.[520]

Auch beim britischen Unternehmen Vodafone sind die Unterschiede zwischen *executive* und *non-executive directors* ähnlich: Der Konzern, eine *public limited company*, zahlte dem *chairman* (*executive director*) im Jahr 2019 eine Vergütung i.H.v. 730.000 Pfund, dem *senior independent director* (*non-executive director, Pendant zum Aufsichtsratsvorsitzenden*) eine Vergütung i.H.v. 172.000 Pfund und den restlichen *non-executive directors (Pendant zu den Aufsichtsratsmitgliedern)* zwischen 116.000 und 177.000 Pfund.[521]

Diese Beispiele verdeutlichen, dass die Gehälter von Aufsichtsräten bzw. *non-executive directors* viel niedriger sind als die von Vorständen bzw. eines *chairman.* Der Prinzipal-Agenten-Konflikt entsteht auch hier: Jedoch zwischen Aufsichtsräten und dem Unternehmen. Leistungsbasierte Vergütungssysteme könnten, zumindest theoretisch, zu Verbesserungen führen. In der Realität sind die Auswirkungen aber nicht sonderlich groß. Schließlich haben Aufsichtsräte wegen ihrer Kontroll- und Überwachungspflicht im dualistischen System nur einen geringen Einfluss auf das operative Geschäft des Unternehmens. Sie können den Unternehmenswert deshalb nur geringfügig beeinflussen. Es ist auch nur schwer nachvollziehbar, wie viel Zeit die einzelnen Aufsichtsräte in einem Unternehmen in ihre Überwachungs- und Kontrolltätigkeit investieren. Die zeitlichen Angaben beruhen überwiegend auf Schätzungen. Die Vergütung von Aufsichtsräten orientiert sich deshalb oft an der Größe des Unternehmens und dem zeitlichen Aufwand der Aufsichtsratstätigkeit.[522]

II. Prinzipal-Agenten-Konflikt bei Aufsichtsräten

Bei der Vergütung von Aufsichtsräten entsteht ein Prinzipal-Agenten-Konflikt. Die Vergütungssysteme für Aufsichtsräte sind anders zu strukturieren als bei Vorständen.

---

520 Vgl. *Vergütung der Mitglieder des Aufsichtsrats für das Geschäftsjahr 2017*, https://geschaeftsbericht.deutsche-bank.de/2017/gb/lagebericht/verguetungsbericht/aufsichtsrat.html (zuletzt aufgerufen am 15.08.2020).

521 Vgl. *Vodafone*, Annual Report 2019, S. 94, https://www.vodafone.com/investors/investor-information/annual-report/downloads/Vodafone-full-annual-report-2019.pdf (zuletzt aufgerufen am 15.08.2020).

522 *Mallin*, Corporate Governance, S. 209.

1. *Beispiel: leistungsorientierte Vergütungskomponenten*

Für Vorstände gibt es oft leistungsorientierte Vergütungskomponenten. Ein ähnliches Vergütungssystem für Aufsichtsräte birgt Risiken.

Grundsätzlich kann die Vergütung von Aufsichtsräten sowohl aus festen als auch aus variablen Bestandteilen bestehen.[523] Allerdings: Leistungsabhängige Vergütungskomponenten könnten die Vergütung von Aufsichtsräten an die Leistung des Vorstands binden. Aufsichtsräte würden in solchen Situationen versuchen, den Vorstand so zu beeinflussen, dass dieser eine bessere Leistung erzielt. Dadurch erhöhen sie letztlich auch ihre eigene Vergütung. Kurzfristige Kursmanipulationen, die dem Unternehmen auf lange Sicht schaden, würden demzufolge die Vergütung vom Vorstand und zugleich auch vom Aufsichtsrat erhöhen. Leistungsorientierte Vergütungskomponenten für Aufsichtsräte können dazu führen, dass der Aufsichtsrat seine Kontroll- und Überwachungspflichten vernachlässigt, um seine eigene Vergütung zu erhöhen.[524] Deshalb sind leistungsorientierte Vergütungskomponenten, bei denen der Vorstand die Vergütung des Aufsichtsrats beeinflussen kann, unzulässig.[525] Zulässig ist jedoch zum Beispiel eine Beteiligung am Jahresgewinn der Gesellschaft.[526]

2. *Beispiel: Berichterstattung*

Leistungsabhängige Vergütungssysteme für Aufsichtsräte führen auch zu einem anderen Problem. Der Aufsichtsrat ist an der Erstellung verschiedener Berichterstattungen und der Bilanzen beteiligt.

Der Aufsichtsrat ist zum Beispiel am Vergütungsbericht gemäß § 162 AktG beteiligt.[527] Außerdem prüft er gemäß § 171 I S. 1 AktG den Jahresabschluss, den Lagebericht und den Vorschlag für die Verwendung des Bilanzgewinns.

---

523 *Habersack*, in: MüKo-AktG, § 113 Rn. 13; *Henssler*, in: Henssler/Strohn, AktG, § 113 Rn. 3; *Spindler*, in: Spindler/Stilz, AktG, § 113 Rn. 13.

524 *Habersack*, in: MüKo-AktG, § 113 Rn. 17; *Mallin*, Corporate Governance, S. 209; *Kershaw*, Company Law in Context: Text and Materials, S. 308.

525 *Habersack*, in: MüKo-AktG, § 113 Rn. 17; *Henssler*, in: Henssler/Strohn, AktG, § 113 Rn. 3; *Spindler*, in: Spindler/Stilz, AktG, § 113 Rn. 42.

526 *Habersack*, in: MüKo-AktG, § 113 Rn. 13; *Hambloch-Gesinn/Gesinn*, in: Hölters, AktG, § 113 Rn. 19; *Koch*, in: Hüffer/Koch, AktG, § 113 Rn. 1; *Spindler*, in: Spindler/Stilz, AktG, § 113 Rn. 43 ff.

527 *Koch*, in: Hüffer/Koch, AktG, § 162 Rn. 1; *Stöber*, DStR 2020, 391, 394; *Velte*, NZG 2020, 12, 15; *Zwirner/Vodermeier*, IRZ 2020, 53 f.

Bei Mutterunternehmen prüft er auch den Konzernabschluss und den Konzernlagebericht.[528]

Der Aufsichtsrat wäre bei der Erstellung dieser Berichte dazu verleitet, die finanzielle Situation des Unternehmens wahrheitswidrig darzustellen. Eine „geschönte" Berichterstattung bzw. Bilanz würde die Vergütung des Aufsichtsrats positiv beeinflussen. Dieses Problem erkannte auch die britische Corporate Governance Kommission und definierte deshalb im britischen monistischen System, dass ein *non-executive director* nicht unabhängig ist, sollte er eine leistungsabhängige Vergütung erhalten. Deshalb vergüten die meisten britischen Unternehmen ihre *non-executive directors* ausschließlich mit einem Festgehalt.[529]

III. Probleme bei Vergütungssystemen für Aufsichtsräte

In den vergangenen Jahren setzten die Europäische Union und Großbritannien verschiedene Gesetzesänderungen um, um die Vergütung von Vorständen und Aufsichtsräten zu beeinflussen. Dabei fokussierten sie sich überwiegend auf eine verbesserte Transparenz durch Offenlegungspflichten. Hier sind zunächst die grundsätzlichen Probleme anzusprechen. Ansonsten ist nicht nachvollziehbar, warum Investorendialoge sich positiv auf die Vergütung von Vorständen und Aufsichtsräten auswirken könnten.

1. Großbritannien

Großbritannien versucht schon seit Jahrzehnten, nachhaltige Vergütungssysteme für Vorstände und Aufsichtsräte zu etablieren.

a) Vergütungsausschuss

Der britische Industrieverband (CBI) veröffentlichte im Jahr 1995 den *Greenbury Report.*[530] Eines der Hauptanliegen des Berichts lag darin, einen Vergütungsausschuss einzuführen. Dieser benennt nun jährlich die Vergütungssysteme für *executive* und *non-executive directors* und legt den Aktionären die Vergütung offen.

---

528 *Euler/Klein*, in: Spindler/Stilz, AktG, § 171 Rn. 39 ff.; *Grigoleit/Zellner*, in: Grigoleit, AktG, § 171 Rn. 24 f.; *Vetter*, in: Henssler/Strohn, AktG, § 171 Rn. 2; *Waclawik*, in: Hölters, AktG, § 171 Rn. 4 f.

529 *Dignam/Hicks*, Hicks & Goo's Cases and Materials on Company Law, S. 314; *Coyle*, Risk Awareness and Corporate Governance, S. 238.

530 *Hicks/Goo*, Cases and Materials on Company Law, S. 237; *Idowu*, Dictionary of Corporate Social Responsibility, S. 294.

Hierüber sollen die Aktionäre auf der Jahreshauptversammlung die Möglichkeit erhalten, zu dem Vergütungssystem Stellung zu beziehen.[531] Mit dem neu eingeführten § 120a AktG, nach dem die Hauptversammlung ein Votum zum Vergütungssystem und Vergütungsbericht abgeben muss, existiert eine solche *say on pay*-Regelung nun auch in Deutschland.[532] Der *Greenbury Report* zielte auch auf die Zusammensetzung des Vergütungsausschusses ab: Dieser soll aus gut informierten und unabhängigen *non-executive directors* bestehen.[533]

b) Kritik

Es mehren sich kritische Stimmen, die die Effektivität von Vergütungsausschüssen anzweifeln. In Großbritannien sei es schwierig, unabhängige *directors* zu finden. Die *non-executive directors* hätten immer ihr eigenes Gehalt im Fokus: Deshalb würden sie oft keine allzu strengen Maßstäbe an Vergütungssysteme anlegen. Strenge Regelungen könnten sonst im Endeffekt ihr eigenes Gehalt negativ beeinflussen.[534]

aa) Loyalität zwischen Vorstand und Aufsichtsrat

Kritiker monieren, dass Vorstände in der Praxis einen zu großen Einfluss auf Vergütungsausschüsse hätten. Vorstand und Aufsichtsrat würden in Gesellschaften eng zusammenarbeiten, wodurch eine sehr loyale Atmosphäre entstehe.[535] Hier bestehe die Gefahr, dass der Aufsichtsrat auch wegen der sehr engen Bindung zum Vorstand keine allzu strengen Maßstäbe anlege.

bb) Unabhängigkeit

Die Aufsichtsratsmitglieder von Unternehmen sitzen oft in den Vorständen anderer Unternehmen der gleichen Branche. Deshalb könnten Aufsichtsräte versuchen, eine hohe Vergütung für den Vorstand auszuhandeln. Dies führt zu einer Aufwärtsspirale der Vorstandsvergütung in der Branche – also auch in dem

---

531 *Mallin*, Corporate Governance, S. 210; *Dignam/Lowry*, Company Law, S. 305

532 *Kell/Barth*, GmbHR 2020, R20 ff.; *Spindler*, AG 2020, 61, 72 ff.; *Stöber*, DStR 2020, 391, 394 f.; *Zwirner/Vodermeier*, IRZ 2020, 53 f.

533 *Psaros*, Australian Corporate Governance: A Review and Analysis of Key Issues, S. 148; *Sheikh/Rees*, Corporate Governance, Kapitel 18.3.1.

534 *Sheehan*, The Regulation of Executive Compensation: Greed, Accountability and Say on Pay, S. 65.

535 *Kershaw*, Company Law in Context: Text and Materials, S. 292; *Wright*, The Oxford Handbook of Corporate Governance, S. 191.

fremden Unternehmen, in dem der Aufsichtsrat selbst im Vorstand sitzt. Hier besteht die Gefahr einer Selbstbedienungsmentalität.[536]

cc) Beauftragung externer Experten

Viele Aufsichtsratsmitglieder sind keine Vergütungsexperten. Deshalb sind sie darauf angewiesen, die Vergütung von Vorständen und Aufsichtsräten in anderen Unternehmen als Vergleichsgrundlage heranzuziehen. Manchmal bedienen sie sich hier externer Berater: Diese sind aber oft nicht allzu kritisch, da sie ansonsten von anderen Unternehmen, die der Vorstand kennt, keine Aufträge mehr erhalten.[537]

dd) Aufschläge als Anreize

Trägt ein externer Berater die Vorstands- und Aufsichtsratsvergütungen aus anderen Unternehmen zusammen, zahlt der Vergütungsausschuss oft einen kleinen „Aufschlag" auf die Vergütung des Mitbewerbers, um besonders hochqualifizierte Vorstände und Aufsichtsräte anzuziehen.[538] Der Vergütungsausschuss befindet sich hier in einem ständigen Dilemma: Er muss die Vergütung im Interesse der Aktionäre gering halten, den Aufsichtsräten und Vorständen aber auch ähnliche Gehälter wie bei Mitbewerbern zahlen.[539]

ee) Say on pay

Der *Greenbury Report* von 1995 erkannte, dass Vergütungsausschüsse recht ineffizient arbeiten. Deshalb empfahl er das *say on pay*-Prinzip, also die Offenlegung der Vergütung von Vorstand und Aufsichtsrat.[540] Die Transparenz soll einen öffentlichen Druck erzeugen, der ein weiteres Ansteigen der Vergütung verhindert.[541] Die Aktionäre stimmen nach der Veröffentlichung über die

---

536 *Bebchuk*, Managerial Power a Rent Extraction in the Design of Executive Compensation, S. 18.

537 *Habersack*, NZG 2018, 127, 130; *Keasey*, Corporate Governance: Accountability, Enterprise and International Comparisons, S. 108; *Sheehan*, The Regulation of Executive Compensation: Greed, Accountability and Say on Pay, S. 69.

538 *Hanau*, NJW 2009, 1652 f.; *Kershaw*, Company Law in Context: Text and Materials, S. 294; *Siefer*, NZG 2013, 691, 693; *Wright*, The Oxford Handbook of Corporate Governance, S. 186

539 *Dignam*, Hicks & Goos Cases ad Materials on Company Law, S. 519; *Hanau*, NJW 2009, 1652 f.; *Kershaw*, Company Law in Context: Text and Materials, S. 294.

540 *Dunlop*, Corporate Governance and Control, S. 7; *Kershaw*, Company Law in Context: Text and Materials, S. 294.

541 *Keasey*, Corporate Governance, S. 108; *Velte*, NZG 2020, 12, 14.

Vergütungssysteme für Vorstand und Aufsichtsrat ab. Die entsprechende Regelung findet sich in Section 439 Companies Act 2006:

„A quoted company must, prior to the accounts meeting, give to the members of the company entitled to be sent notice of the meeting notice of the intention to move at the meeting, as an ordinary resolution, a resolution approving the directors' remuneration report for the financial year other than the part containing the directors' remuneration policy."

2. Deutschland

Die Europäische Union und Deutschland folgen dem britischen *say on pay*-Prinzip und verbesserten gleichfalls die Transparenz der Vergütung von Vorständen und Aufsichtsräten.

a) Aktionärsrechterichtlinie

Dies erfolgte erstmalig durch die Aktionärsrechterichtlinie 2007/36/EG bzw. später durch die Änderungsrichtlinie EU 2017/828. So heißt es beispielsweise im 3. Erwägungsgrund der Richtlinie EU 2017/828:

„In ihrer Mitteilung vom 12. Dezember 2012 mit dem Titel „Aktionsplan: Europäisches Gesellschaftsrecht und Corporate Governance — ein moderner Rechtsrahmen für engagiertere Aktionäre und besser überlebensfähige Unternehmen" kündigte die Kommission eine Reihe von Maßnahmen im Bereich Corporate Governance an, mit denen vor allem die langfristige Mitwirkung der Aktionäre und die Transparenz zwischen Gesellschaften und Anlegern gefördert werden sollen."[542]

b) Nationale deutsche Regelungen

Die Umsetzung der Aktionärsrechterichtlinien führte in Deutschland zu Änderungen im Aktiengesetz.

Die neu eingeführten § 87a, § 113 III, § 119 I Nr. 3, § 120a, § 162 AktG setzen insbesondere die Art. 9a, 9b der Aktionärsrechterichtlinie[543] um und sehen vor, dass der Aufsichtsrat ein Vorstandsvergütungssystem festlegt und die Hauptversammlung einen „beratenden" Beschluss hierzu fasst sowie über ein

542 Richtlinie (EU) 2017/828 des Europäischen Parlaments und des Rates vom 17.05.2017 zur Änderung der Richtlinie 2007/36/EG im Hinblick auf die Förderung der langfristigen Mitwirkung der Aktionäre, ABl. L 132, 1.

543 Richtlinie (EU) 2017/828 des Europäischen Parlaments und des Rates vom 17.05.2017 zur Änderung der Richtlinie 2007/36/EG im Hinblick auf die Förderung der langfristigen Mitwirkung der Aktionäre, ABl. L 132, 1, 19 ff.

Aufsichtsratsvergütungssystem und einen jährlichen Vergütungsbericht („*say on pay*").[544]Deutschland übernahm durch die obigen Änderungen im AktG die *say on pay*-Regelung.

Die vorhergehenden Ausführungen sollten ein Bewusstsein dafür schaffen, wie deutsche Gesellschaften versuchen, Vergütungsausschüsse und Vergütungssysteme positiv zu beeinflussen. Es steht immer noch die Frage im Vordergrund, wie Investorendialoge hier zu einer Besserung beitragen können. Für eine fundierte Beurteilung ist es erst einmal wichtig zu wissen, ob das *say on pay*-Prinzip überhaupt zu spürbaren Verbesserungen geführt hat.

3. *Nutzen der* say on pay*-Regelung*

Die vorhergehenden Abschnitte offenbarten, warum Vergütungsausschüsse nicht sonderlich effizient arbeiten. Nun ist wichtig zu wissen, ob die *say on pay*-Regelung in Großbritannien und Deutschland zu spürbaren Verbesserungen führte. Hier sprechen die Zahlen für sich: Wie die vorangegangenen Kapitel offenbarten, bewegt sich die Aufsichtsrats- und insbesondere die Vorstandsvergütung seit Jahrzehnten in einer Aufwärtsspirale. Studien zeigen, dass die Vergütung in den letzten Jahrzehnten trotz der Bildung von Vergütungsausschüssen und des *say on pay*-Prinzips nicht zurückging.[545] Eine Studie fand sogar heraus, dass 50 Prozent der britischen Vorstandsvorsitzenden der Ansicht sind, dass Transparenz- und Veröffentlichungsregelungen die Vergütungsspirale nach oben beschleunigt hätten.[546]

4. *Stellungnahme*

Es ist paradox: Studien zeigen, dass Transparenz- und Veröffentlichungsvorschriften die Vorstands- und Aufsichtsratsvergütung nicht positiv beeinflussen konnten, deren Wachstum sogar teilweise beschleunigten. Die Europäische Union und Großbritannien halten aber immer noch an entsprechenden Regelungen fest. Genau hier könnten Investorendialoge eine spürbare Verbesserung

---

544 *Kell/Barth*, GmbHR 2020, R20 ff.; *Spindler*, AG 2020, 61, 72 ff.; *Stöber*, DStR 2020, 391, 394 f.; *Zwirner/Vodermeier*, IRZ 2020, 53 f.

545 Vgl. *Noll*, Wie hoch dürfen die Gehälter von Spitzenmanagern sein?, S. 8 ff., https://businesspf.hs-pforzheim.de/fileadmin/user_upload/uploads_redakteur_wirtschaft/Fakultaet_zentral/Dokumente/2013/Turmthesen/TT_Bd2_01_Noll.pdf (zuletzt aufgerufen am 15.08.2020).

546 *Conyon/Clarke/Peck*, Corporate Governance and Directors' Remuneration: View from the Top, S. 21.

erzielen. Sie setzen die richtigen Rahmenbedingungen für ein langfristiges und gesundes Unternehmenswachstum. Investoren treten bei Dialogen in eine direkte Kommunikation mit dem Aufsichtsrat bzw. dem Vergütungsausschuss. Sie können bereits im Vorhinein Druck ausüben und Vergütungssysteme positiv beeinflussen.

Investoren möchten die Vergütung von Aufsichtsrat und Vorstand naturgemäß möglichst niedrig halten, um die Gewinne des Unternehmens und damit letztlich auch ihre Rendite zu erhöhen. Investoren sind hier sehr unabhängig, anders als Aufsichtsräte. Die oben genannten Studien offenbaren, dass Aufsichtsräte bei der Gestaltung von Vergütungssystemen zumeist gar nicht so unabhängig sind, wie sie sich oft geben.

Investoren können schon vor der Erstellung eines Vergütungssystems auf Fehler hinweisen und Verbesserungen vorschlagen. Veröffentlichungs- und Transparenzregelungen sind zwar auf den ersten Blick sinnvoll, setzen aber erst dann an, wenn ein Vergütungssystem bereits etabliert ist. Es ist hier viel sinnvoller, die Unabhängigkeit und Expertise von Investoren zu nutzen. Investorengespräche beeinflussen Vergütungssysteme schon bei ihrer Schaffung und setzen nicht ex post an. Investoren sind oft Vergütungsspezialisten. Sie haben vermehrt größere Investitionen und wissen, welche Maßstäbe und Kriterien die Vergütungsausschüsse in anderen Unternehmen ansetzen. Sie wissen auch, welche Vergütungssysteme in der Praxis funktionieren und wo Gefahren lauern. Diese Informationen sind für die Errichtung von Vergütungssystemen von unschätzbarem Wert.

Kapitel 8 Zusammenfassung und Zukunftsaussichten

Kapitel 8 fasst die Ergebnisse der ersten sechs Kapitel zusammen und gibt einen Ausblick in die Zukunft.

A. Zusammenfassung

Die Dissertation behandelte die Frage, ob Investorendialoge in Deutschland rechtlich zulässig und auch empfehlenswert sind.

I. Kapitel 1

Das erste Kapitel behandelte die Ausgangssituation und beleuchtete, warum in Deutschland vermehrt der Ruf nach Investorendialogen aufkommt. Es zeigte sich, dass dies insbesondere auf den Usus in der internationalen Praxis zurückzuführen ist. Institutionelle Investoren und Großaktionäre sind Investorendialoge aus anderen Staaten gewöhnt und erwarten diese Art der Kommunikation zunehmend auch in Deutschland. Hier sind diese *de facto* auch schon gelebte Praxis.[547] Der Blick in andere Staaten, insbesondere hin ins angelsächsische Recht, offenbarte die Vorteile von Investorendialogen. Den Wert aktiver Eigentümerschaft hat auch die EU erkannt und dahingehend mit Art. 9a und 9b Vorgaben in die Aktionärsrechterichtlinie EU 2017/828[548] implementiert.[549]

II. Kapitel 2

Das zweite Kapitel offenbarte, dass eine aktive Eigentümerschaft grundlegende Vorteile mit sich bringt. Der zunehmende *Shareholder Activism* ist auf die immer wiederkehrenden Unternehmensskandale der vergangenen Jahrzehnte zurückzuführen. Diese traten in der medialen Öffentlichkeit zuletzt bei der Finanzkrise 2008 in den Vordergrund.[550] Die übereilte Gesetzgebung, die sich daraufhin

547 Kapitel 1 A. I. Rechtslage in Deutschland.

548 Richtlinie (EU) 2017/828 des Europäischen Parlaments und des Rates vom 17.05.2017 zur Änderung der Richtlinie 2007/36/EG im Hinblick auf die Förderung der langfristigen Mitwirkung der Aktionäre, ABl. L 132, 1, 19 f.

549 Kapitel 1 B. I. 2. EU-Aktionärsrechterichtlinie.

550 Kapitel 2 A. I. Geschichtliche Erkenntnisse.

anschloss, war eher kontraproduktiv. Es ist vielmehr sinnvoll, die Corporate Governance börsennotierter Unternehmen über Instrumente wie den DCGK stetig zu verbessern. Dies zeigt auch die Studie *The Credit Suisse Family 1000* auf, die 1.000 Familienunternehmen untersuchte und feststellte, dass familiengeführte Unternehmen ein vergleichsweise hohes Wachstum aufweisen. Dies führte zu dem Erkenntnisgewinn, dass – beispielsweise über Investorendialoge – eine strukturelle Übertragung der dort praktizierten Verhaltensweisen sinnvoll ist. Auch die Studie *Active Ownership* führt zu diesem Ergebnis, da sie darlegte, dass ausländische Unternehmen durch Investorendialoge eine durchschnittliche Wertsteigerung von 7,1 Prozent erzielten.[551]

III. Kapitel 3

Das dritte Kapitel befasste sich mit der Frage, wie Investorendialoge rechtlich umzusetzen sind. Die aufgeworfene Frage trifft auf ein Spannungsverhältnis: Einerseits ist es möglich, eine gesetzliche Regelung in das Aktiengesetz aufzunehmen, andererseits besteht aber auch die Möglichkeit, Investorendialoge als *soft law* in den DCGK zu verankern.[552] Deshalb war zu untersuchen, wie sich *soft law* im deutschen und europäischen Rechtsraum allgemein auswirkt.[553] Anschließend erfolgte eine Untersuchung, wie *soft law* speziell im DCGK wirkt.[554] Hier war es wichtig, zunächst den DCGK und seine Besonderheiten zu erläutern. Dabei rückte insbesondere die gesetzliche Flankierung über die Entsprechenserklärung in § 161 AktG in den Vordergrund.[555] Die Differenzierung zwischen Empfehlungen und Anregungen war dabei besonders relevant. Haftungsrechtliche Sanktionen sind nur möglich, wenn gegen Empfehlungen verstoßen wird. Das dritte Kapitel endete mit der Erkenntnis, dass nur vergleichsweise unwichtige Sachverhalte als Anregung aufzunehmen sind, die restlichen Vorgaben aber als Empfehlung umzusetzen sind, um messbare Veränderungen zu erzwingen. Eine Aufnahme von Investorendialogen in den DCGK ist außerdem empfehlenswert, da dies den Unternehmen die notwendige Flexibilität verleiht, die sie in der wirtschaftlichen Praxis benötigen. Von einer

551 Kapitel 2 A. II. Familienunternehmen – The Credit Suisse Family 1000.
552 Kapitel 3 A. Investorendialoge als *soft law* im DCGK.
553 Kapitel 3 A. I. Was ist *soft law*?
554 Kapitel 3 A. II. *soft law* im DCGK.
555 Kapitel 3 A. III. Gesetzliche Flankierung durch § 161 AktG.

Verankerung von Investorendialogen im Aktiengesetz ist vorerst abzuraten, da dies dem wirtschaftlichen Alltag nicht gerecht wird.[556]

IV. Kapitel 4

Kapitel 4 untersuchte die rechtliche Situation in Deutschland. Es erläuterte die dualistische Unternehmensverfassung und beleuchtete die rechtlichen Besonderheiten der deutschen Gesetze.[557] Letztlich führte Kapitel 4 zu dem Erkenntnisgewinn, dass das deutsche Recht Investorendialoge weder explizit erlaubt noch verbietet. Es zeigt aber auch auf, dass ein Rechtstransfer vom britischen ins deutsche Recht nur möglich ist, wenn die Differenzen der beiden Unternehmensverfassungen einbezogen werden. Hier ist insbesondere darauf abzustellen, dass die dualistische Unternehmensverfassung und auch das Aktiengesetz ganz andere Anforderungen an Gesellschaften stellen als das britische Gesellschaftsrecht mit seinem monistischen Modell.

V. Kapitel 5

Kapitel 5 beschäftigte sich mit den Investorendialogen im UK. Hier wurden zunächst die Grundzüge und Unterschiede zwischen der monistischen und dualistischen Unternehmensverfassung beleuchtet.[558] Die anschließende Untersuchung kam zum Schluss, dass sich die beiden Unternehmensverfassungen in der Vergangenheit immer weiter annäherten. Daraus resultierte die Erkenntnis, dass ein Rechtsvergleich der Kodizes grundsätzlich möglich ist.[559] Das 5. Kapitel beschäftigte sich anschließend mit der historischen Entwicklung der UK Corporate Governance. Diese verdeutlichte, wie und warum sich im UK überhaupt Investorendialoge entwickelten. Die damit verbundenen Erkenntnisse waren wichtig, um nachvollziehen zu können, warum die Einführung von Investorendialogen in Deutschland überhaupt erstrebenswert ist.[560] Die sich anschließenden Ausführungen untersuchten den UKCGC und den UKSSC – die beiden maßgeblichen UK Rechtswerke, die sich mit Investorendialogen befassen. Dabei kam heraus, dass die Einführung eines Verhaltenskodex für deutsche Investoren – ähnlich dem UKSSC – nicht erstrebenswert ist.[561]

556 Kapitel 3 B. Stellungnahme.
557 Kapitel 4 A. Die dualistische Unternehmensverfassung.
558 Kapitel 5 A. Rechtsvergleichung.
559 Kapitel 5 A. II. Rechtsvergleich der Kodizes.
560 Kapitel 5 B. Historische Entwicklung der UK Corporate Governance.
561 Kapitel 5 C. Ausgestaltung von Investorendialogen im UK.

VI. Kapitel 6

Kapitel 6 nutzte die Erkenntnisse aus den vorherigen Kapiteln, um einen Rechtstransfer durchzuführen. Es zeigte sich, dass nicht alle Formulierungen und Gedanken aus dem britischen Recht übertragbar waren. Ausgenommen waren insbesondere diejenigen Regelungen, die mit dem deutschen Recht kollidierten. Kapitel 6 endete mit einem Vorschlag, wie Investorendialoge im DCGK verankert werden könnten. Die Formulierungen sind größtenteils als Empfehlungen ausgestaltet, die die Erklärungspflicht des § 161 S. 1 AktG auslösen. Dies sichert eine effektive Umsetzung der angestrebten Maßnahmen. Gestaltet man die Vorgaben nicht als Empfehlungen aus, besteht die Gefahr, dass die Zielsetzung der EU-Aktionärsrechterichtlinie verblasst und in der Praxis zu keinen nachhaltigen Veränderungen führt.

VII. Kapitel 7

Kapitel 7 befasste sich mit den Leitlinien, die die Initiative *Developing Shareholder Communication* ausarbeitete.[562] Die Initiative war mit Vertretern aus der Rechtswissenschaft, der Wirtschaft und mit Investorenvertretern besetzt und fasste die Bedürfnisse der Praxis zusammen, die im Rahmen von Investorengesprächen bestehen. Die Untersuchung kam zu dem Schluss, dass den Empfehlungen der Initiative uneingeschränkt zu folgen ist.[563] Die rechtliche Untersuchung der Leitlinien war notwendig, um etwaige rechtliche Konflikte zu erkennen.

VIII. Abschließender Vorschlag

Es wird abschließend vorgeschlagen, Anregung A.3 DCGK um die folgenden Empfehlungen und Anregungen zu ergänzen:

> **Der Aufsichtsratsvorsitzende soll in einem angemessenen Rahmen bereit sein, mit Investoren über aufsichtsratsspezifische Themen Gespräche zu führen.**
>
> **Der Aufsichtsrat legt gemeinsam mit dem Vorstand die Rahmenbedingungen für Investorendialoge fest. Vorstand und Aufsichtsrat gehen aktiv auf Aktionäre zu und regen diese zu einem Dialog an.**[564]

---

562 Kapitel 7 A. Developing Shareholder Communication.

563 Kapitel 7 C. Fazit.

564 Kapitel 6 A. I. 1. c) Formulierung.

Der Aufsichtsratsvorsitzende soll sich regelmäßig mit den wichtigsten Investoren treffen, um ein klares Verständnis für ihre Anliegen zu entwickeln.[565]

Die Ausschussvorsitzenden sollen sich mit Investoren über wichtige Themen aus ihrem Zuständigkeitsbereich austauschen. Der Aufsichtsratsvorsitzende sollte dem Gespräch bei sensiblen Themen beiwohnen.

Der Aufsichtsratsvorsitzende stellt sicher, dass der gesamte Aufsichtsrat und Vorstand ein klares Verständnis über die Ansichten der Investoren erhalten.

Bezieht sich der Investorendialog auf einen arbeitnehmerspezifischen Themenbereich, kann ein Aufsichtsratsmitglied, das von der Arbeitnehmerseite stammt, dem Dialog beiwohnen.

Das Vergütungskomitee soll in seinem Jahresbericht angeben, ob Investorendialoge die Vergütung betreffend stattgefunden haben und wie sich diese auf ihre Vergütungspolitik auswirkten.

Eine Erklärung nach § 161 AktG ist nur erforderlich, sollte der Aufsichtsratsvorsitzende einen ersuchten Dialog ablehnen. [566]

B. Zukunftsaussichten

Investorendialoge sind eine vergleichsweise junge Materie. Die Debatte über eine gute Corporate Governance und Investorendialoge resultierte im UK aus Finanzkrisen und den Erfahrungen mit schlechter Corporate Governance sowie einem Fehlverhalten des Managements, das zu schlechten Renditen für viele Anleger führte.[567] Die Entwicklungen der jüngsten Vergangenheit haben gezeigt, dass die Debatte um eine gute Corporate Governance noch lange nicht abgeschlossen ist. Ein prominentes Beispiel ist der VW-Abgasskandal, der offenbarte, dass ein fragwürdiges Verhalten von Vorständen und Aufsichtsräten auch heute noch allgegenwärtig ist.[568] Das Verhalten von Vorstand und Aufsichtsrat

565 Kapitel 4 B. V. 2. b) bb) Kriterien: Qualifikation und Beteiligungshöhe.

566 Kapitel 6 A. II. 4. Fazit.

567 UKCGC, Introduction.

568 Vgl. *Dittmer*, Skandale am laufenden Band, Die langen Schatten des alten VW-Regimes, https://www.n-tv.de/wirtschaft/Skandale-und-Trickserelen-am-laufenden-Band-VW-hat-Corporate-Governance-nicht-erfunden-article16339086.html (zuletzt aufgerufen am 15.08.2020); *Theisen*, Corporate Governance-Desaster im Volkswagen-Reich, Volkswagen verhöhnt das Recht, http://www.manager-magazin.de/unternehmen/

von Volkswagen schädigte das weltweite Ansehen der deutschen Automobilindustrie. Ein weiteres prominentes Beispiel aus dem Jahr 2013 ist der deutsche Konzern Thyssen-Krupp: Fehlentscheidungen des Managements bescherten dem Konzern einen Rekordverlust von fünf Milliarden Euro.[569] Die immer wiederkehrenden Fehlentwicklungen der vergangenen Jahren haben offenbart, dass die derzeitige Corporate Governance nicht ausreicht, um die grundsätzlichen Konflikte zwischen Aktionären, Aufsichtsrat und Management zu regulieren. Investorendialoge sind dazu geeignet, genau hier anzusetzen und spürbare Veränderungen für die Praxis mit sich zu bringen. Dafür ist aber notwendig, dass ihre Ausgestaltung in der Praxis laufend angepasst wird.

Ob Investorendialoge den gewünschten positiven Effekt auf die Corporate Governance von Unternehmen bringen, wird die Zeit zeigen. Ein Blick ins angelsächsische Recht zeigt, dass der Weg zu einer effektiven Corporate Governance schon beschritten, aber noch lange nicht abgeschlossen ist. Die Europäische Union hat den Wert aktiver Eigentümerschaft jedenfalls erkannt und ihn in die EU-Aktionärsrechterichtlinie aufgenommen. Auch andere Staaten wie das Vereinigte Königreich, die Niederlande, Belgien, die USA und Frankreich setzen auf Investorendialoge.[570] Inwieweit Investorendialoge in der Praxis zu messbaren positiven Veränderungen führen, bleibt abzuwarten. Studien offenbaren jedoch, dass Investorendialoge in anderen Staaten zu einer durchschnittlichen Wertsteigerung von Unternehmen von 7,1 Prozent führten.[571]

---

autoindustrie/volkwagen-verhoehnt-das-recht-und-die-corporate-governance-a-1142222.html (zuletzt aufgerufen am 15.08.2020).

569 Vgl. *Jahn/Sturbeck*, Das Corporate-Governance-Desaster, http://www.faz.net/aktuell/wirtschaft/unternehmen/ thyssen-krupp-das-corporate-governance-desaster-12027289.html (zuletzt aufgerufen am 15.08.2020).

570 *Hirt/Hopt/Mattheus*, AG 2016, 725, 738.

571 *Dimson/Karakas/Li*, Active Ownership, S. 6.

Annex: Entwurf einer Kommunikationsordnung

§ 1 Beschlussfassung

(1) Aufsichtsrat und Vorstand der Aktiengesellschaft können Vorschläge für eine Änderung dieser Kommunikationsordnung einbringen. Der Vorstand richtet seine Vorschläge an den Aufsichtsratsvorsitzenden. Der Aufsichtsrat beschließt spätestens vier Wochen nach Zugang eines Änderungsvorschlages über dessen Annahme oder Ablehnung.

(2) Eine Änderung dieser Kommunikationsordnung bedarf einer Mehrheit der Stimmen des Aufsichtsrats. Bei Stimmengleichheit entscheidet die Stimme des Aufsichtsratsvorsitzenden.

(3) Jedes Aufsichtsratsmitglied kann die Einberufung einer Aufsichtsratssitzung betreffend die Kommunikationsordnung verlangen. Das Einberufungsverlangen ist unter Angabe des Zwecks und der Gründe der Einberufung an den Aufsichtsratsvorsitzenden oder dessen Vertreter zu richten. Die Aufsichtsratssitzung ist innerhalb von vier Wochen nach Zugang des Einberufungsverlangens einzuberufen.

(4) Vorstandsmitglieder können der Aufsichtsratssitzung beiwohnen. Aktionäre können der Aufsichtsratssitzung nach einer Einwilligung durch den Aufsichtsratsvorsitzenden beiwohnen. Stimmrecht haben nur Mitglieder des Aufsichtsrats.

(5) Der Aufsichtsratsvorsitzende kann einzelne Aufsichtsratsmitglieder zur Teilnahme an der Aufsichtsratssitzung verpflichten. Der Aufsichtsratsvorsitzende soll Aufsichtsratsmitglieder zur Teilnahme verpflichten, wenn ein Änderungsvorschlag ihren Tätigkeitsbereich betrifft.

§ 2 Kommunikationsausschuss

(1) Der Aufsichtsrat bildet einen Kommunikationsausschuss. Dieser besteht anteilig aus Vertretern der Arbeitnehmerseite und der Anteilseignerseite. Vorsitzender des Kommunikationsausschusses ist der Aufsichtsratsvorsitzende.

(2) Der Kommunikationsausschuss legt den Rahmen für einen Dialog mit Investoren fest. Er bestimmt in Abstimmung mit Aufsichtsrat und Vorstand die Themen, die bei einem Dialog mit Investoren nicht zu behandeln sind.

(3) Der Kommunikationsausschuss informiert Vorstand und Aufsichtsrat regelmäßig über seine Tätigkeit. Bei besonders wichtigen Vorkommnissen erfolgt die Information unverzüglich.
(4) Aufsichtsrat und Vorstand sollen sich jederzeit auf dem gleichen Informationsstand befinden.

§ 3 Kommunikation mit Investoren

(1) Vorstand und Aufsichtsrat gehen aktiv auf Investoren zu und regen diese zu einem Dialog an.
(2) Die Kommunikation mit Investoren obliegt dem Aufsichtsratsvorsitzenden.
(3) Der stellvertretende Aufsichtsratsvorsitzende kann dem Dialog mit einem Investor beiwohnen. Der Aufsichtsratsvorsitzende informiert seinen Stellvertreter über jeden geplanten Dialog.
(4) Der Aufsichtsratsvorsitzende kann Gespräche mit Investoren auf Ausschussvorsitzende und andere Aufsichtsratsmitglieder übertragen. Der Aufsichtsratsvorsitzende sollte Gesprächen, die andere Aufsichtsratsmitglieder führen, beiwohnen.

§ 4 Nachinformation der Aktionäre

(1) Wurden bei einem Investorendialog Auskünfte gegeben, haben andere Aktionäre das Recht, diese Informationen in der Hauptversammlung einzufordern. Wurden dem Investor wesentliche neue Tatsachen mitgeteilt, so sind diese den anderen Aktionären unverzüglich zur Verfügung zu stellen.
(2) Steht ein Geheimhaltungsinteresse dem Auskunftsrecht der anderen Aktionäre entgegen, so kann von einer nachträglichen Information abgesehen werden.

§ 5 Annahme und Ablehnung von Gesprächsgesuchen

(1) Die Ablehnung von Gesprächsgesuchen bedarf einer Begründung. Diese Begründung ist dem Vorstand, Aufsichtsrat und dem Antragsteller des Gesprächsgesuchs zugänglich zu machen. Die Ablehnung von Gesprächsgesuchen erfolgt aus sachlichen Gründen, die eine Ungleichbehandlung gegenüber anderen Investoren rechtfertigt.
(2) Den Gesprächsgesuchen von besonders fachkundigen Investoren, institutionellen Anlegern, Vermögensverwaltern und Großaktionären sollte entsprochen werden.

(a) Besonders fachkundige Investoren sind solche, die aufgrund ihrer beruflichen Tätigkeit oder ihres akademischen Hintergrunds ein besonderes Fachwissen aufweisen, das dem Wohle der Gesellschaft dienen kann.
(b) Institutionelle Anleger und Vermögensverwalter sind solche i.S.d. § 134a I Nr. 1, 2 AktG.
(c) Großaktionäre sind Aktionäre mit einer hohen Kapitalbeteiligung an der Gesellschaft. Der Aufsichtsrat definiert nach pflichtgemäßem Ermessen, ab welcher Beteiligungshöhe ein Aktionär ein Großaktionär ist. Die Eigenschaft als Großaktionär ist gegeben, soweit der Abzug einer Beteiligung insgesamt zu einem erheblichen wirtschaftlichen Nachteil für die Gesellschaft führen kann oder der Aktionär einen merklichen Einfluss auf das Unternehmen ausüben kann.

(3) Der Aufsichtsratsvorsitzende kann unter besonderen Umständen in einen Dialog mit weiteren Investoren treten. Die Entscheidung über einen Dialog mit weiteren Investoren ist zu begründen und dem Aufsichtsrat und Vorstand zugänglich zu machen.

§ 6 Gesprächsinhalte

(1) Der Aufsichtsratsvorsitzende kann mit Investoren über aufsichtsratsspezifische Themen sprechen. Aufsichtsratsspezifische Themen sind solche, die in den Aufgaben- und Verantwortungsbereich des Aufsichtsrats fallen.

(2) Aufsichtsratsspezifische Themen sind insbesondere die folgenden:
(a) Zusammensetzung des Aufsichtsrats und Vergütung seiner Mitglieder;
(b) Binnenorganisation und Überwachungsprozess;
(c) Vorstandsbestellung, -abberufung und -vergütung;
(d) Strategieentwicklung und -umsetzung;
(e) Bestellung der Abschlussprüfer.

(3) Gespräche über vorstandsspezifische Gesprächsinhalte sind dem Aufsichtsrat untersagt. Zur Wahrung einer einheitlichen Kapitalmarktkommunikation gilt gleiches für Themen, die in den gemeinsamen Verantwortungsbereich von Vorstand und Aufsichtsrat fallen.

(4) Der Aufsichtsratsvorsitzende teilt dem Investor bei einem Dialog keine Insiderinformationen mit. Bei Kommunikationsfehlern ist der Vorstand unverzüglich zu informieren und die Insiderinformation zu veröffentlichen.

§ 7 Interessenkonflikte

(1) Ein Dialog mit Investoren kann von Interessenkonflikten geprägt sein. Der Dialog darf auf Seiten des Aufsichtsratsvorsitzenden ausschließlich im Unternehmensinteresse geführt werden.
(2) Liegen dem Kommunikationsausschuss Anhaltspunkte für einen Interessenkonflikt vor, ist der Aufsichtsrat unverzüglich zu informieren.

§ 8 Dokumentation

(1) Der Aufsichtsratsvorsitzende dokumentiert den Dialog mit Investoren.
(2) Das Protokoll ist dem Aufsichtsrat und Vorstand zugänglich zu machen.

Literaturverzeichnis

Augustin, Patrick/Brenner, Menachem/Subrahmanyam, Marti: Informed Options Trading Prior to M&A Announcements: Insider Trading?, New York 2013.

Ahlbrecht, Heiko: Im Blickpunkt: Drastische Verschärfung der Sanktionen für Marktmanipulation und Insiderhandel, Deutscher Anwalt Spiegel, 12. Ausgabe, 15.06.2016.

Arsalidou, Demetra: Rethinking Corporate Governance in Financial Institutions, London 2018.

Assmann, Heinz-Dieter: Das künftige deutsche Insiderrecht (II), AG 1994, 237 ff.

Assmann, Heinz-Dieter/Schneider, Uwe: Kommentar zum Wertpapierhandelsgesetz, 6. Auflage, Köln 2012.

Bachmann, Gregor/Kremer, Thomas/Lutter, Marcus/von Werder, Axel: Kommentar zum Deutschen Corporate Governance Kodex, 7. Auflage, München 2018.

Balsam, Steven: An Introduction to Executive Compensation, San Diego 2011.

Barta, Sebastian: Die Insiderinformation als aufklärungspflichtiger Umstand de lege lata und de lege ferenda, DZWiR 2012, 177 ff.

Bartz, Jenny/von Werder, Axel: Unabhängigkeit von Kandidaten für den Aufsichtsrat: Empirische Befunde zur tatsächlichen Anwendung der Kodexempfehlungen zur Beziehungstransparenz, NZG 2014, 841 ff.

Bauer, Leopold/Wansleben, Till/Fleischer, Holger: Investorenkontakte des Aufsichtsrats: Zulässigkeit und Grenzen, LSK 2015, 360 ff.

Baumbach, Adolf/Hopt, Klaus: Kommentar zum Handelsgesetzbuch, 39. Auflage, München 2020.

Bayer, Walter/Habersack, Mathias: Aktienrecht im Wandel, Band II: Grundsatzfragen des Aktienrechts, 1. Auflage, Tübingen 2007.

Bebchuk, Lucian/Fried, Jesse: Executive Compensation as an Agency Problem, Journal of Economics Perspectives, vol. 17, no. 3, Harvard 2003, S. 71 ff.

dies.: Pay without Performance: The Unfulfilled Promise of Executive Compensation, 1. Auflage, Harvard 2004.

Bebchuk, Lucian: Managerial Power and Rent Extraction in the Design of Executive Compensation, The University of Chicago Law Review, vol. 69, no. 3, S. 751 ff.

Becker, Klaus/von Werder, Axel: Der Deutsche Corporate Governance Kodex im internationalen Vergleich. Eine komparative Analyse ausgewählter Anforderungen an den Aufsichtsrat, AG 2016, 761 ff.

Bender, Ruth/Ward, Kelth: Corporate Financial Strategy, 2. Auflage, Oxford 2013.

Bergmann, Jan: Handlexikon der Europäischen Union, 5. Auflage, Baden-Baden 2015.

Bhattacharya, Mousumi/Sengupta, Nilanjan: Compensation Management, New Delhi 2009.

Bierman, Harold: Increasing Shareholder Value: Distribution Policy, a Corporate Finance Challenge, Dordrecht 2001.

Boyd, Colin: Ethics and Corporate Governance: The Issues Raised by the Cadbury Report in the United Kingdom, Journal of Business Ethics, vol. 15, no. 2, Alphen aan den Rijn 1996, S. 167 ff.

Börsig, Clemens/Löbbe, Marc: Die gewandelte Rolle des Aufsichtsrats – 7 Thesen zur Corporate Governance Entwicklung in Deutschland, in: Festschrift für Michael Hoffmann-Becking zum 70. Geburtstag, München 2013, S. 125 ff.

Brink, Alexander: Corporate Governance and Business Ethics, 1. Auflage, Heidelberg 2011.

Brellochs, Michael/Krause, Hartmut: Insiderrecht und Ad-hoc-Publizität bei M&A- und Kapitalmarkttransaktionen im europäischen Rechtsvergleich, ein Beitrag zum Begriff der Insiderinformation im kommenden EU-Marktmissbrauchsrecht, AG 2013, 309 ff.

Bunz, Thomas: Vorbereitungs- und Reaktionsmöglichkeiten börsennotierter Unternehmen auf Shareholder Activism, NZG 2014, 1049 ff.

Bürgers, Tobias/Körber, Torsten: Heidelberger Kommentar zum Aktiengesetz, 4. Auflage, Heidelberg 2017.

Cadbury, Adrian: Corporate Governance and Chairmanship: A Personal View, 1. Auflage, Oxford 2002.

Calder, Alan: Corporate Governance: A Practical Guide to the Legal Frameworks and International Codes of Practice, 1. Auflage, London 2008.

Caruth, Donald/Handlogten, Gall: Managing Compensation: A Handbook for the Perplexed, Westport 2001.

Chiu, Iris H-Y: The Foundations and Anatomy of Shareholder Activism, 1. Auflage, Oxford 2010.

Clark, Gordon/Feiner, Andreas/Viehs, Michael: From the Stockholder to the Stakeholder: How Sustainability Can Drive Financial Outperformance, Oxford 2015.

Conyon, Martin/Clarke, Robert/Peck, Simon: Corporate Governance and Directors' Remuneration: View from the Top, Business Strategy Review, vol. 9, no. 4, London 1998, S. 21 ff.

Coyle, Brian: Risk Awareness and Corporate Governance, 2. Auflage, Kent 2005.

Dauses, Manfred/Ludwigs, Markus: Handbuch des EU-Wirtschaftsrechts, 50. Auflage, München 2020.

Davies, Paul: Struktur der Unternehmensführung in Großbritannien und Deutschland: Konvergenz oder fortbestehende Divergenz?, ZGR 2001, 268 ff.

ders.: Board Structure in the UK and Germany: Convergence or Continuing Divergence?, Oxford 2001.

Degenhardt, Maximilian: Handlungsempfehlungen für die Kapitalmarktkommunikation des Aufsichtsrats, AR 2017, 100 ff.

Deilmann, Barbara /Otte, Sabine: Auswirkungen des VorstAG auf die Struktur der Vorstandsvergütung, GWR 2009, 261 ff.

Deutscher Anwaltverein: Stellungnahme zu den Vorschlägen der Regierungskommission Deutscher Corporate Governance Kodex zu Kodexanpassungen und Änderungen für 2017, NZG 2017, 57 ff.

Diekmann, Hans: Say on Pay - Umsetzung ins deutsche Recht nach dem ARUG II-Referentenentwurf, BB 2018, 3010 ff.

Dignam, Alan: Hicks & Goo's Cases and Materials on Company Law, 7. Auflage, Oxford 2011.

Dignam, Alan/Lowry, John: Company Law, 7. Auflage, Oxford 2012.

Dimson, Elroy/Karakaş, Oğuzhan/Li, Xi: Active Ownership, Review of Financial Studies (RFS), vol. 28, no. 12, Oxford 2015, S. 3225 ff.

Dörrwächter, Jan/Leuering, Dieter: Die Maximalvergütung für Vorstandsmitglieder nach ARUG II, NJW-Spezial 2020, 15 f.

Drinhausen, Florian/Marsch-Barner, Reinhard: Die Rolle des Aufsichtsratsvorsitzenden in der börsennotierten Aktiengesellschaft, AG 2014, 337 ff.

Dunlop, Axel: Corporate Governance and Control, 1. Auflage, Berkshire 1998.

Dunne, Patrick/Morris, Glynis D.: Non-Executive Director's Handbook, 2. Auflage, Oxford 2008.

Dünchheim, Thomas/Joppich, Gero/Hermann, Hendrik: Renten- und Arbeitslosenversicherungspflicht von Vorstandsmitgliedern ausländischer Gesellschaften, DB, Heft 39/2013, 2210 ff.

Dürig, Günter/Maunz, Theodor: Kommentar zum Grundgesetz, 90. Auflage, München 2020.

Erbs, Georg/Kohlhaas, Max: Kommentar zum Aktiengesetz Band 1: Einleitung; (§§ 1 – 22), 231. Auflage, Berlin 2020.

Fernando, A.C.: Corporate Governance: Principles, Policies and Practices, 2. Auflage, New Delhi 2012.

Fischbach, Jonas: Rechtsfragen zur Novelle der Instituts-Vergütungsverordnung unter Berücksichtigung der BaFin-Auslegungshilfe, WM 2018, 1491 ff.

Fleischer, Holger/Koch, Jens/Kropff, Bruno/Lutter, Marcus: 50 Jahre Aktiengesetz, ZGR 2016, 66, 87 ff.

Fleischer, Holger/Strothotte, Christian: Ein Stewardship Code für institutionelle Investoren: Wohlverhaltensregeln und Offenlegung der Abstimmungspolitik als Vorbild für Deutschland und Europa?, AG 2011, 221 ff.

Fleischer, Holger: Investor Relations und informationelle Gleichbehandlung im Aktien-, Konzern- und Kapitalmarktrecht, ZGR 2009, 505 ff.

ders.: Das Gesetz zur Angemessenheit der Vorstandsvergütung (VorstAG), NZG 2009, 801 ff.

ders.: Das Vierte Finanzmarktförderungsgesetz, NJW 2002, 2977 ff.

Flore, Ingo: Verschwiegenheitspflicht der Aufsichtsratsmitglieder, BB 1993, 133 ff.

Frydman, Carola/Jenter, Dirk: CEO Compensation, in: Andrew Lo / Robert Merton, Annual Review of Financial Economics, vol. 2, 2010, S. 75 ff.

Füchsel, Andreas: Rechtsmissbräuchliche Gestaltung von Aufsichtsratswahlen, NZG 2018, 416 ff.

Gennert, Thomas: Institutsvergütungsverordnung 3.0: Verpflichtung zum „Claw Back", DB 2017, 674 ff.

Gerner-Beuerle, Carsten/Schillig, Michael Anderson: Comparative Company Law, 1. Auflage, Oxford 2019.

Graßl, Bernd/Nikoleyczik, Tobias: Shareholder Activism und Investor Activism, AG 2017, 49 ff.

Greene, Robert: Rewarding Performance: Guiding Principles: Custom Strategies, 1. Auflage, Abingdon 2011.

Grigoleit, Hans: Kommentar zum Aktiengesetz, 2. Auflage, München 2020.

Groß, Wolfgang: Kapitalmarktrecht, Kommentar zum Börsengesetz, zur Börsenzulassungs-Verordnung und zum Wertpapierprospektgesetz, 7. Auflage, München 2020.

Grundei, Jens/Zaumseil, Peter: Der Aufsichtsrat im System der Corporate Governance, 1. Auflage, Wiesbaden 2011.

Haberberg, Adrian/Rieple, Alison: Strategic Management: Theory and Application, 1. Auflage, Oxford 2008.

Habersack, Mathias/Mülbert, Peter/Schlitt, Michael: Handbuch der Kapitalmarktinformation, Strategien zur Schadensverhütung und Haftungsvermeidung, 3. Auflage, München 2020.

Habersack, Matthias: Vorstands- und Aufsichtsratsvergütung – Grundsatz- und Anwendungsfragen im Lichte der Aktionärsrechterichtlinie, NZG 2018, 127 ff.

Hanau, Peter: Der (sehr vorsichtige) Entwurf eines Gesetzes zur Angemessenheit der Vorstandsvergütung, NJW 2009, 1652 ff.

Hansen, Don/Mowen, Maryanne/Guan, Liming: Cost Management: Accounting and Control, Mason 2009.

Hauschka, Christoph/Lösler, Thomas/Moosmayer, Klaus: Corporate Compliance, Handbuch der Haftungsvermeidung im Unternehmen, 3. Auflage, München 2016.

Hengeler, Hans: Zum Beratungsgeheimnis im Aufsichtsrat einer Aktiengesellschaft, in: Gesellschaftsrecht und Unternehmensrecht: Festschrift für Wolfgang Schilling zum 65. Geburtstag, Berlin 1973, S. 175 ff.

Henssler, Martin/Strohn, Lutz: Kommentar zum Aktiengesetz, 3. Auflage, München 2019.

Hirschman, Albert O.: „Exit, voice, and loyalty“: Further reflections and a survey of recent contributions.

Hirt, Hans-Christoph/Hopt, Klaus/Mattheus, Daniela: Dialog zwischen dem Aufsichtsrat und Investoren, AG 2016, 725 ff.

Hirte, Heribert/Mülbert, Peter/Roth, Markus: Großkommentar zum Aktiengesetz, Band 4: (§§ 76 – 91), 5. Auflage, Berlin 2015. Band 5: (§§ 95 – 116), 5. Auflage, Berlin 2019.

Hoegen, Benedikt: Reform der Vorstandsvergütung, 1. Auflage, Heidelberg 2018.

Hoffmann-Becking, Michael: Münchener Handbuch des Gesellschaftsrechts, Band 4: Aktiengesellschaft, 5. Auflage, München 2020.

ders.: Unabhängigkeit im Aufsichtsrat, NZG 2014, 802 ff.

Hoffmann, Wolf-Dieter/Prinz, Ulrich: Beck'sches Handbuch der Personengesellschaften, 5. Auflage, München 2020.

Hoffmann, Dietrich/Lehmann, Jürgen/Weinmann, Heinz: Kommentar zum Mitbestimmungsgesetz, 1. Auflage, München 1978.

Hohn, Rönnau: Die Festsetzung (zu) hoher Vorstandsvergütungen durch den Aufsichtsrat – ein Fall für den Staatsanwalt?, NStZ 2004, 113 ff.

Hommelhoff, Peter: CSR-Vorstands- und Aufsichtsratspflichten, NZG 2017, 1361 ff.

dies.: Hommelhoff: Die OECD-Principles on Corporate Governance - ihre Chancen und Risiken aus dem Blickwinkel der deutschen Corporate Governance-Bewegung, ZGR 2001, 238 ff.

Hommelhoff, Peter/Hopt, Klaus/von Werder, Axel: Handbuch Corporate Governance, Leitung und Überwachung börsennotierter Unternehmen in der Rechts- und Wirtschaftspraxis, 2. Auflage, Stuttgart 2010.

Hopt, Klaus: The Dialogue between the Chairman of the Board and Investors: The Practice in the UK, the Netherlands and Germany and the Future of the German Corporate Governance Code Under the New Chairman, ECGI – Law Working Paper No. 365/2017.

ders.: Comparative Corporate Governance: The State of the Art and International Regulation, The American Journal of Comparative Law, Oxford University Press, vol. 59, no.1, S. 1 ff.

Hor, Joydeep/Keats, Louise: Managing Termination of Employment: A Fair Work Act Guide, Riverwoods 2009.

Hölters, Wolfgang: Kommentar zum Aktiengesetz, 3. Auflage, München 2017.

Hüffer, Uwe: Die leitungsbezogene Verantwortung des Aufsichtsrats, NZG 2007, 47.

Hüffer, Uwe/Koch, Jens: Kommentar zum Aktiengesetz, 14. Auflage, München 2020.

Idowu, Samuel/Capaldi, Nicholas/Fifka, Matthias: Dictionary of Corporate Social Responsibility: CSR, Sustainability, Ethics and Governance, Berlin 2015.

Ihrig, Hans-Christoph: Die geschäftsführenden Direktoren in der monistischen SE: Stellung, Aufgaben und Haftung, ZGR 2008, 809 ff.

Ihrig, Hans-Christoph/Wagner, Jens: Corporate Governance: Kodex-Erklärung und ihre unterjährige Korrektur, BB 2002, 2509 ff.

Jackson, Steve/Sawyers, Roby: Managerial Accounting: A Focus on Ethical Decision Making, Ohio 2008.

Jalilvand, Abol/Malliaris, Tassos: Risk Management and Corporate Governance, 1. Auflage, Abingdon 2012.

Jannott, Dirk/Frodermann, Jürgen: Handbuch der Europäischen Aktiengesellschaft, 2. Auflage, München 2014.

Keasey, Kevin: Corporate Governance: Accountability, Enterprise and International Comparisons, London 2005.

Kell, Bernadette/Barth, Bernhard: Ein Cap für die Vorstandsvergütung und andere Neuerungen: Das ARUG II tritt in Kraft, GmbHR 2020, R20 ff.

Kershaw, David: Company Law in Context: Text and Materials, 2. Auflage, Oxford 2012.

Kiethe, Kurt: Falsche Erklärung nach § 161 AktG - Haftungsverschärfung für Vorstand und Aufsichtsrat?, NZG 2003, 559 ff.

Kirchner, Christian: Grundstruktur eines neuen institutionellen Designs für die Arbeitnehmermitbestimmung auf der Unternehmensebene, AG 2004, 197 ff.

Klein, Christopher: International agierende Kapitalgesellschaften: Gewinner oder Verlierer der Investitionen von Staatsfonds und Beteiligungsunternehmen?, 1. Auflage, Paderborn 2015.

Kleinmanns, Hermann: Shareholder Activism – bedeutender Einfluss institutioneller Investoren auch in Deutschland?, IRZ 2016, 341 ff.

Klie, Marcus/Mense, Christian: Geplante Kodex-Änderungen für 2017 – Investorengespräche des Aufsichtsratsvorsitzenden und Compliance im Fokus der Kodex-Kommission, GWR 2017, 1 ff.

dies.: Deutscher Corporate Governance Kodes 2017 – Auswirkungen der aktuellen Änderungen für die Praxis, BB 2017, 771 ff.

Klöhn, Lars: Ad-hoc-Publizität und Insiderverbot im neuen Marktmissbrauchsrecht, AG 2016, 423 ff.

ders.: Die (Ir-)Relevanz der Wissenszurechnung im neuen Recht der Ad-hoc-Publizität und des Insiderhandelsverbots, NZG 2017, 1285 ff.

ders.: Marktmissbrauchsverordnung: MAR Verordnung (EU) Nr. 596/2014 über Marktmissbrauch, 1. Auflage, München 2018.

Knauff, Matthias: Soft Law vor Gericht, jM 2018, 71 ff.

ders.: Der Regelungsverbund – Recht und Soft Law im Mehrebenensystem, 1. Auflage, Tübingen 2010.

Koch, Jens: Investorengespräche des Aufsichtsrats, AG 2017, 129 ff.

ders.: Die Herabsetzung der Vorstandsbezüge gemäß 87 Abs. 2 AktG nach dem VorstAG, WM 2010, 49 ff.

Koller, Ingo/Kindler, Peter/Roth, Wulf-Henning/Drüen, Klaus-Dieter: Kommentar zum Handelsgesetzbuch, 9. Auflage, München 2019.

Kothari, Jagdish/Barone Elisabetta: Financial Accounting: An International Approach, 1. Auflage, Edinburgh 2006.

Köhler, Helmut: BGB Allgemeiner Teil, 44. Auflage, München 2020.

Kölner Kommentar: Kommentar zum Aktiengesetz

- Band 3/Teilband 2: §§ 142 – 178 AktG, 3. Auflage, Köln 2015.

Körner, Marita: Die Angemessenheit von Vorstandsbezügen in § 87 AktG – Eine unbeachtete Vorschrift? NJW 2004, 2697 ff.

dies.: Die Angemessenheit von Vorstandsbezügen in § 87 AktG. Eine unbeachtete Vorschrift?, NJW 2004, 2697 ff.

Krauskopf, Dieter/Wagner, Regine/Knittel, Stefan: Kommentar: Soziale Pflegeversicherung, Pflegeversicherung

Band 1: SGB I, SGB IV, SGB V (§§ 1 – 68), 106. Auflage, München 2020.

Kremer, Thomas/v. Werder, Axel: Unabhängigkeit von Aufsichtsratsmitgliedern: Konzept, Kriterien und Kandidateninformationen, AG 2013, 340 ff.

Krumey, Uwe/Merkelbach, Matthias: Clawback gemäß InstitutsVergV: Rückforderung bei pflichtgemäßem Verhalten?, CCZ 2019, 266.

Kuthe, Thorsten/Szesny, André-M.: Kapitalmarkt Compliance, 2. Auflage, Tübingen 2018.

Kümpel, Siegfried/Wittig, Arne: Bank- und Kapitalmarktrecht, 4. Auflage, Köln 2011.

Landsittel, Jana: Investorenkommunikation. Unter besonderer Berücksichtigung der persönlichen Investorenkommunikation des Aufsichtsrats und seines Vorsitzenden, Abhandlungen zum Deutschen und Europäischen Gesellschafts- und Kapitalmarktrecht, Band 142, Dissertation, Berlin 2019.

Lange, Tobias: Die Mitbestimmung bei einer deutsch-britischen Europäischen Aktiengesellschaft, Band 3 der Reihe: Die Europäische Aktiengesellschaft, 1. Auflage, Hamburg 2006.

Langenbucher, Katja: Wettbewerbsverbote, Unabhängigkeit und die Stellung des Aufsichtsratsmitglieds, ZGR 2007, 571 ff.

Leuering, Dieter/Keßler, Hans-Christian: Die Organhaftung des Vereinsvorstands, NJW-Spezial 2017, 335 ff.

Leyendecker-Langner, Benjamin: Rechte und Pflichten des Vorstands bei Kompetenzüberschreitungen des Aufsichtsratsvorsitzenden, NZG 2012, 721 ff.

dies.: Kapitalmarktkommunikation durch den Aufsichtsratsvorsitzenden, NZG 2015, 44 ff.

Leyens, Patrick: Comply or Explain im Europäischen Privatrecht, ZEuP 2016, 388 ff.

ders.: Information des Aufsichtsrats: ökonomisch-funktionale Analyse und Rechtsvergleich zum englischen Board, 1. Auflage, Tübingen 2006.

Lieder, Jan: Das unabhängige Aufsichtsratsmitglied – Zu den Änderungen des Deutschen Corporate Governance Kodex, NZG 2005, 569 ff.

Linden, Klaus: Das neue Marktmissbrauchsrecht im Überblick, DStR 2016, 1036 ff.

Linker, Anja/Zinger, Georg: Rechte und Pflichten der Organe einer Aktiengesellschaft bei der Weitergabe vertraulicher Unternehmensinformationen, NZG 2002, 497 ff.

Loewenheim, Ulrich/Meessen, Karl/Riesenkampff, Alexander/Kersting, Christian/Meyer-Lindemann, Hans: Kommentar zum Kartellrecht, 3. Auflage, München 2016.

Löbbe, Marc/Fischbach, Jonas: Die Neuregelungen des ARUG II zur Vergütung von Vorstand und Aufsichtsrat börsennotierter Aktiengesellschaften, AG 2019, 373 ff.

Lutter, Marcus: Information und Vertraulichkeit im Aufsichtsrat, 3. Auflage, Köln 2006.

ders.: Der Bericht des Aufsichtsrats an die Hauptversammlung, AG 2008, 1 ff.

Lutter, Marcus/Kollmorgen, Alexander/Feldhaus, Heiner: „Geschäftsordnung für den Verwaltungsrat einer Societas Europaea – ein Muster“, BB 2007, 509 ff.

Lutter, Marcus /Krieger, Gerd/Verse, Dirk: Rechte und Pflichten des Aufsichtsrats, 7. Auflage, Köln 2020.

Lutter, Marcus/Schmidt, Karsten: Kommentar zum Aktiengesetz, 4. Auflage, Köln 2020.

Lücke, Oliver: Die Angemessenheit von Vorstandsbezügen – Der erste unbestimmbare unbestimmte Rechtsbegriff?, NZG 2005, 692 ff.

Maher, Michael/Stickney, Clyde/Weil, Roman/: Managerial Account: An Introduction to Concepts, Methods and Uses, 2. Auflage, Mason 2011.

Mallin, Christine: Corporate Governance, 5. Auflage, Oxford 2015.

Mäntysaari, Petri: Comparative Corporate Governance: Shareholders as a Rulemaker, 1. Auflage, Heidelberg 2005.

Mathis, Robert/Jackson, John: Human Resource Management: Essential Perspectives, 7. Auflage, Mason 2015.

Marsch-Barner, Reinhard/Schäfer, Frank: Handbuch börsennotierte AG, 4. Auflage, Köln 2018.

Meier, Norbert/Pech, Andreas: Bestellung und Anstellung von Vorstandsmitgliedern in Aktiengesellschaften und Geschäftsführern in einer GmbH, DStR 995, 1195 ff.

Merchant, Kenneth/van der Stede, Wim: Management Control Systems. Performance Measurement, Evaluations and Incentives, 3. Auflage, Edinburgh 2011.

Merkt, Hanno: Die monistische Unternehmensverfassung für die Europäische Aktiengesellschaft aus deutscher Sicht, ZGR 2003, 650 ff.

Müller-Glöge, Rudi/Preis, Ulrich/Schmidt, Ingrid: Erfurter Kommentar zum Arbeitsrecht, 20. Auflage, München 2020.

Müller-Graf, Peter-Christian: Das „Soft Law“ der europäischen Organisationen, EuR 2012, 18 ff.

Müller, Welf/Rödder, Thomas: Beck'sches Handbuch der AG, 3. Auflage, München 2018.

Münchener Kommentar: Kommentar zum Aktiengesetz

- Band 1: (§§ 1 – 75), 5. Auflage, München 2019.
- Band 2: (§§ 76 – 117), 5. Auflage, München 2019.
- Band 3: (§§ 118 – 178), 4. Auflage, München 2018.
- Band 7: (§§ 854 – 1296), 4. Auflage, München 2017.

ders.: Kommentar zum Gesetz betreffend die Gesellschaften mit beschränkter Haftung

- Band 1: (§§ 1 - 34), 3. Auflage, München 2018.

ders.: Kommentar zum Strafgesetzbuch

- Band 7: Nebenstrafrecht II, 3. Auflage, München 2019.

Myners, Paul: Institutional Investment in the UK: A Review, 2001.

Niewiarra, Manfred: Verträge zwischen Vorstand und Aktionär, BB 1998, 1961 ff.

Okoye, Ngozi Vivian: Behavioural Risks in Corporate Governance: Regulatory Intervention as a Risk Management Mechanism, 1. Auflage, Abingdon 2015.

Padgett, Carol: Corporate Governance, Theory and Practice, 1. Auflage, New York 2011.

Pape, Torsten: Vergütungs- und Abfindungszahlungen an Vorstandsmitglieder deutscher Aktiengesellschaften im Fall feindlicher Unternehmensübernahmen, 1. Auflage, Berlin 2004.

Park, Tido: Kommentar zum Kapitalmarktstrafrecht, 5. Auflage, Baden-Baden 2019.

Paschos, Nikolaos/Goslar, Sebastian: Unabhängigkeit von Aufsichtsratsmitgliedern nach den neuesten Änderungen des Deutschen Corporate Governance Kodex, NZG 2012, 1361 ff.

Peltzer, Martin/von Werder, Axel: Der „German Code of Corporate Governance (GCCG)“ des Berliner Initiativkreises, AG 2001, 1 ff.

Peus, Egon: Der Aufsichtsratsvorsitzende: seine Rechtsstellung nach dem Aktiengesetz und dem Mitbestimmungsgesetz. Abhandlungen zum deutschen und europäischen Handels- und Wirtschaftsrecht, 1. Auflage, Köln 1983.

Pike, Richard: Corporate Finance and Investment: Decisions & Strategies, 5. Auflage, Edinburgh 2006.

Plagemann, Nikolaus/Rahlmeyer, Niklas: Vier Corporate Governance Trends für 2015, NZG 2015, 985 ff.

Poelzig, Dörte: Die Neuregelung der Offenlegungsvorschriften durch die Marktmissbrauchsverordnung, NZG 2016, 761 ff.

dies.: Durchsetzung und Sanktionierung des neuen Marktmissbrauchsrechts, NZG 2016, 492 ff.

dies.: Insider- und Marktmanipulationsverbot im neuen Marktmissbrauchsrecht, NZG 2016, 528 ff.

dies.: Rückforderung der variablen Vorstandsvergütung (Clawback) in börsennotierten Gesellschaften, NZG 2020, 41.

Pratt, John/Zeckhauser, Richard: Principals and Agents. The Structure of Business, 1. Auflage, Harvard 1985.

Psaros, Jim: Australian Corporate Governance: A Review and Analysis of Key Issues, 1. Auflage, London 2009.

Reda, James/Reifler, Stewart/Thatcher, Laura: The Compensation Committee Handbook, 3. Auflage, New Jersey 2007.

Reichard, Michael: Die Verschwiegenheitspflicht von Aufsichtsratsmitgliedern, GWR 2017, 72 ff.

Rheinisch, David: CEO-Compensation, Vergütungssysteme zwischen Effizienz und Gerechtigkeit, Berlin 2012.

Riesenhuber, Jan: Privatautonomie – Rechtsprinzip oder „mystifizierendes Leuchtfeuer", ZfPW 2018, 352 ff.

Roach, Lee: Card and James' Business Law, 4. Auflage, Oxford 2016.

Rockstroh, Maria: Verwaltungsrat und geschäftsführende Direktoren in der monistisch strukturierten Societas Europaea, BB 2012, 1620 ff.

Rolfs, Christian: Stärkung der Betriebsrenten, NZA 2017, 1225 ff.

Roth, Markus: Information und Organisation des Aufsichtsrats, ZGR 2012, 343 ff.

Rubner, Daniel/Fischer, Jan-Benedikt: Erneut: Professionalisierung des Aufsichtsrats. Zu den Änderungen des DCGK 2015, NZG 2015, 782 ff.

Säcker, Franz: Aktuelle Probleme der Verschwiegenheitspflicht der Aufsichtsratsmitglieder, NJW 1986, 803 ff.

Schäfer, Hans: Shareholder Activism und Corporate Governance, NZG 2007, 900 ff.

Scheffler, Eberhard: Regierungsentwurf zum ARUG II: Verbesserung der Aktionärsrechte, AG 2019, R92 ff.

Schiessl, Maximilian: Leitungs- und Kontrollstrukturen im internationalen Wettbewerb, ZHR 167, 235 ff.

Schimansky, Herbert/Bunte, Hermann-Josef/Lwowski, Hans Jürgen: Bankrechts-Handbuch, 5. Auflage, München 2017.

Schmidt, Karsten/Lutter, Marcus: Kommentar zum Aktiengesetz, 4. Auflage, Köln 2020.

Schmidt, Kerstin/Dann, Matthias: Im Würgegriff der SEC? – Mitarbeiterbefragungen und die Selbstbelastungsfreiheit, NJW 2009, 1851 ff.

Schockenhoff, Martin/Culmann, Johannes: Rechtsschutz gegen Leerverkäufer?, AG 2016, 517 ff.

dies.: Shareholder Activism in Deutschland, ZIP 2015, 297 ff.

Schockenhoff, Martin/Nußbaum, Anton: Claw-Back-Klauseln in Vorstandsverträgen, AG 2018, 813 ff.

Scholz, Philipp: Ad-hoc-Publizität und Freiverkehr, NZG 2016, 1286 ff.

Schröder, Christian: Neues vom EuGH zur Insiderinformation – Anmerkung zum Urteil des EuGH Rs. C-628/13, GPR 2015, 246 ff.

Schüppen, Matthias/Schaub, Bernhard: Münchener Anwaltshandbuch Aktienrecht, 3. Auflage, München 2018.

Schwark, Eberhard/Zimmer, Daniel: Kommentar zum Kapitalmarktrecht, 5. Auflage, München 2020.

Schwarze, Jürgen: Soft Law im Recht der Europäischen Union, EuR 2011, 3 ff.

Seibt, Christoph H./Wollenschläger, Bernward: Revision des Marktmissbrauchsrechts durch Marktmissbrauchsverordnung und Richtlinie über strafrechtliche Sanktionen für Marktmanipulation, AG 2014, 593 ff.

Seidel, Wolfgang: Der Deutsche Corporate Governance Kodex – eine private oder doch eine staatliche Regelung?, ZIP 2004, 285 ff.

Semler, Johannes/v. Schenck, Kersten: Kommentar zum Aktienrecht, 1. Auflage, München 2015.

Sheehan, Kym Maree: The Regulation of Executive Compensation: Greed, Accountability and Say on Pay, 1. Auflage, Sydney 2012.

Sheikh, Saleem: A Guide To The Companies Act 2006, 1. Auflage, Abingdon 2008.

Sheikh, Saleem/Rees, William: Corporate Governance, 2. Auflage, London 2000.

Siefer, Tobias: Zwei Jahre nach Dodd-Frank – Erfahrungen mit dem Aktionärsvotum über die Vorstandsvergütung in den USA, NZG 2013, 691 ff.

Sime, Stuart: Company Law in Practice, 12. Auflage, Oxford 2017.

Singh, Brahma Deo: Compensation and Reward Management, 1. Auflage, New Delhi 2012.

Solomon, Jill: Corporate Governance and Accountability, 2. Auflage, West Sussex 2007.

Spindler, Gerald: Die Neuregelung der Vorstands- und Aufsichtsratsvergütung im ARUG II, AG 2020, 61 ff.

Spindler, Gerald/Stilz, Eberhard: Kommentar zum Aktiengesetz

- Band I: §§ 1 – 149, 4. Auflage, München 2019.
- Band II: §§ 150 – 410, 4. Auflage, München 2019.

Stöber, Michael: Die Bestellung und Abberufung des Geschäftsführers einer englischen Limited, GmbHR 2006, 746 ff.

ders.: Neuerungen im Aktienrecht durch das ARUG II, DStR 2020, 391 ff.

Strenger, Christian: Wichtige Neuerungen im Deutschen Corporate Governance Kodex aus Sicht institutioneller Investoren, NZG 2010, 1401 ff.

Stüber, Katharina: Directors' Dealings nach der Marktmissbrauchsverordnung, DStR 2016, 1221 ff.

Szesny, André-M/Kuthe, Thorsten: Kapitalmarkt Compliance, 2. Auflage, München 2018.

Teichmann, Christoph: Gestaltungsfreiheit im monistischen Leitungssystem der Europäischen Aktiengesellschaft, BB 2004, 53 ff.

Thevenoz, Luc/Bahar, Rashid: Conflicts of Interest: Corporate Governance and Financial Markets, 1. Auflage, Bedfordshire 2007.

Thomsen, Steen /Conyon, Martin: Corporate Governance and Board Decisions, 1. Auflage, Kopenhagen 2019.

Umnuß, Karsten: Corporate Compliance Checklisten, Rechtliche Risiken im Unternehmen erkennen und vermeiden, 3. Auflage, München 2017.

Vetter, Eberhard: Kapitalmarktkommunikation, Kapitalmarktdruck und Corporate Governance, Wider die Erosion der aktienrechtlichen Kompetenzordnung, AG 2014, 387 ff.

ders.: Wer spricht mit den institutionellen Investoren?, AG 2016, 873 ff.

van der Elst, Christoph/van Daelen, Marijn: Risk Management and Corporate Governance: Interconnections in Law, Accounting and Tax, 1. Auflage, Cheltenham 2010.

Velte, Patrick: „Nachhaltige und langfristige" Vorstandsvergütung nach dem ARUG II. Erste Anmerkungen zur zwingenden Einbeziehung von Sozial- und Umweltaspekten nach § 87 I 2 AktG, NZG 2020, 12 ff.

Velte, Patrick/Obermann, Jörn: Novellierungen zur Vorstandsvergütung und Unabhängigkeit des Aufsichtsrats – Die Neufassung des DCGK 2019, IRZ 2019, 295 ff.

von Eckardstein, Dudo/Konlechner, Stetan: Vorstandsvergütung und gesellschaftliche Verantwortung der Unternehmung: Zur Berücksichtigung der gesellschaftlichen Funktion großer Kapitalunternehmen in Vergütungssystemen für die Mitglieder von Vorständen, 1. Auflage, München 2008.

von der Linden, Klaus: Das neue Marktmissbrauchsrecht im Überblick, DStR 2016, 1036 ff.

von Rosen, Rüdiger: Investorendialog im Umbruch, Controlling 2010, 250 ff.

von Werder, Axel/Turkali, Julia: Corporate Governance Report 2015: Kodexakzeptanz und Kodexanwendung, DB 2015, 1357 ff.

Walker, David: The Walker Review, A Review of Corporate Governance in UK Banks and Other Financial Industry Entities, London 2009.

Wearing, Robert: Cases in Corporate Governance, 1. Auflage, New Delhi 2005.

Weber, Martin: Die Entwicklung des Kapitalmarktrechts im Jahre 2007, NJW 2007, 3688 ff.

Weber-Rey, Daniela: Der Aufsichtsrat in der europäischen Perspektive – Vorschläge und Ideen für eine wirksame Corporate Governance, NZG 2013, 766 ff.

Weingarten, Marc/Klein, Eleazer: The activism surge continues, Activist Insight 2016, S. 5 ff.

Weitnauer, Wolfgang: Handbuch Venture Capital, 56Auflage, München 2018.

Wilke, Peter/Schmid, Katrin: Entwicklung der Vorstandsvergütung 2011 in den DAX-30-Unternehmen, Working Paper Nr. 269.

Wittek, Rafael/Snijders, Tom/Nee, Viktor: The Handbook of Rational Choice Social Research, 1. Auflage, Stanford 2013.

Wernsmann, Rainer/Gatzka, Ulrich: Der Deutsche Corporate Governance Kodex und die Entsprechenserklärung nach § 161 AktG, NZG 2011, 1011 ff.

Wright, Mike: The Oxford Handbook of Corporate Governance, 1. Auflage, Oxford 2013.

Zwirner, Christian/Vodermeier, Michael: ARUG II: Neuerungen für börsennotierte Aktiengesellschaften, IRZ 2020, 53 ff.

www.ingramcontent.com/pod-product-compliance
Ingram Content Group UK Ltd.
Pitfield, Milton Keynes, MK11 3LW, UK
UKHW021850290926
8980IPUK00005B/754

9 783631 849026